신화, 영화와 만나다

김윤아 · 이종승 · 문현선 지음

아모르문디

호모 미티쿠스, 영화관에 가다

왜 다시 신화인가? 최근 대중문화에서 신화는 가장 각광받는 주제 중 하나이다. 지난 몇 년 간 인문학에 대한 관심이 고조되면서 그리스·로마 신화가 다시 출판되고 새로이 베스트셀러가 되고 있다. 만화책으로 아이들의 인기를 독차지한 지는 한참 되었다. 방학이면 영화관은 〈반지의 제왕〉과 〈해리포터〉 시리즈의 열풍으로 뜨거웠다. 여전히 신화를 기본 재료로 하고 컴퓨터 그래픽을 이용한 대규모 블록버스터 판타지 영화들이 극장가를 휩쓴다. 신들의 망치에 맞은 엄청난 덩치의 거인들이 눈앞에서 쿵쿵 떨어지고 거대한 공룡들이 손에 잡힐 듯이 다가온다. 낭만적으로 보였던 우주 유영이 관성이 없는 지옥 같은 폭력의 소용돌이가 되는 공포를 실감하기도 한다. 십 수 년 전, 톨킨의 영향이 지대한 『드래곤 라자』를 필두로 한국에서도 판타지 소설들이 인기 몰이를 시작했고, 인터넷이 상용화되면서 온라인 게임의 서사로 이어졌다. 이런 흐름은 컴퓨터 그래픽의 발달에 힘입어 전략 시뮬레이션 게임이나 롤플레잉 게임과 같은 여러 종류의 다양한 게임들로 확대되었다. 그 중심에 신화가 있다. 저그, 테란, 프로토스의 세 종족이 우주전쟁을 벌이는 '스타크래프트', 고구려 신화를 바탕으로 한 '바람의 나라', 중세 기사들의 모험담인 '리니지'나 '디아블로' 등은 일상적으로 게임을 하지 않는 사람이라도 익숙한 이름들이다. '라그나뢰크'가 북유럽 신화이고 '마비노기'가 켈트 신화인지 알지 못하지만 그 세계관은 어느덧 친숙해졌다. 거의 대부분의 게임 서사는 신화와 전설, 민담에서 차용된다. 영화나 애니메이션의 주인공들이 겪는 영웅 신화 구조는 대중적 일반론이 되었으며 사람들은 이제 그런 이야기가 아니면 금방 싫증을 낸다. 간소화되고 획일화된 영웅 신화 구조는 스토리텔러들에게는 훌륭한 테크닉 역할을 톡톡히 한다. 그리고 보면 스토리텔링의 시대에 신화만큼 힘이 센 이야기도 없을 것이다. 무엇보다 신화는 신비하고 매혹적이며 재미있다. 더구나 신화는 수천 년의 긴 세월 동안 수많은 사람들의 입을 거치며 살아남은 이야기의 원류이다. 우리의 일상은 이야기로 가득 차 있고, 그 이야기들에게서 위로를 얻고 행복을 느끼며 살아간다. 밤마다 술탄에게 재미있는 이야기를 들려주며 삶을 이어가는 『아라비안나이트』의 세헤라자데 이야기는 '이야기 자체가 삶'이라는 인식에 도달하게 한다. 수천 년을 살아남은 생명력 넘치는 강력한 이야기인 신화에서 우리는 인류 보편의 철학과 심성, 삶의 모습들을 배우고 알아간다.

그렇다면 영화는? 말하면 입만 아픈 이야기겠다. 신화에 비하면 영화의 역사는 일천하기 짝이 없으나 영화는 우리의 일상 속에서 이미 가장 강력한 엔터테인먼트로 자리 잡은 지 오래다. 출퇴근길 혹은 통학하는 전철과

버스 안에는 스마트폰이나 태블릿 PC로 영화를 보는 사람들이 허다하다. 휴일이면 사람들은 영화관으로 몰려가고 텔레비전에서는 '주말의 명화'를 비롯해 여러 영화 관련 프로그램들을 대거 방영한다. 물론 영화 전문 케이블 방송도 성업 중이다. 영화를 뺀 우리의 일상은 상상하기 어렵다.

스펙터클한 블록버스터 영화들 대부분은 오래된 신화를 직접 소재로 삼아 만들어지거나 신화적 모티프들에 현대적 변형을 가해 제작되고 있다. 우리의 시선을 압도하는 SF 블록버스터 영화들 같이 여러 신화적인 요소들을 자유분방하게 구사하면서 스스로 신화가 되어가는 영화들도 등장한다. 노스럽 프라이의 말대로 다시 신화의 시대가 도래하는 듯하다. 도래라기보다는 만개라는 말이 더 적절한 표현이 아닐까 싶다. 꼭 스펙터클한 블록버스터가 아니더라도 많은 영화의 주인공들은 신화적으로 영웅의 모험을 수행한다.

그렇다면 신화의 어떤 요소가 영화와 만나 사람들을 열광하게 하는가?

신화와 영화, 이 둘의 만남은 운명적이다. 이미지와 이야기가 만났으니 그 힘의 강력함이란 상상을 초월한다. 시각적 이미지의 폭발력과 아름답고 매혹적인 이야기는 신화와 영화가 운명적으로 만날 수밖에 없는 공통분모로 작용하는 것이다. 판타지, 신화, 상상력이 어우러진 게임이나 애니메이션의 캐릭터, 스토리텔링 개발과 같은 고부가가치 콘텐츠 산업도 신화와 영화의 속성을 알게 된다면 더욱 심층적으로 접근이 가능해진다. 왜냐하면 이들이 작동하는 방식은 이야기와 이미지가 결합하는 영화와 신화의 바로 그것이기 때문이다.

신화와 영화의 공통점은 또 있다. 신화와 영화 모두 인간이 살아가는 모습을 보여준다는 점에서, 또 존재론적 차원의 질문을 던진다는 점에서 그러하다. 신화는 우리가 어디에서 왔는가, 무엇을 위해 사는가, 또 어디로 가는가, 어떻게 살아야 하는가 하는 근원적인 문제들에 대한 대답을 상징과 은유, 알레고리의 방식으로 반복해 왔다. 영화 또한 인간 삶의 모든 국면, 삶과 죽음, 사랑과 미움, 병들고 늙는 여러 모습, 또 인간 사이의 의리와 배신, 복수와 용서 같은 관계들을 그려왔다는 점에서 신화와 비슷한 기능을 담당하고 있다고 볼 수 있다. 상상의 이야기지만 거짓이 아닌 진실한 이야기인 신화와 신들만의 이야기는 아니지만 일종의 시각적인 꿈인 영화의 친연성은 매우 강하다고 할 수 있다.

그런데 이러한 신화와 영화의 매혹은 시공간을 넘어서는 예술 형식의 원천이 되고 있다는 긍정적인 측면만을 가진 것은 아니다. 한 민족의 탄생을 알려주기도 하지만, 그 신화를 공유하는 사람들의 정체성과 관련되어 있는 개별 신화들은 무서운 정치적 이데올로기로 작동하기도 한다. 재미있는 이야기 속에 어떤 의도와 숨겨진 이데올로기가 담겨 있다면 그처럼 무서운 것은 없을 것이다. 그래서 우리는 신화와 영화를 공부해야 하는 또 다른 당위에 도달한다.

이 책의 구성을 잠시 설명하자. 이 책은 프롤로그와 에필로그를 제외하고 총 14장으로 이루어져 있다. 초판의 본문 내용이 13장이던 것을 개정판을 내면서 하나의 장을 더 늘려 구성하였다. 초판에 비해 각 장의 분량들이 꽤 늘어났고 가능한 한 최근의 영화들로 업그레이드하였다. 또한 켈트 신화와 북유럽 신화 부분의 부족했던 신화 내용을 충실하게 보충했으며, 동아시아 여성 영웅 신화를 독립된 장으로 다루었다. 에필로그의 내용으로 들어가 있던 SF영화 부분은 할리우드 영화를 다루는 장으로 편입하였다.

저자들 각자 세부 전공을 살리고 심혈을 기울여 각 장들을 다시쓰기 했다. 영화와 애니메이션이 주 전공인 김윤아는 1장 신화와 영화, 3장 그리스 신화, 영웅, 괴물, 4장 신과 인간의 공존, 켈트 신화, 5장 북유럽 신화와 매직 판타지, 8장 뱀파이어에서 도플갱어까지, 11장 일본 신도와 미야자키 하야오 등 모두 6개의 장을 썼다. 영화인류학이 본령인 이종승은 2장 신화 분석의 패러다임, 9장 꿈의 공장 할리우드의 신화, 12장 한국 신화의 세계, 산 자와 죽은 자의 경계, 14장 검은 대륙 아프리카의 신화적 상상력 등 총 4개의 장을 맡아 썼다. 중국 신화와 동아시아 대중문화가 주 전공인 문현선은 6장 연금술과 엘릭시르, 10장 천하 대 강호, 중국 신화의 세계, 13장 동아시아 신화 속의 여성, 세계를 완성하다 등 총 3장을 썼다. 9장 디즈니 왕국의 흥망성쇠는 문현선과 김윤아가 함께 썼다.

신화나 영화, 혹은 그 둘 모두에 관심이 있는 독자라면 누구나 읽기 쉽게 쓰고자 했다. 신화를 만나러 영화관에 가는 기분으로, 혹은 영화 속에서 신화 퍼즐 맞추기의 느낌으로 '즐거운 독서가 되는 입문서'가 우리의 목표였다. 그래서 세 명의 저자들은 한데 생각을 모아서 하나의 목소리로 쓰기보다 각자의 색을 드러내기로 했다. 신화와 영화에 관한 공부와 시각은 공유하였지만 백화만발의 개성 있는 글쓰기를 시도하였다. 그래야 재미있는 신화와 더 재미있는 영화 이야기들이 더더욱 풍요롭고 다채롭게 펼쳐질 것이기 때문이다.

또 하나 말씀드리고자 하는 것은 저자들의 마음가짐이다. 신화와 영화 두 분야 모두 매우 방대하고 엄청난 외연을 가지고 있기 때문에 한 권의 책으로 아우른다는 것은 애초에 가능한 일이 아니었다. 아마 저자가 3백 명이 된다고 해도 그것은 미션 임파서블일 것이 확실하므로 그런 무모한 기획은 처음부터 욕심을 부리지 않았다. 그래서 너무 무겁지 않게, 너무 전형적인 교과서의 형식을 취하지 않으면서 여러 영화들 속에서 신화적인 모티프나 이미지, 이야기 구조 등을 구체적으로 찾아보려고 했다. 특히 이미지들을 통해 설명해보고자 한 시도들이 다른 신화와 영화들을 대상으로 삼는 책들과 차별적이리라 생각한다. 각자의 문체와 말하는 방식이 다르게 표현되었을 것이 확실하지만 저자들의 신화와 영화에 대한 애정과 관심, 학문적 열정은 차이가 없다고 단언할 수 있다. 신화가 영화 속으로 걸어 들어가고, 영화가 신화라는 옷을 입고서 세상으로 나오는 것을 함께 고민하고 애썼던 흔적들이다. 결코 대단하다고 할 수는 없지만 독자 제위께 유익한 한때의 지적 즐거움을 드릴 수 있기를 소망하면서 문을 열고자 한다.

차례

1장 신화와 영화

신화란 무엇인가?

신화(神話). 말 그대로 신화는 신들의 이야기를 다룬다. 신화는 절대적인 권위를 가지는 신성한(sacred) 이야기이자 인간에게는 금기의 세계이기도 하다. 세계의 기원에 관한 이야기인 동시에 인류 최고의 철학으로서 기능하기도 하는 이야기다. 그러나 신화의 세계는 인간의 가치 판단과 선악의 개념을 넘어서는 초월적 세계이고, 이 신성한 이야기는 특별한 사람들에 의해 특별한 시기에 반복적으로 이야기되며 후대에 전해져 온 동어반복(tautology)의 메커니즘을 지니고 있다. 그리고 신화는 무엇보다 인간 상상력의 산물이며 은유, 상징, 알레고리의 방식으로 소통한다.

조지프 캠벨(Joseph Campbell)은 신화를 '육체적 에너지로부터 부추김을 받은 상상력의 노래'라고 정의하면서 신화의 기능을 크게 네 가지로 구분한다. 우선 신들의 경이로운 삶을 통해 신비주의적 기능을 하며, 과학의 발전을 가져오는 우주론적 차원을 연다고 본다. 또 도덕률과 같은 질서를 부여함으로서 신화는 사회적 기능을 담당하고, 인간의 삶이 어떤 얼개로 이루어져 있는지 가르쳐준다는 점에서 교육적인 기능도 수행한다. 그는 신화란 '인간 삶의 영적 잠재력을 찾는 데 필요한 실마리'이며 사람들에게 내면으로 돌아가는 길을 가르쳐 준다고 설명한다.[1] 신화는 개인의 체험인 꿈과 달리 그 사회의 '가치 체계의 화신이며 공적인 꿈'[2]이라고 말한다.

미르치아 엘리아데(Mircea Eliade)에게 신화는 무엇보다 '창조의 보고서'다. 신화는 실재(reality)에 대해 말하고 있기 때문에 절대적으로 진실한 것으로 간주되며, 초자연적인 존재의 작품이므로 신성한 것이다. 엘리아데는 신화가 모범적이고 동시에 보편적이어서 개인의 꿈과는 다른 것이라 말한다. 삶의 모범틀로서 신화의 내용은 인간 행동의 전거가 된다는 것이다. 이러한 신화는 인류 보편의 것으로 종교적인 신성함을 갖는다. 그러므로 엘리아데에게 신화는 무엇보다 '성스러운 이야기'이다. 신화는 태초부터 생겨났고, 인간 행위의 모델로 사용되는 진실한 역사인 것이다.

분석심리학의 대가인 칼 구스타프 융(Carl Gustav Jung)은 신화적 형상들은 '집단 무의식'의 구조이자, 개인에게 속하지 않는 영역이며, 심리적 과정의 표현이라고 말한다. 집단 무의식은 인간에게 주어진 여러 근원적 '원형들'(archetypes)로 구성되어 있다. 근원적 원형들은 지리적 차이, 문화나 인종의 차이와 관련 없이 존재하는 인간의 가장 원초적 행동 유형으로서 신화를 산출하는 그릇이라 할 수 있다. 집단 무의식은 태어난 후의 경험 내용에서 나오는 것이 아니고, 태어날 때 이미 가지고 나오는 무의식의 층이다. 그래서 개인의 특성보다 인류 일반의 특성을 부여하는 요소들이며

---

1) 조지프 캠벨·빌 모이어스 대담, 『신화의 힘』, 이윤기 역, 이끌리오, 2002, 29~30쪽.
2) 앞의 책, 89쪽.

누구에게나 보편적으로 존재한다. 신화에는 여러 원형들이 존재한다.[3]

그러나 현대 사회로 오면서 신화는 단지 신들의 이야기나 흥미로운 세계 기원에 관한 신기한 이야기일 뿐만 아니라 그 민족이나 국가에 있어서는 역사와 관계하는 정체성의 이야기이기도 한 탓에 다른 신화 개념들이 생겨 났다.

에른스트 캇시러(Ernst Cassirer) 같은 학자는 신화의 이데올로기성을 강조하면서 사회 조직을 유지하기 위한 하나의 장치로서의 신화에 주목한 다. 그는 국가 이데올로기로 작동하는 신화를 '국가 신화'라고 명명한다. 히틀러가 등장하여 전체주의로 치달으며 세계대전을 일으키고 유대인 학 살을 자행한 독일을 목도한 그에게 신화는 진실 그 자체가 아니라 '진실이 라 믿어지는 것', 즉 '신념의 체계'로 파악된 것이다. 캇시러에게 신화는 현 실의 정치적 목적을 추구하는 드라마틱한 구조를 지닌 이야기일 뿐이었다.

대중매체의 위력이 점점 강해지는 시기로 접어들면서 신화의 개념은 대 중 조작과 관련되며 한층 더 복잡한 것이 되었다. 프랑스 철학자 롤랑 바르 트(Roland Barthes)는 대중 매체의 위력이 집단 사회에 심어놓은 신화적 이미지와 행동 구조를 통해 현대 사회의 신화를 분석했다. 그는 신화를 일 종의 전달체계이며 의미작용의 양식이라고 설명한다. 대중문화에서 신화 는 어떤 개념을 왜곡시키고 새로운 의미를 만들어내고 전달하는 기능을 한 다는 것이다.

바르트나 캇시러의 말처럼 신화는 종종 모든 논리와 합리적 이성과 역사 를 집어삼켜 무화시키기도 할 정도의 강력한 힘을 지니고 있다. 그래서 신

---

3) 융은 개인 무의식에는 아니마(Anima)/아니무스(Animus)/트릭스터(Trickster)/ 쉐도우(Shadow)/페르소나(persona)와 같은 원형이 있다고 설명한다. 위대한 어머니 여신, 늙은 현자, 신성한 아이와 같은 여러 원형들도 존재한다.

화는 언제나 독재자나 제국주의자들에 의해 무서운 이데올로기로 변신, 거대한 대중 조작에 이용될 위험성을 안고 있기도 하다. 아리아인이 최고의 인종이라는 나치의 신화나 선동 기차(agi-train)을 활용한 소비에트 내전 기간의 예에서 보듯이, 또 성조기 이미지의 옷을 입은 캡틴 아메리카나 슈퍼맨이 날아가는 할리우드 블록버스터 영화가 드러내는 미국 패권주의 신화들을 떠올려보면 쉽사리 이해되는 부분이다. 이처럼 여러 학자들의 연구에서 알 수 있듯이 신화는 매우 다양한 면모와 층위를 지니고 있기에 심층적으로 이해되어야 한다.

신화의 보편 모티프들

전 세계적으로 퍼져 있는 신화들은 공통점을 많이 가지고 있다. 이를 신화의 보편 모티프라고 한다. 우선, 숨은 신(deus otiosus, 감춰진 신) 모티프가 있다. 세상을 창조한 신은 자신들의 일이 끝나면 깊은 하늘 저 편으로 숨거나 사라진다는 모티프이다. 그리스 신화의 가이아와 우라노스, 힌두교의 브라흐마, 유라시아의 텡그리와 같은 신들에게서 숨은 신 모티프를 찾아 볼 수 있다. 숨은 신들은 인간과 일상적 관계를 맺지 않으므로 제사를 받거나 숭배되는 경우가 극히 드물다.

남매혼, 부녀혼, 모자혼 등의 근친상간 모티프도 신화의 보편 모티프이다. 남매이자 부부인 이집트 신화의 오시리스와 이시스, 일본 신화의 이자나기와 이자나미, 중국 신화의 여와와 복희의 관계처럼 신들 간의 근친상간 관계는 일반적이다. 인간의 윤리와 도덕의 잣대로 신들을 재단할 수 없지만 신들의 근친상간적 관계는 공동체의 순혈주의와 관련 있다.

남녀 간의 성관계 없이 혼자서 자손을 낳는 단성생식의 모티프도 신화에서는 일반적이다. 저승에 다녀온 이자나기가 강물에 얼굴을 씻으니 오른쪽

눈에서 달의 여신 츠쿠요미가, 왼쪽 눈에서 태양신 아마테라스가, 코를 씻으니 바다와 폭풍의 신 스사노오가 나왔다는 일본 신화나, 가이아 여신 혼자서 여러 자식을 낳았다거나, 얼음암소가 얼음을 핥았더니 아름다운 신 부리가 나오고 부리가 혼자서 뵈르라는 아들을 낳았다는 이야기는 신화에서는 그리 특별한 이야기가 아니다.

저승 세계로의 하강이나 우주나무와 같은 세계축(axis mundi) 모티프도 빈번하게 나타난다. 죽은 아들을 데리러 혹은 아내를 찾아 저승으로 내려가는 신이나 영웅들의 이야기, 이그드라실과 같이 천상계와 인간계, 지하 세계를 잇는 우주목이나 세계수 이야기는 세계축 모티프에 속하는 이야기들이다. 하늘에서 내려오는 동아줄과 같은 하늘 사다리나 하늘로 올라가는 재크와 콩나무에 등장하는 마법 콩나무도 세계축 모티프의 예이다.

신화에서 금기와 위반은 짝패다. 금기가 존재해야 위반이 생기고 신화는 예상치 못한 결말로 이어진다. 선물 상자를 열지 말라는 신들의 금기를 어긴 판도라는 상자를 열고 나쁜 것들이 다 튀어나오자 놀라서 상자를 닫았다. 미처 나오지 못한 희망만이 상자 안에 남았다고 하는 이야기는 대표적인 금기와 위반의 모티프를 보여준다. 온갖 나쁜 것들로 가득 찬 세상을 신화는 그렇게 설명하고 있다. 신의 분노로 불타는 소돔과 고모라를 떠나는 롯의 가족에게 돌아보지 말라는 금기가 주어진다. 그러나 미련이 남은 롯의 아내는 뒤를 돌아보았고 급기야 소금기둥이 되고 만다. 선악과를 따 먹지 말라는 금기를 어겨 아담과 이브는 낙원에서 쫓겨난다.

카오스 혹은 신의 살해도 신화에서는 일반적이다. 카오스가 사라지면 우주의 질서인 코스모스가 오는 것은 자명한 이치이다. 카오스의 살해는 곧 코스모스의 도래이기 때문이다. 혼돈의 친구인 숙과 홀이 환대에 보답하기 위해 혼돈의 몸에 구멍을 뚫어주었더니 죽고 말았다는 허망한 이야기나 마을을 괴롭히는 거대한 뱀을 젊은 다섯 족장이 산산조각 내었다는 폴리네시아 신화는 카오스 살해의 대표적인 예이다. 다섯 족장에 의해 거대한 뱀이 살해되었다는 것은 다섯 부족에 의해 세상의 질서가 이루어졌다는 의미이다. 신화 속의 거대한 뱀이나 거인, 용은 두렵고 원초적인 태초의 카오스나 우주적 혼돈을 상징한다. 특히 거인신체화생설(巨人身體化生說)은 거인의 몸이 죽어서 세상을 이룬다는 신화 이론이다. 두 눈이 각각 해가 되고 달이 되며, 하늘의 지붕이 거인의 해골 뚜껑으로 만들어졌고, 뇌수는 구름이 되고, 등뼈는 산맥이 되었으며, 피는 바다를 이루었다는 북유럽 신화 속 태초의 거인 이미르나 중국의 반고는 거인신체화생설의 대표적인 거인들이다. 죽은 거인의 폐나 장, 췌장이나 간에서 보리나 기장, 팥이나 귀리 같은 곡식들이 나왔다는 곡물의 기원을 설명하는 신화들도 적지 않다.

신화 속 영웅은 죽음과 같은 통과제의를 거쳐야 진정한 영웅으로 거듭날 수 있다. 여기에서 통과제의는 일종의 입문적 시련으로 죽음과 같은 고난이나 목숨을 건 최후의 일전 같은 것을 의미한다. 고래 뱃속에서 살아 나와야하는 피노키오나 마귀할멈의 손아귀에서 벗어나야하는 헨젤과 그레텔의 이야기들은 쉽게 생각해볼 수 있는 동화 속 입문적 시련이다. 스타워즈에서 주인공 루크 스카이워커는 자신의 아버지인 다스베이더를 죽여야 하는 상황에 처한다. 이처럼 영웅의 탄생은 죽음에 맞먹는 어려움을 극복하고 다시 태어나는 고통을 이겨내야 가능하다.

인간들이 왜 죽게 되었나에 대한 신화적 답변이라 할 수 있는 죽음의 기원에 관한 모티프들도 많다. 일본 신화에서는 하루에 1천명을 죽이겠다는 이자나미의 분노에 맞서 하루에 1천5백 개의 산실을 짓겠다는 이자나기의 대응이 나온다. 인간이 왜 죽게 되었는지, 또 왜 죽는 자보다 산 자가 더 많은지를 신화적으로 설명한다. 새와 뱀의 달리기 경주 이야기도 있다. 하루는 새와 뱀이 달리기 시합을 하게 되었고 인간은 새의 편을 들었다. 그런데 뱀이 승리한다. 그래서 새의 편을 든 인간은 죽게 되었다는 것이다. 새는 하늘을 나는 초월적인 능력이 있지만 필멸의 존재이고 뱀은 영원히 죽지 않는 불사의 존재라고 믿었기 때문이다. 만일 인간이 뱀 편을 들었다면 영원히 죽지 않는 불멸성을 가졌을지도 모를 일이다. 한국 신화인 차사본풀이는 인간이 왜 나이 순서대로 죽지 않는지를 설명한다. 강림도령의 부하인 까마귀가 인간이 죽는 순서가 적힌 명단인 적패지를 잃어버리는 바람에 자기 마음대로 사람들의 죽는 순서를 뒤죽박죽으로 만들었다는 것이다.

신화에서는 재생과 부활의 모티프도 일반적이다. 켈트 신화의 왕 은팔의 누아다는 전투에서 팔을 잃고 왕위에서 물러나지만 나중에 자신의 떨어진 팔을 되찾아 복구하고 다시 왕위를 탈환한다. 십자가에 못 박힌 예수님이 3일 만에 부활한 이야기도 이 신화적 범주에 속한다. 이러한 예수의 부활을 영화적으로 차용한 것이 〈나니아 연대기〉의 신성한 사자 아슬란의 부활이다.

노아의 방주 이야기 같은 대홍수 모티프도 전 세계적으로 많이 나타나는 신화의 보편 모티프이다. 중국의 홍수 신화에는 여와와 복희 남매가 등장한다. 그들의 어린 시절, 아버지가 뇌신을 잡아와 새장에 가두고 멀리 출장을 떠나며 아이들에게 금기를 준다. 뇌신에게 절대로 물을 주지 말라고 신신당부를 한 것이다. 그러나 뇌신의 온갖 감언이설에 여와와 복희는 그만 물 한 모금을 주게 된다. 물을 마신 뇌신은 순식간에 온 하늘을 가득 채우고 먹구름들을 몰고 온다. 분노에 찬 뇌신은 자신을 가둔 신과 인간들에게 물로 세상을 휩쓸어버리겠다고 말한다. 그러면서 여와와 복희 남매에게는 조롱박씨를 주었고 그것을 뒤뜰에 심어 박을 타서 살아남으라고 한다. 그들이 금새 자란 조롱박을 타서 배를 만들어 타자 세상은 엄청난 홍수에 휩쓸려 버린다. 여와와 복희는 살아남아 다시 인류의 시조가 된다.

이런 신화의 보편 모티프들은 세계 전 지역에서 발견되는 공통적인 모티프인 동시에 지역과 민족에 따라 조금씩 차이를 보이기도 한다. 어떤 민족에겐 특정 모티프가 강하게 나타나기도 하고 다른 민족에겐 동일한 모티프가 부재하기도 하는 것이다. 이처럼 신화는 집단성을 특징으로 하고 역사와 관계된다. 또한 신화적 도상들은 함축된 의미를 지닌 상징성을 갖는다. 이처럼 신화의 상징성과 응축된 의미는 사람들이 신화를 쉽고 재밌는 것으로 느끼게 만드는 동시에 신화가 집단의 꿈으로 기능하게 만드는 데 효과적이다. 또 상징은 여러 다의적인 해석을 가능하게 하는 풍부한 의미층들을 만들어낸다.

그렇다면 신화와 영화가 어느 지점서 만나게 될까? 신화와 관련된 영화는 신들의 이야기를 직접 영화로 재현하기도 하지만 영화를 통해 어떤 신화적 이데올로기들을 세계적으로 유포시키기도 한다. 그렇다면 영화에 대해서도 잠시 공부해보기로 하자.

영화란 무엇인가?

영화란 무엇보다도 무한한 재미와 다양한 삶의 의미와 감동을 담고 있는 예술 매체이자 대중문화의 첨병이다. 그리고 영화는 다른 예술 분야들과는 다르게 대규모의 자본이 돌아다니는 산업이기도 하다. 현대 영화에서 자본과 영화의 관계는 다른 무엇보다 중요하게 부각되고 있다. 스튜디오 시스템 아래서 만들어지고 장르적인 관습을 지니며 스타를 소비하는 주류 상업 영화들이 우리가 영화관에서 쉽게 접할 수 있는 종류의 영화들이다. 물론 주류 상업 영화들 외에 자본에서 독립적인 독립 영화와 허구적 이야기가 아닌 실제 삶의 모습이나 내용을 담은 다큐멘터리도 많이 존재한다. 그러나 독립영화나 다큐멘터리들은 상업 영화들만큼 관객과 만날 수 있는 통로가 적은 것이 사실이다. 또한 장편이 아닌 단편 영화들도 다수 만들어진다. 뿐만 아니라 영화의 성격으로 구분하자면 소비에트 몽타주 영화들처럼 선전선동의 도구로 쓰이는 영화도 존재하고, 제3세계 정치적 영화들과 같이 혁명의 도구로서의 영화도 있다. 언어소통이 안되는 곳에서는 의사소통의 매체(초창기 인도영화의 경우)가 되기도 하고, 급진적인 예술 형식으로서의 실험 영화나 아방가르드 필름도 있다. 그리고 영화를 다른 교육의 수단으로 사용하면 효과적인 교육 매체(시청각 교재, 동물의 왕국, 코스모스)가 되기도 한다. 영화는 다양한 여러 가지 요구를 수용할 수 있는 풍부한 매체적인 가능성을 보여주고 있다 할 것이다.

하지만 우리가 접할 수 있는 다수의 영화들은 '산업적인 기반을 가진 상업 극영화들'이다. 이들은 첨단의 기술력이 동원되고 대규모의 자본이 투자되고 대량의 관객들을 동시에 만나는 스펙터클한 블록버스터 영화들을 포함한다. 이러한 정도의 대규모가 아니더라도 표준화된 시스템 하에서 만들어지는 영화들은 모두 이 범주에 속할 것이다. 소규모의 저예산 영화들이 아니라 엄청난 자본이 투자되는 자본주의적 메커니즘 체제에서 만들어지는 영화들이며 시공간적으로 동시에 엄청난 수의 관객들을 만나기 때문에 상업 영화들이 가지는 정치적인 이데올로기는 분명히 중요한 문제가 된다. 그러므로 이러한 영화들을 대할 때의 관점과 태도는 그 내용이나 이미지의 무비판적 수용이 아니라 생산적이고 동시에 비판적인 관점과 태도여야 할 것이다.

영화의 탄생과 성립

영화는 다른 예술 장르와 달리 탄생한 시기가 분명하다. 1895년 12월 28

일 프랑스 파리의 그랑 까페에서 처음으로 상영된 뤼미에르 형제의 〈열차의 도착〉이 영화사의 첫 작품으로 기록되어 있다. 다른 나라들에서도 비슷한 시기 영사기에 의한 영화 상영이 시도되었지만 이 작품을 영화사의 첫 작품으로 기록하는 가장 큰 이유는 관객에게 '돈을 받고' 상영을 했다는 점 때문이다. 그러니까 영화는 출발점부터 자본과의 밀접한 관계에서 시작된 셈이다. 영화가 19세기의 과학적인 호기심과 기술력의 산물이었으므로 자본은 무엇보다도 영화매체를 발전시키는 데 필수적인 요소였다.

단순하고 신기한 눈요기 거리로 시작되어 연극이나 쇼의 막간을 때우는 볼거리에 불과했던 초기의 영화들은 점차 발전을 거듭하게 된다. 생활을 사실적으로 기록하거나 동물의 움직임을 담아내던 장면들은 흥행주들을 사업적으로 자극했으며 고객들은 그런 신기한 볼거리에 돈을 지불하는 과정이 정착되었다. 움직임에 대한 신기함이 사라지자 기술자들과 흥행주들은 길이를 늘이고 이야기를 입히기 시작했다. '제7의 예술'이라는 별명에 걸맞게 사진, 회화, 소설, 연극, 음악, 건축 등 다른 예술 장르들의 영향으로 영화는 풍요로운 예술 매체인 동시에 산업으로 발전하는 과정을 겪게 된다. 첨단의 기술과 대량소비에 의존하는 대중 상업 영화의 자본주의적 속성은 관객의 기호에 관심을 갖지 않을 수 없게 되었으며 이러한 경향은 영화 산업을 세 가지 주요한 시스템을 중심으로 발전하게 만드는 결과를 빚는다.

그래서 영화는 스튜디오, 장르, 스타 시스템 아래서 만들어지는 표준화된 제작시스템을 갖게 되었으며 그에 따라 예술작품이라기보다는 명실상부한 고부가가치 상품으로 자리 잡게 되었다. 물론 돈의 논리를 따르지 않는 일군의 예술 영화들은 독자적인 길을 가게 된다.

스튜디오 시스템(studio system)은 영화 제작사들이 고안하고 발전시킨

산업적 시스템으로 장르영화의 물적인 토대가 되었다. 분업과 전문화에 입각해 전속 감독, 배우, 스탭들을 거느린 스튜디오들은 멜로드라마, 갱스터, 서부극, 호러, 뮤지컬, 코미디와 같은 여러 장르의 영화들을 대량으로 제작하였으며 각각의 장르들은 고유한 스타들을 소비하는 통로가 되었다. 이러한 세 가지 시스템들은 유기적이고도 천재적으로 운영되었으며 사회적인 상황에 따라 유연하게 반응하면서 대량생산 대량소비의 메커니즘을 유지, 발전시켜왔다.

하지만 이렇게 재미있고 친숙한 형식의 상업 영화들에 이데올로기가 덮어씌워져 있다면 그것처럼 무서운 것도 없을 것이다. 〈록키〉, 〈람보〉를 비롯해 〈인디펜던스 데이〉, 〈에어포스 원〉, 〈아마겟돈〉 같은 할리우드 영화들이 미국의 패권주의적 입장을 대변하고 있다거나 히틀러나 무솔리니 같은 독재자들이 영화를 이용해 자신들의 정치적 입장을 대변했던 역사적 사실들, 공산주의 강령과 같은 이데올로기를 담은 정치적 선전 선동의 소비에트 영화들이 존재하는 것은 영화가 얼마나 강력한 매체인가를 반증하는 것일 터이다. 그 반대로 제3세계 영화들과 같이 급진적인 정치 투쟁의 도구가 되거나 혁명의 수단이 되기도 했다는 점은 기억할 필요가 있는 사실이다. 영화의 이러한 속성 때문에 잘만 이용한다면 무엇보다 강력한 교육의 매체가 되기도 한다.

영화와 이데올로기

크리스마스의 아이들용 영화로 만들어진 〈그렘린〉이라는 영화를 살펴보자. 크리스마스 이브에 주인공 빌리의 아버지가 차이나타운 중국노인의 상점에서 '모과이'라는 토끼도 아니고 쥐도 아닌 그 중간쯤으로 보이는 희귀한 동물을 사온다. 모과이와 함께 잘 놀려면 주의사항이 있는데 그것은 첫째, 물을 주거나 묻히지 말 것, 둘째, 햇빛을 쏘이지 말 것, 셋째, 자정이 지나서 먹이를 주지 말 것이다. 그러나 그러한 금기는 깨지게 되고 몸에 물이 묻은 모과이의 등에서 여러 다른 모과이들이 튀어나오고 그 모과이들은 그램린으로 변한다. 마을은 난장판으로 만든 그들은 엄청난 숫자로 늘어나고 극장에서 영화를 본다. 그램린들의 두목은 인간들에게 자신들도 인간처럼 교육을 받고 문화와 전통과 과학을 갖고 쾌적한 환경에서 살기를 원한다고 말하지만 인간들에게 그램린들은 처치해야한 괴물들일 뿐이다.

이 영화가 만들어진 시기는 미국 내 동양계와 히스패닉 계 불법이민들이 급증하는 시기였다는 점을 기억하면 영화가 단지 크리스마스용 아이들 영화라고만 생각되진 않는다. 모과이를 잘 데리고 놀려면 물과 햇빛과 음식을 철저히 제한해야한다. 그 세 가지 요소는 생장의 삼대 요소이다. 무단으로 국경을 넘어오고 모든 방법으로 불법체류를 하면서 많은 수의 자녀를 낳는 동양계나 히스패닉계의 유색인종들에 대한 미국인들의 공포가 징후적으로 드러난다. 그러한 공포를 해소하는 방식은 동화시키거나 제거하는 것인데 그램린들을 다시 모과이로 돌릴 수는 없고 그들이 아무리 원한다해도 인간처럼 살 수는 없다. 방법은 그들을 모두 죽이는 것이다. 그렇게 하지 않으면 그램린들은 인간들의 문화와 전통과 과학을 파괴하고 훔칠 것이기 때문이다.

간단한 예이지만 〈그램린〉은 할리우드 영화의 이데올로기가 잘 드러나는 영화 텍스트이다. 이러한 논리는 9.11 사태 이후 영화들을 유심히 살펴보면 미국의 패권주의적 모습으로 확연하게 이어지고 있다. 미국과 그 우방들은 선의 축, 아랍은 악의 축이라는 이분법적 사고를 이미지로 보여주는 일련의 영화들은 강력한 군사력과 전 세계 경제를 좌지우지하는 미국의 힘을 대중문화의 형식으로 과시하는 것이라고 여겨진다.

그렇다면 이러한 미국 중심적인 사고방식과 인종 차별주의적 모습은 비단 어른들을 대상으로 하는 실사 영화들에만 존재하는가. 아이들이 많이 보는 일본의 텔레비전 만화 영화나 디즈니 애니메이션들에는 분명히 어떤 나름의 논리가 존재한다. 재미있고 아름답고 착하고 예쁘게 보이는 애니메이션들이 무서운 제국주의적인 논리나 성차별적인 생각들을 고착화한다면 그것처럼 아이들에게 독이 되는 것은 더 없을 것이다.

신화와 영화의 친연성

그렇다면 영화의 어떤 특징이 신화의 그것과 맞닿아 있을까? 영화와 신화의 근본적인 친연 관계는 '이미지와 이야기의 절합'이라는 점에서 비롯된다. 수천 년에 걸쳐 이루어진 조각조각의 시각 이미지들이 이야기를 이루는 신화는 필름의 조각들을 이어 붙여 하나의 이야기를 보여주는 영화의 기술적 방식과 비슷한 메커니즘을 떠올리게 한다. 더구나 오랜 세월에 걸쳐 구전되거나 필사본으로 정리되어 축적되어오던 이야기로서의 신화와 달리, 시각적 이미지가 직접적으로 보여 지는 영화의 파급력은 신화의 긴 역사와 단번에 조우한다. 백이십 년의 짧은 역사에도 불구하고 세계 곳곳을 시공간적으로 공유하며 순식간에 유포되는 영화는 근본적으로 움직이는 이미지를 통한 이야기이기 때문이다. 이제 신화에 속도와 스펙터클이 얹혀 더욱 강력하게 유통되고 소비된다.

깨어 있는 자는 신화라는 하나의 세계를 공유하지만, 잠자는 자들은 꿈이라는 개인의 세계를 갖고 있다. 할리우드 꿈의 공장에서 만들어지고 전 세계가 공유하는 신화들은 어떻겠는가? 영화와 신화의 집단성, 광기, 역사와의 관계는 흥미로운 부분이다. 정신적이고 종교적인 메시지도 신화에서는 재미있고 흥미로운 이야기 안에 녹아있거나 숨겨져 있다. 그래서 신화의 집단성과 이데올로기는 정치적일 수밖에 없다. 고도의 정치적인 의도를 가진 영화도 행복하고 즐거운 형태로 관객과 만난다.

또한 신화는 오랜 세월을 거쳐 윤문이 이루어지고 이야기들이 첨삭되고 축적되는 과정을 거쳤기 때문에 응축되어 있는 의미와 상징성을 갖게 되었다. 그래서 신화는 '집단의 꿈'이라고 할 것이다. 영화도 마찬가지이다. 오랜 시간 축적된 형태는 아니지만 직접적이고 강력한 유통은 단숨에 사람들을 휘어잡는 매혹의 원천으로 기능한다. 수십에서 수백 명 이상의 관객들의 동시 관람 행위와 전 세계적인 대규모 동시 상영은 집단성이 영화의 큰 특징이 되게 한다. 영화가 선전선동에 수단으로 이용된 것은 우연이 아니었다. 이미지만을 보여주는데 그치지 않고 그 이미지들로 이야기를 만든다면 얼마나 강력한가 말이다.

신화는 이야기를 듣고 이미지를 떠올리는 반면, 영화는 이미지로 이야기를 구성한다고 할 수 있다. 이야기와 이미지라는 공통분모를 갖고 있는 영화와 신화가 만났을 때의 문화적 파괴력이란 상상을 초월할 수밖에 없는 것이다. 〈반지의 제왕〉과 〈해리 포터〉의 열풍이 그저 지나가는 유행이 아닌 이유가 여기 있다. 특히 신비하고 초자연적인 장면을 아름답고 매끈하게 재현할 수 있는 기술력이 밑받침되고 있는 것이 작금의 현실이다. 더구나 이제 3D 입체 영화들은 현실과 꿈같은 영화를 구분하는 것이 가능하지 않을 정도의 기술적 성취에 도달하고 있다. 하여 신화와 영화가 만난 그 생명력이란 일시적인 것이 아닐 터이다. 영화로 시각화되는 집단의 꿈인 신화는 고대부터 구전되던 신화와 전설, 민담과 같이 무의식에 각인된 인류의 보편 심성에 호소하기 때문에 무엇보다도 강하고 질길 것이기 때문이다.

영화와 신화의 집단성과 광기가 극단적인 정치 성향과 만나면 위험한 파시즘으로 치닫는 것도 이런 특성 때문이다. 신화의 정치성과 함께 할리우드 영화의 자국중심적인 성향을 기억하자. '담론'의 세계로서의 신화와 영화는 그 발화 주체에 따라 많은 차이를 가질 수밖에 없다. 더욱이 신화와 영화는 몸에 관한 이야기이고, 섹슈얼리티 논의의 보고이다. 시각이미지로 가득 찬 신화의 세계는 신과 인간들의 살 내음이 풍겨 나오고 사랑과 질투, 삶과 죽음, 복수와 전쟁의 이야기들을 지속적으로 반복한다. 근친상간과 제3의 성, 동성애 등을 비롯해 육체의 아름다움을 찬양하고 자연의 생산력과 풍요로움을 기원하는 제의적인 의식과 깊은 연관을 보여준다.

변신 이야기(metamorphoses)가 신화 아니던가. 이제 신비한 지적 탐험의 세계로 그 수많았던 영웅들처럼 용감하게 모험을 떠나보자. 출발!

2장 신화 분석의 패러다임

신화는 신들의 이야기이자 동시에 인간들의 이야기이기도 하다. 왜냐하면 인간과 관계 맺지 못하는 신화는 신화로서의 가치를 제대로 발휘할 수 없기 때문이다. 실제로 신화 속의 주인공들이 만들어가는 이야기는 인간들이 지향하는 어떤 가치를 상징적으로 담아내고 있다. 따라서 우리가 신화에 주목하는 이유는 단순히 신화 속의 이야기 자체가 신비롭고 환상적이기 때문이 아니라, 그 속에 내재된 인류 공통의 보편적 정신을 더 중요하게 여기기 때문이다. 이런 맥락에서 신화는 그것을 공유하는 한 민족의 '문화 원형'(culture archetype)이자 그 시대 문화를 이해하는 핵심적인 코드라고 할 수 있다.

우리가 이 장에서 알아볼 신화학(Mythology)이 주목하는 것도 바로 이 지점이다. 현대의 신화학은 우리 사회에 나타나는 다양한 현상들을 원시 사회의 형태로 치환시켜 그것을 신화적인 원천으로 파악하는 학문이라고 볼 수 있다. 즉 신화학은 신화가 인류 사회에게 문화의 원초적 근거를 제공해 준 주요한 원천(source)임을 전제로 한다.

신화와 예술 그리고 영화

현대에 들어 신화학자와 철학자들이 고대 세계의 신화들을 되짚어봄에 따라 신화에 대한 연구는 괄목할 만한 성과를 거두었다. 클로드 레비스트로스(Claude Lévi-Strauss), 미르치아 엘리아데, 롤랑 바르트, 조지프 캠벨, 노스럽 프라이(Northrop Frye), 질베르 뒤랑(Gilbert Durand) 등 대표적인 신화학자들뿐만 아니라 신화는 이제 대중매체 종사자들은 물론 일반 대중들의 입에서 일상어로 자리 잡았다.

조지프 캠벨이 『신화의 힘 *The Power of Myth*』에서 "예술가는 오늘날에 신화와 교통하는 자이다"라고 말한 것처럼, 인류의 문명과 문화가 발달하면서 신화는 풍요로워졌고 신화의 영향력은 문학, 춤, 음악, 연극 등 다른 모든 예술 분야에 이르기까지 확산되었다. 특히 신화학자들은 영화와 신화의 관련성에 대해 주목하면서 많은 연구를 진행해 나가게 된다. 그렇다면 왜 이렇게 신화학자들이 영화를 이야기하는 것일까? 그들은 신화의 성격을 가장 잘 반영하고 있는 현대의 대표적인 예술 매체가 바로 영화라고 보기 때문이다. 다시 말해 이들은 영화를 통해 신화를 읽고자 하는 것이다. 신화학자들은 신화가 어떻게 인간의 일상생활에 영향을 미치고 어떤 의미 작용을 하는가에 대해 끊임없이 고민한다. 그 고민을 통해 얻은 결론은 바로 '신화와 영화의 만남', 즉 신화의 상징이나 의미가 한 편의 영화 안에서 어떤 구체적인 의미를 만들어내는가를 살펴보는 작업이 현대 신화 연구의 가장 적절한 방식이라고 결론을 내린 것이다.

사실 짧은 지면을 통해 모든 신화학의 지형을 밝히는 것은 불가능하다.

따라서 이 장에서는 주로 영화와 신화의 상관관계를 다루는 연구 중에서 가장 널리 언급되는 조지프 캠벨, 크리스토퍼 보글러, 스튜어트 보이틸라를 한 축으로 삼고, 이들의 연구를 보완해주는 노스럽 프라이의 논의를 통해 신화와 영화가 어떻게 조우하고 있는지 알아보고자 한다.

조지프 캠벨의 원질신화론

조지프 캠벨은 신화 연구뿐 아니라 서사 분석, 스토리텔링 창작에 있어서도 매우 중요한 위치를 차지한다. 그가 1949년에 발표한 『천의 얼굴을 가진 영웅 *The Hero with a Thousand Faces*』에서 쓴 영웅 신화의 원형 구조는 실제 스토리텔링에 종사하는 자들과 이를 분석하는 비평가에게 큰 도움을 주고 있다. 실제로 불후의 명작 〈스타워즈〉 시리즈를 만든 조지 루카스는 자신의 스토리 창작에 가장 큰 영향을 준 인물과 책으로 캠벨의 『천의 얼굴을 가진 영웅』을 꼽고 있다. 또한 국내 문화콘텐츠의 스토리를 분석할 때도 캠벨의 논리를 활용하는 경우가 많다. 특히 영웅담이 주가 되는 많은 게임 스토리 창작과 분석에서 캠벨의 논의는 큰 자양분을 공급해주고 있다.

캠벨의 신화학은 한 인간이 태어나 어떤 통과의례를 거쳐 어떻게 보편적인 인간됨을 확보하는가와 밀접한 관련이 있다. 즉, 인간이 태어나 사회를 구성하고 시련을 극복해 나가면서 가치 있는 인간으로 성장하는 과정이 신화에 녹아있다고 본 것이다. 그래서 신화의 핵심은 고통과 시련 속에서도 인간으로 살아가는데 필요한 '재생의 삶'을 가르쳐 주는 데 있다고 주장한다. 그는 인간이 인간으로 성장하기 위해서는 신화의 습득, 즉 신화를 통한 깨달음이 필연적이라고 여겼다.

캠벨이 수많은 세계 신화 연구를 통해 알아낸 것은 그 다양한 신화들을 아우르는 원질신화(原質神話, monomyth)가 존재한다는 사실이다. 즉, 나라, 민족, 종족사이에서 구전되는 신화들은 겉으로 보기에는 모두 제각각의 모습을 띠며 전승되는 것 같이 보이지만 그 안에는 신화의 공통점, 다시 말해 인간의 원형에 해당하는 원질신화 체계가 존재한다고 보았다. 이는 마치 러시아 민속학자 블라디미르 프롭(Vladimir Propp)이 『민담형태론』에서 31가지의 기본항을 규명하며 러시아 민담의 이야기 구조를 밝힌 과정과 흡사하다고 볼 수 있다.

캠벨은 이러한 원질신화를 입증하기 위해 신화와 전설이 영웅을 탄생시키기 위해 밟아가는 스토리의 진행 절차와 순서를 서술하고 있다. 다시 말해 신화와 전설에서 보편적으로 등장하는 캐릭터의 유형을 구분하고 어떤 단계를 거쳐 영웅이 탄생되는지에 대해 기술한 것이다. 크게 출발-입문-귀환의 과정으로 요약할 수 있는 캠벨이 제시한 영웅 신화의 구조는 곧바로 스토리 창작에 활용할 수 있는 영감을 제시한다.

예를 들어, 영웅은 일반 세계에서 초자연적인 경이의 세계로 모험을 떠나고 강력한 적들을 만나 어려움을 겪지만, 결국은 결정적인 승리를 거두고 공동체에 이익을 줄 수 있는 힘을 얻어 현실 세계로 돌아오는 것이다. 즉 세계로부터의 분리, 힘의 원천에 대한 통찰, 그리고 황홀한 귀향의 3단계 패턴으로 이루어진다고 본다. 이를 구조적으로 다시 정리하면 보통 세계/낯선 세계, 출발/귀환으로 이루어진 '이항대립 구조(Binary Opposition Structure)'[1]를 지닌다고 말할 수 있다.

이를 다시 영웅 서사의 틀에서 보자면, 보통 세계는 출발과 결합하고, 낯선 세계는 귀환과 결합한다. 영웅은 일상적인 보통세계에서 거룩한 소명을 받아 떠나고, 낯선 세계에서 온갖 시련을 겪으며 성장하다, 신비의 힘을 얻

---

1) 이항대립(二項對立)이란 말 그대로 두 개의 항이 서로 대립한다는 뜻이다. 음양, 밤낮, 남여, 악당 대 영웅 같이 두 개의 반대적인 성격이 대립하는 형태를 띠고 있다.

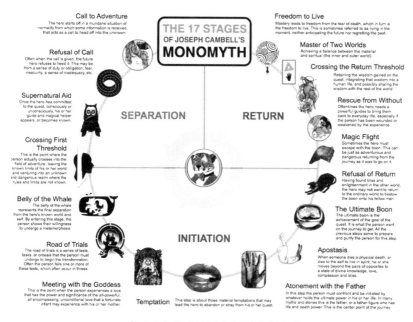

[그림1] 원질신화론의 17가지 단계

어 자신의 세계로 귀환하는 것이다. 이때의 영웅은 처음 보통 세계를 떠날 때의 평범한 인물이 아니라 진정한 영웅이 되어 돌아오는 것이다. 그런데 문제는 캠벨의 『천의 얼굴을 가진 영웅』이 매우 뛰어나다고는 하지만, 신화에 배경지식이 없는 일반 독자가 그의 책을 읽고 실용적으로 접근하기란 그리 녹록하지 않다는 점이다. 이러한 캠벨의 난해한 영웅 신화구조를 일반인들이 쉽게 이해하도록 도움을 준 이가 바로 크리스토퍼 보글러 (Christopher Vogler)라고 할 수 있다.

영웅 스토리의 12단계

할리우드 메이저 스튜디오에서 스토리 컨설턴트로 일하고 있는 크리스토퍼 보글러는 『작가의 여행 The Writer's Journey』을 출간하면서 캠벨의 17

단계의 '영웅의 모험'을 정리하여 12단계로 도식화 하였다.

> ▶ 1단계 – 일상세계 (Ordinary World) : 스토리의 시작 부분에 해당하며 주로 일상 세계에서의 영웅의 평범함과 영웅이 가게 될 특별한 세계 (Special World)의 차별성을 보여준다.

> ▶ 2단계 – 모험으로의 부름 (The Call to Adventure) : 어떤 사건 등을 계기로 영웅이 일상 세계를 떠나 특별한 세계로 모험을 떠나게 될 것이란 사실을 암시해 준다.

> ▶ 3단계 – 부름의 거절 (Refusal of the Call) : 영웅은 모험에 대한 의심, 두려움 등으로 부름을 거절한다.

> ▶ 4단계 – 조언자의 만남 (Meeting with the Mentor) : 영웅은 자신이 가야할 방향을 제시해 줄 수 있는 조언자를 만난다.

> ▶ 5단계 – 첫 번째 관문의 통과 (Crossing the First Threshold) : 영웅이 모험을 떠나게 되는 계기가 주어지고 마침내 특별한 세계로 들어간다.

> ▶ 6단계 – 테스트, 동맹, 적군 (Tests, Allies, Enemies) : 영웅이 몇 가지 시험을 통과하고 동맹군이 생김과 동시에 그에 대응하는 적들이 발생한다.

> ▶ 7단계 – 가장 깊숙한 동굴로의 접근 (Approach to the Innermost Cave) : 테스트 과정을 성공적으로 끝낸 영웅이 향후 다가올 엄청난 시련에 대비하는 과정이다.

> ▶ 8단계 – 호된 시련 (The Ordeal) : 영웅이 적 깊숙한 곳에서 도저히 이길 수 없는 강력한 어둠의 실체와 만나게 된다. 죽음에 직면한 상황을 극복하고 영웅은 다시 태어난다.

> ▶ 9단계 – 보상 (Reward) : 시련을 극복한 영웅에게 승리를 위한 보상이 주어진다. 승리를 위한 영감, 불멸의 영약, 중요한 정보 등을 얻는다.

> ▶ 10단계 – 귀환 (The Road Back) : 보상을 손에 쥐고 집으로 돌아오지만 적들이 재결합하고 영웅을 위협한다. 이에 따른 영웅의 새로운 모험이 시작된다.

> ▶ 11단계 – 부활 (Resurrection) : 죽은 줄 알았던 적 또는 재결성된 적이 나타나고 이들 세력과 마침내 최후의 전투를 수행하고 승리한다.

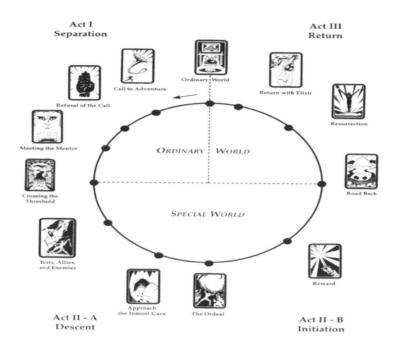

[그림2] 영웅스토리의 12가지 단계

▶ 12단계 – 영생의 귀환(Return with the Elixir): 영웅이 보상을 가지고 고향에 돌아와 다른 사람과 나누는 등 일상으로 복귀하는 것이다.

이러한 영웅 스토리의 12가지 단계가 서사적 구조를 통해 실현될 때 출발, 입문, 귀환의 순차적 흐름으로 나타나게 되고 각 단계별로 기본적인 이야기의 요소들이 제시된다.

우선 출발 단계에서 영웅은 '자아의 각성(the awakening of the self)'을 겪게 된다. 본래 자신은 보통 세계에 어울리는 인간이 아니었으며 더 큰 목적이 자신을 기다리고 있는 특별한 존재라는 것을 깨닫게 되는 것이다. 그래서 그는 보통 세계의 껍질을 깨고 새로운 세계로 나아갈 준비를 한다. 결

[표1] 출발- 입문- 귀환 단계와 영웅 스토리의 12가지 단계

출발	입문	귀환
- 영웅에의 소명	- 시련의 길	- 귀환의 거부
- 소명의 거부	- 여신과의 만남	- 불가사의한 탈출
- 초자연적 조력의 등장	- 유혹자로서의 여성	- 외부로부터의 구조
- 첫 관문의 통과	- 신격화	- 귀환 관문의 통과
- 첫 시련 : 고래의 배에 갇힘		- 삶의 궁극적 자유

국 영웅은 소명을 이루기 위해 낯선 세계로의 여행을 시작하고 조력자의 도움을 통해 첫 관문을 통과한다. 이때 영웅에게 첫 번째 시련이 찾아오는데, 보통 새로운 탄생을 위해 어머니의 자궁과도 같은 고래의 배에 갇히는 것으로 설정된다. 이는 낡은 자기가 죽어야 새로운 자기로 태어날 수 있다는 일종의 상징적 의미라고 볼 수 있다.

두 번째 입문 단계는 주로 영웅이 겪는 다양한 시험과 시련을 다루는 단계이고 신화 속 이야기에서 가장 흥미롭게 묘사되는 부분이기도 하다. 영웅은 결국 모든 시련과 두려움을 극복하고 자유로운 존재로 신격화된다. 그리고 영웅은 그 힘으로 구체적인 신화의 가치를 전파할 수 있게 된다.

마지막 귀환 단계에 접어든 영웅은 비록 절대적인 힘을 가지게 되었더라도 공동체로 귀환하기 위한 더 큰 모험을 치러야 한다. 그런데 귀환하는 길이 그리 순탄치 만은 않다. 영웅은 귀환을 방해하는 적대세력에 붙잡히게 되고 외부로부터의 구조 행위를 통해 불가능할 것만 같던 탈출에 성공한다. 모든 세계가 영웅의 귀환을 학수고대하고 있기 때문에 자연의 힘을 포함하는 어떤 초월적인 도움이 나타나더라도 전혀 이상하지 않다. 영웅은 마침내 모든 귀환에 필요한 관문을 통과함으로써 자기가 떠났던 보통 세계와 시련을 주었던 낯선 세계를 통합할 수 있는 힘을 가지게 되고 영웅의 삶

[표2] 흥행영화를 관통하는 스토리텔링의 원천[2]

〈스타워즈〉	〈해리포터〉	〈타이타닉〉
고아소년 루크	고아소년 해리	로즈
포스	마법	타이타닉호
제다이의 기사	마법사	금지된 사랑
오비완	덤블도어	잭
광선검	마법 지팡이	자신이 진짜 원했던 삶
다스베이더	볼트모트	헉슬리 · 거대한 재난
승리	승리	영원한 사랑

은 하나의 진리로써 사람들에게 추앙받게 된다.

눈치 빠른 독자라면 짐작하겠지만 캠벨의 이러한 영웅 스토리의 12가지 단계는 우리가 익히 알고 있는 영웅이 등장하는 대부분의 대중 영화의 서사구조와 일치한다. 예를 들어보자.

먼저 〈스타워즈〉의 서사 구조를 살펴보면, 고아소년 루크가 모험을 떠나 초자연적인 포스의 영역에 들어서 제다이의 기사가 된다. 그는 오비완의 가르침을 받아 광선검을 이용해 악의 세력인 다스베이더와의 대결에서 승리를 거둔다. 이번에는 〈해리포터〉의 서사구조다. 고아소년 해리가 마법의 영역으로 들어서 마법사가 된다. 그는 덤블도어의 도움을 받아 마법 지팡이를 이용해 자신의 부모를 죽인 볼트모트와의 대결에서 승리를 거둔다. 이러한 〈스타워즈〉의 서사 구조와 〈해리포터〉의 그것을 중첩해 놓으면 흥미로운 결과를 얻을 수 있는데, 바로 등장인물의 이름과 비교 항목의 단어만 바꿔 넣으면 모든 사건과 결말이 일치한다는 것이다. 그렇다고 꼭 영웅이 등장하는 영화에만 이런 공식이 적용되는 것은 아니다. 애절한 사

---

2) EBS, 〈다큐의 재구성: 지금은 스토리 시대〉, 2011.01.18. 방송 참조.

랑이야기를 담고 있는 영화 역시 유사한 구조를 지니고 있음을 알 수 있다. 〈타이타닉〉을 보자. 상류 사회에 숨막혀 있던 로즈는 타이타닉호에 올라 금지된 사랑을 한다. 잭을 통해 자신이 진짜 원했던 삶을 깨닫게 된 로즈는 탐욕스러운 약혼자 헉슬리를 그리고 타이타닉호에 닥친 거대한 재난을 이겨낸다. 결국 로즈는 영원한 사랑을 품고 살아가게 된다.

이상의 예에서 살펴보았듯이 흥행영화를 관통하는 스토리텔링의 원천은 상당부분 캠벨이 제시한 영웅 신화구조와 놀랍도록 유사하다는 것과 그만큼 캠벨의 구조가 스토리텔링에 얼마나 유효한 방법론인지를 알 수 있다. 그 효용성을 좀 더 잘 이해하기 위해 캠벨이 제시한 영웅 신화구조 3단계를 〈스타워즈 Star Wars〉(1977~1983) 초기 3부작에 대입시켜 보자.

신화 영웅 스토리의 영화적 적용 : 〈스타워즈〉

미국인들이 가장 사랑하는 이야기 중의 하나인 〈스타워즈〉 시리즈는 영화 스토리 창작에 직접적으로 신화적 영웅구조를 차용한 대표적인 예라고 할 수 있다. 캠벨의 신화론에 영향을 받아 조지 루카스가 만든 〈스타워즈〉 시리즈의 이야기는 캠벨의 이론에 충실하면서도 재미와 효과를 위해 선택과 집중을 적절히 해낸다. 사실 〈스타워즈〉 초기 3부작의 구분과 제목 자체에 이미 캠벨의 구조가 숨겨져 있다고 볼 수 있다. 〈새로운 희망 A New Hope〉을 가지고 모험의 세계로 '출발'하였다가, 〈제국의 역습 The Empire Strikes Back〉으로 '입문'의 과정을 겪어내고, 〈제다이의 귀환 Return of the Jedi〉에서 보듯이 제다이로서 우주의 평화를 가지고 '귀환'하는 구조는 캠벨의 원질신화의 모습과 일치한다.

출발의 단계는 거의 캠벨의 구조를 그대로 따르고 있다. 시리즈의 첫 편인 〈새로운 희망〉 편이 대체로 이 단계에 속한다. 외딴 시골 행성에서 고모

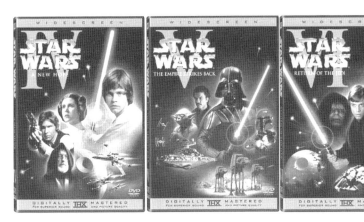

[그림3] 〈스타워즈〉 시리즈의 주요 포스터

의 손에 길러지던 스카이워커에게 R2D2라는 로봇이 우연히 도착하고 로봇이 보여주는 홀로그램 속 공주의 위험을 인지하면서 모험이 시작된다는 점은 '영웅에의 소명' 단계를 잘 보여준다. 그러나 그는 공주를 구하는 모험을 거부한다(소명의 거부). 그 결과 오히려 고모 내외를 악의 무리에게 잃게 되고 분노를 지닌 채 소명을 받아들인다. 이때 은거하는 제다이 기사인 오비완(첫 번째 조력자)에게 아버지의 광선검(부적)을 부여받고, 그의 도움으로 익숙한 세계를 떠나 처음으로 겪는 낯선 행성 칸티나에서의 위기를 극복한다(첫 관문의 통과). 여기서 그는 조력자인 솔로 선장을 만나고 함께 공주를 구하려 적진에 뛰어든다. 아직 성숙치 못한 영웅인 스카이워커는 죽음의 별(고래의 배)에 갇히게 되고 구사일생으로 탈출한다. 그리고 후에 그들은 기지를 발휘해 그 인공별을 파괴한다. 그러나 제국군이 완전히 궤멸된 것은 아니다.

두 번째 입문 단계에서는 여러 가지 변형이 등장한다. 이 부분은 시리즈의 두 번째 편인 〈제국의 역습〉과 세 번째 편인 〈제다이의 귀환〉에 나뉘어 나타난다. 제국군의 추적을 당하던 스카이워커는 혹독한 시련을 당하고 그

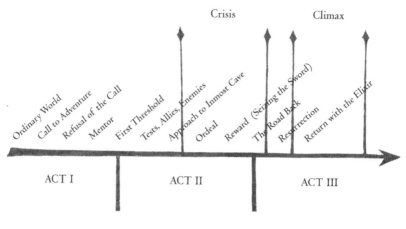

[그림4] 영웅 신화의 3막 구조

과정에서 요다라는 제다이를 만나 자신을 성장시킨다. 협력자인 솔로 또한 냉동인간이 되고 만다(시련의 길). 여기서 여신의 존재는 반란군의 지도자인 레이아 공주로 재현된다. 캠벨 이론을 가장 창조적으로 응용한 부분은 악의 세력을 상징하는 다스 베이더를 스카이워커의 아버지로 설정한 대목이다. 반드시 무찔러야 할 적이 아버지라는 사실은 다분히 오이디푸스 콤플렉스(Oedipus complex)적 원질신화에 충실한 설정이다. 아버지와의 숙명적 대결이 2편과 3편에서 반복적으로 등장하고 결국 3편에서 아버지 다스 베이더는 악의 세력과 결별하며 목숨을 내걸고 아들을 구한다. 그리고 스카이워커도 진정으로 아버지를 용서한다(아버지와의 화해). 한편 캠벨의 입문 단계 중 '신격화'의 요소는 영화에서 나타나지 않는다.

마지막으로 귀환 단계는 3편 〈제다이의 귀환〉 편에 집중되어 있다. 단 3편에서는 아버지와의 화해 요소가 두드러지고 귀환 자체의 에피소드는 축약된다. 우선 '귀환의 거부' 요소가 없고, '불가사의한 탈출' 요소가 생략된다. 다만 원래의 조력자인 솔로와 외부 조력자인 랜도에 의해 죽음의 별이

다시 파괴되는 것은 '외부로부터의 구조' 요소에 충실한 것이다. 그리고 '삶의 자유'는 평화가 깃든 은하계에서의 축제로 간략히 상징화한다.

종합해 보면, 캠벨의 신화구조는 영화에서 출발 단계가 충실히 구현되는 반면 입문단계의 신격화 등의 요소가 생략되고, 클라이맥스인 귀환 단계에서 여러 요소를 뛰어넘어 긴장감 있는 스토리를 구축하는 것을 확인할 수 있다. 한 가지 잊지 말아야 할 사실은 캠벨의 영웅 서사 구조가 제대로 된 대중문화 콘텐츠로 재창조되기 위해서는 어떤 단계와 어떤 요소를 어떻게 선택하고 집중할 것인지에 대해 심사숙고해야 된다는 것이다.

크리스토퍼 보글러의 시나리오 3막 구조

크리스토퍼 보글러는 신화론과 인류학적 논의에 충실한 캠벨의 논리를 스토리텔링의 차원으로 좁혀 실용화한 사람이다. 그는 『신화, 영웅 그리고 시나리오 쓰기 *Writer's Journey −Mythic Structure for Writers*』를 통해 영화 등 문화콘텐츠 창작에 실질적으로 응용될 수 있도록 캠벨의 영웅 신화 구조를 변형했다. 보글러는 영화의 스토리텔링에 적합하게 캠벨의 영웅 신화 구조 3단계를 시나리오의 일반적 3막 구조(Three Act Structure)인 상황 → 갈등 → 결말로 변형하고 단계별 요소를 생략하거나 변형시켰다.

보글러의 스토리 구조를 보면 캠벨의 원질 신화 구조 중 출발 단계는 거의 충실히 반영하고 있음을 알 수 있다. 다만 '고래의 배' 요소만이 2막으로 넘어가 '심연 깊은 곳으로의 접근'으로 대치되어 스토리 상 위기 장면에 대응하게 만들었다. 한편 캠벨의 입문, 귀환 단계는 보글러의 스토리 구조에 와서 상당히 축약되고 변형된다. 입문 단계의 여러 요소는 제2막의 '시련' 부분으로 통합되고 '신격화' 요소는 '보상'으로 집약된다. 귀환 단계의 여러 요소도 귀환 과정 자체로 집약되는 것을 확인할 수 있다. 이는 앞서 할

[표3] 캠벨의 신화구조와 보글러의 스토리 구조

캠벨의 원질신화 구조	보글러의 스토리 구조
출발	제1막
- 영웅에의 소명	- 일상 세계
- 소명의 거부	- 모험에의 소명
- 초자연적 조력의 등장	- 소명의 거부
- 첫 관문의 통과	- 정신적 스승과의 만남
- 첫 시련: 고래의 배에 갇힘	- 첫 관문의 통과
입문	제2막
- 시련의 길	- 시험, 협력자, 적대자
- 여신과의 만남	- 심연 깊은 곳으로의 접근
- 유혹자로서의 여성	- 시련
- 신격화	- 보상
귀환	제3막
- 귀환의 거부	- 귀환의 길
- 불가사의한 탈출	- 부활
- 외부로부터의 구조	- 영약을 가지고 귀환
- 귀환 관문의 통과	
- 삶의 궁극적 자유	

리우드 주요 영화의 스토리 분석에서 확인했던 것과 유사한 방식으로 보글러의 스토리 구조가 정리되었음을 알 수 있다. 실제로 신화의 서사 구조를 차용한 영화, 게임 등 문화콘텐츠 서사구조를 분석해 보면 보글러의 3단계 스토리 구조를 통해 전체 서사구조가 짜여 있다는 사실을 확인할 수 있다.

스튜어트 보이틸라의 장르영화에서의 신화구조

크리스토퍼 보글러의 방법론은 그의 제자 스튜어트 보이틸라(Stuart Voytilla)의 사례 분석을 통해 그 유효성을 한층 더 인정받게 된다. 보이틸라는 『영화와 신화 Myth and the Movies』라는 책을 통해 영웅을 다룬 장르뿐 아니라 영웅이 등장하지 않는 다양한 장르에서도 캠벨의 원질신화 구조가 드러나고 있음을 장르 영화의 사례들을 통해 분석했다. 그는 액션 어드 벤처, 서부영화, 공포, 스릴러, 전쟁영화, 드라마, 로맨스, 로맨틱 코미디, 코미디, 공상과학(SF)/판타지의 10가지 영화장르에 속하는 각각의 영화 5편을 선택, 총 50편의 영화들을 보글러의 틀에 맞춰 분석했다. 보이틸라는 결국 장르를 불문하고 원질신화의 구조에 기반을 둔 12단계의 스토리 구조가 할리우드 영화에서 항시적으로 작동함을 보여주었다.

신화형 스토리 구조의 문제점: 캠벨 → 보글러 → 보이틸라

캠벨이 제시하고 보글러, 보이틸라가 일반화한 영웅 신화의 원형은 구조주의적으로 말하면 스토리의 통합체(syntagm)[3]적 질서를 보여주는 것이다. 다시 말해 전 세계 신화에 보편적으로 존재하는 기본형으로서의 통합체를 제시한 것이라고 볼 수 있다. 그리고 그것은 보이틸라의 분석에서 보듯이, 스토리에 있어서 기본적인 모델로 제시해도 될 정도의 강력한 통합체의 구조로 인정할 수 있다. 그런데 캠벨-보글러-보이틸라로 이어지는 이론에서 제시된 통합체의 구조가 모든 신화의 비밀을 밝혀주는 유일한 방법론은 될 수 없다. 왜냐하면 어떤 신화적 요소를 어떻게 배열할 것인가, 다시 말해 계열체(paradigm)[4]적 선택에 대해서는 답을 하지 못하기 때문이다. 예를 들어 영웅 주인공의 능력의 차이, 영웅이 겪는 시련의 정도 차이 등에 있어 어떤 일관성이 부여되어야 하는지는 통합체의 구조를 아는 것만으로는 해결되지 않는다. 물론 통합체의 구조만 가지고도 어느 정도는

---

3) 통합체(統合體)란 의미화된 전체를 구성하기 위해서 계열체 속에서 선택된 단위들의 조합을 말하며 수평적 배열이 되는 특징이 있다.
4) 계열체(系列體)란 일련의 단위들의 집합을 의미하며 수직적으로 배열되는 특징을 가진다.

[그림5] 통합체와 계열체의 이해

스토리 창작에 도움을 받을 수 있겠지만, 그 구조에 계열체적 요소를 선택하는 일정한 기준을 만들 수 있다면 스토리텔링에 있어 더욱 정확한 모델이 창출될 수 있을 것이기 때문이다.

이해를 돕기 위해 통합체와 계열체에 대한 예를 패션체계를 통해 설명해보자. 오늘 저녁 A와 B는 근사한 파티에 초대를 받았다. 평상복으로 가기에는 좀 찜찜해서 큰마음 먹고 패션매장에 간다. 먼저 패션에 대한 욕심도 없고 이것저것 고르기가 귀찮은 A는 머리부터 발끝까지 한 번에 쇼핑할 수 있는 토탈패션 매장으로 간다. 한 파티복 전문 매장에서 첫 번째 진열장에 전시되어 있던 모자-넥타이-셔츠-재킷-바지-양말-구두까지 몽땅사서 파티장으로 간다. A의 이러한 선택이 바로 통합체적 선택이라고 할 수 있다. 그런데 빠르고 간편한 반면 뭔가 좀 찜찜하다. 알고 보면 내가 직접 고른 게 하나도 없는 것이다. 파티복이라는 전체하에 단위들을 결합한 것이기 때문이다.

이번에는 B의 경우를 보자. B는 A와는 달리 패션에 관심이 많다. 어떤 셔츠에 어떤 넥타이가 어울릴지 또 어떤 구두를 신어야 전체적인 맵시가 살지를 고민하다 결국 개별 패션 매장이 모여 있는 백화점에 가기로 한다. 1층부터 3층까지 매장이 분산되는 바람에 다리가 좀 아프기는 했지만 B는 각 매장에서 따로따로 패션 아이템을 구입한다. 모자는 모자 전문 매장에서 셔츠는 셔츠 전문 매장에서 구두는 구두 전문 매장에서 등등. 시간은 A에 비해 많이 걸렸지만 나름대로 뿌듯하다. 왜냐하면 머리부터 발끝까지 모두 자신의 기호에 맞춰 선택했기 때문이다. 이러한 A와는 상반된 B의 구매 행위가 계열체적 선택이라고 할 수 있다. 선택의 다양성을 통해 그 선택에 따른 의미 변화와 상응했기 때문이다.

그런데 사실 계열체적 선택을 한 B가 통합체적 선택을 한 A보다 반드시 뛰어나다고 볼 수는 없다. 왜냐하면 A도 잘만 코디가 되었다면 얼마든지 멋진 패션을 완성했다고 볼 수 있기 때문이고, B도 아무리 자기의 기호에 맞게 선택했다 할지라도 남이 볼 때 얼마든지 패션 테러리스트가 될 수 있기 때문이다. 여기서 한 가지 중요한 교훈을 얻을 수 있다. 결국 가장 이상적인 패션 조합의 완성은 토탈패션 매장과 개별패션 매장을 결합시키는 것이다. 다시 말해 하나의 서사구조는 통합체적 요소와 계열체적 요소를 결합시켰을 때 가장 뛰어난 이야기가 만들어질 가능성이 높다는 것이다.

신화론에서 이러한 대안을 제시한 인물이 바로 캐나다의 문학이론가 노스럽 프라이(Herman Northrop Frye)다. 그가 제시한 신화 분석론은 계열체의 요소들에 대한 체계적인 선택의 기준을 제시하고 있다.

노스럽 프라이의 신화 '내려앉기'와 스토리 구조

노스럽 프라이는 최초의 문학형식을 신화라고 간주한다. 신화는 모든 문학의 원형으로 존재하며 이 관습으로부터 자유로울 수 있는 개별문학은 없다는 것이다. 프라이는 이 전제 아래 서구의 문학사에 일정한 경향이 있다고 주장한다. 신화의 고결한 수준으로부터 점차 현실적이고 일반적인 수준으로 변화해가는 방향성이 곧 서구의 문학사라는 것이다. 그는 이 흐름

[표4] 프라이의 신화구조

	주인공		
	지위	환경 대응력	주제
신화	보통사람보다 절대적으로 우월	환경을 뛰어넘음	삶에 대한 총체적 비전
로망스	보통사람보다 우월	환경을 어느 정도 뛰어넘음	영웅들의 보편적 진리 추구
상위 모방	보통사람보다 우월	환경을 뛰어넘지 못함	사회와 국가에 부응
하위 모방	보통사람보다 우월하지 못함	환경을 뛰어넘지 못함	개인의 심리와 행위
아이러니	보통사람보다 열등	환경을 뛰어넘지 못함	실존과 예술

을 신화–로망스–상위모방–하위모방–아이러니의 다섯 수준으로 구분
지어 놓았다. 모든 이야기는 신화가 그 시대의 특성과 수준에 맞게 '내려앉
기' 혹은 '자리바꿈'된 결과라고 본 것이다.[5] 그래서 신화는 시대에 따라 순
차적으로 변모하는데, 그것은 신화–로망스–상위모방–하위 모방–아이
러니의 순으로 나타나고 그 수준에 따라 주인공의 성격, 주제의 특성 등이
변화한다는 것이다. 프라이의 이런 논의를 주인공, 주제의 요소를 중심으
로 도표화 하면 다음과 같이 제시할 수 있다.

프라이가 신화의 변형으로서 문학사를 이야기할 때 중심에 두는 것은 주
인공의 특성이다. 현대로 올수록 주인공은 강력한 힘을 소유한 절대적 존
재에서 일반 사람과 그리 다를 바 없는 실존적 존재로 변모해가고, 상상적
공간에서 현실적 공간으로 내려오게 된다. 이것은 자연과 사회를 바라보는
인간의 태도가 신성 중심 사상에서 이성 중심 사상으로 발전하고 곧이어

---

5) 권택영, 『소설을 어떻게 볼 것인가–현대 서사 이론을 찾아서』, 문예출판사, 2004,
104쪽.

탈이성으로 발전하는 과정의 반영이기도 하다. 이성적인 태도가 발달할수록 주인공은 현실적인 존재가 되어간다. 또한 판타지의 상상력에서 미메시스(mimesis), 즉 모방적인 상상력으로 변모하는 과정이기도 하다.

거의 비슷한 시기에 방영된 〈태왕사신기〉(2007)와 〈주몽〉(2006~2007)은 모두 신화적 역사에 기반을 둔 대하 사극이었다. 그런데 〈태왕사신기〉에서 광개토대왕은 주작과 현무를 부리는 등 환경을 뛰어넘는 초자연적 경험이 가능한 로망스적 주인공으로 묘사된 반면, 〈주몽〉에서 고구려 동명성왕 주몽은 보통 사람보다 활을 쏘는 능력만이 뛰어날 뿐 자연을 뛰어넘는 인물로는 형상화되지 못한다. 다시 말해 상위모방의 수준으로 '내려앉은' 것이다.

흥미롭게도 프라이는 문학이 각 단계를 순서대로 내려앉아 아이러니의 시대를 거치고 나면 다시 신화의 시대로 돌아가게 되리라 예측했다. 그는 모든 문학 장르들은 신화로부터 차츰 변천해 나가다가 다시 신화로 귀환하리라는 것을 알았던 모양이다. 즉, 속된 말로 갈 때까지 간 아이러니의 시대에 사는 사람들은 새로운 도덕적인 시각으로 인간의 삶이 변화되기를 바라게 되고 결국 삶에 대한 총체적 비전을 제시하는 것은 신화 밖에 없다는 것을 깨닫게 된다는 것이다.

실제로 20세기 말까지 포스트 모더니즘의 아이러니 시대를 거친 인류가 21세기 새로운 시대를 맞아 〈반지의 제왕〉 같은 판타지의 상상력에 열광하는 것을 보자면, 프라이의 예언은 어느 정도 설득력이 있다고 할 수 있다. 다만 주의해야 할 것은 인류는 이미 역사를 통해 다섯 단계의 표출 양식을 다 경험했기 때문에 그것들이 알게 모르게 문화 곳곳에 잔재해 있다는 사실이다. 아무리 다시 신화의 시대가 다시 도래했다고 하더라도 오늘날에는 신화, 로망스, 상위모방, 하위모방, 아이러니의 수준을 모두 한꺼번에 만날 수 있는 것이다. 이러한 특징은 우리가 인터넷상의 사용자 중심 콘텐츠(UCC: User Creative Contents)를 보면 쉽게 수긍이 가는 대목이다. 때로는 원작을 능가하는 콘텐츠부터 정말 말도 안 되는 모방에 불과한 콘텐츠까지 현재 UCC는 프라이가 말하는 이러한 특징에 가장 부합하는 대중문화라고 할 수 있다.

이제까지 알아본 바와 같이 프라이의 신화 분석론은 캠벨－보글러－보이틸라가 제시하지 못한 계열체적 요소, 즉 어떤 신화적 원형을 어떤 수준으로 대체할 것인가를 결정하는데 큰 도움을 주는 방법론이라고 할 수 있다. 이러한 그의 방법론은 스토리텔링 전략을 세우는데도 크게 유용할 뿐아니라, 그 콘텐츠를 향유하는 수용자적 특징까지 함께 고려할 수 있다는 장점이 있다.

결국 가장 이상적인 스토리텔링 구조는 캠벨의 원질신화 구조에 프라이의 신화 수준에 관한 계열체적 구조를 접목시킨 통합적 스토리텔링 구조라고 볼 수 있다. 이러한 통합적 스토리텔링 구조의 활용은 한국적 신화를 원형으로 영화, 애니메이션, 게임 등 문화콘텐츠를 제작할 때 필요한 가장 이상적인 방법론이라고 볼 수 있다.

* Further Reading

[신화학, 신화분석, 영화와 신화, 시나리오]

- 최민성, 「신화의 구조와 스토리텔링 모델」, 『국제어문』 42집, 국제어문학회, 2008, 493~521쪽(신화학의 지형과 관련된 주된 내용과 표, 그리고 〈스타워즈〉의 신화 영웅 스토리는 최민성의 논문에서 발췌해 재구성한 것이다. 지면 관계상 자세한 주석 표기는 생략했다). 아래에 소개한 신화학과 관련된 책들을 일일이 찾아보기 어려운 독자들이나 가장 빠른 시간에 영화가 신화학과 맺고 있는 관계에 대한 정보를 얻고자 하는 독자에게 최민성의 논문은 많은 도움이 될 것이다.
- 노스럽 프라이 저, 임철규 역, 『비평의 해부』, 한길사, 2006.
- 스튜어트 보이틸라 저, 김경식 역, 『영화와 신화』, 을유문화사, 2006.
- 조지프 캠벨 저, 이윤기 역, 『천의 얼굴을 가진 영웅』, 민음사, 2007.
- 조지프 캠벨 · 빌 모이어스 대담, 이윤기 역, 『신화의 힘』, 이끌리오, 2007.
- 크리스토퍼 보글러 저, 함춘성 역, 『신화, 영웅 그리고 시나리오 쓰기』, 무수, 2005.

이상은 영화와 신화의 관계를 논할 때 가장 많이 인용되는 다섯 권의 책이다. 누군가 이 중 딱 두 권만 고르라고 강요한다면 정말 어쩔 수 없이 『영화와 신화』와 『천의 얼굴을 가진 영웅』을 골라야 할 것 같다.

가끔 학술지 논문을 어떻게 검색하고 얻을 수 있는지에 대한 질문을 받곤 하는데, 그에 대한 가장 좋은 방법을 소개하고자 한다. 먼저 www.dbpia.co.kr에 접속한다. 대학교에 재학이든 졸업이든 적이 있는 독자라면 별도의 회원가입 없이 기관회원으로 로그인만 하면 무료로 논문을 다운받을 수 있다. 물론 기관에 소속되지 않은 독자라도 일정 정도의 금액을 지불하면 다운이 가능하다. 이 금액을 절약하고 싶은 독자들은 대학교내 컴퓨터를 적극 이용하시라.

3장 그리스 신화, 영웅, 괴물

　우리는 신화를 문학작품으로 오해한다. 방대한 문학 전집에서 빠지지 않고 등장하는 것이 각종 신화들이기 때문이기도 하지만 인류 문명의 발달에 따라 신화가 특별한 시기에 특별한 사람들에 의해 전해지던 예전의 전승 방식을 잃어버리고 오랜 세월 운문이든 산문이든 문자 텍스트로 전해졌기 때문에 생긴 오해이기도 할 것이다.

　하지만 신화는 단순한 문학 작품이 아니라 거대한 세계관이요 사상체계이며 결코 허구가 아닌 이야기이다. 세계관으로서의 신화는 인간이란 무엇인가를 다시 돌아보게 한다. 우리가 무엇을 위해 살고, 어떻게 살아야하고, 어떤 사회적인 규범들을 지켜야하는지, 때로 해야 될 일과 해서 안 될 일을 구분하게 하는 기준이 되기도 한다. 인간으로서 해야 할 도리들과 다른 동식물 종들과의 관계에 대해서도 알려준다. 뿐만 아니라 신화에는 언어학, 문학, 철학, 종교학, 미학, 심리학, 문화인류학, 사회학, 역사학, 지리학의 요소가 다 들어있다. 그러므로 신화를 문학작품으로 이해하는 것은 너무나도 편협한 처사임이 분명하다.

그리스 신화는 호메로스가 활동하던 B.C 9~8세기부터 '이교 세계'가 끝나는 A.D 3~4세기까지 그리스어를 사용하는 여러 지방에 널리 퍼져 있던 온갖 불가사의한 설화와 전설을 총칭하는 말로 천 년이 훌쩍 넘는 긴 세월에 걸쳐 이루어졌다. 대개의 신화는 오랜 세월에 걸쳐 윤문과 첨삭이 이루어지는 과정을 겪는다. 사람들에 의해 이야기가 더해지기도 하고 사라지기도 하고 때론 정치적으로 채택되기도 하고 거부되기도 하면서 형성되는 것이다.

호메로스 시대, 신화의 모든 내용은 진실이었다. 그것은 그리스인들의 종교이며 신앙이었다. 이후 3~4백 년이 지난 플라톤 시대에 신화는 시인과 함께 공화국에서 내쫓기는 존재로 전락하였다. 그리스도교가 세력을 얻게 된 고대 세계 말기에는 그리스 신화는 온갖 부도덕한 이야기로 가득한 백해무익한 거짓말이라며 비난의 대상이 되었다. 로마제국은 식민지 그리스의 신들을 차용해 로마의 신들로 이름을 바꾸고 내용을 더해 벤치마킹한 것이다. 더구나 원죄개념을 바탕으로 하고 선악의 구분이 분명하던 윤리적 종교인 그리스도교가 로마 제국의 국교로 선포된 A.D 4세기에 이르면, 그리스 신화는 더 이상 신들의 이야기가 아니라 황당무계한 이야기로 다루어지고 사이비 종교로 취급된다. 고향 그리스를 떠나 로마에 이르러 변형된 그리스 신화는 이미 고유의 신앙체계나 종교적인 신성한 의미를 잃고 저잣거리의 재미있는 이야기가 되거나 시적 영감의 대상에 불과하게 된 것이다.

현재 우리가 읽고 있는 그리스·로마 신화는 B.C 5세기 고대 그리스인의 관점이 아닌 A.D 2세기 이후 로마 시대의 관점을 바탕으로 한다. 더욱이 우리가 알고 있는 그리스·로마 신화는 오비디우스의 『변신 이야기』를 19세기 미국 소설가였던 토마스 불핀치가 당대 미국인의 시각으로 다시쓰기한 것을 한글로 번역한 것이다. 숭배의 대상이던 신들의 신격이나 종교적 의미는 대부분 사라지고 재미있는 이야기로 떠돌던 것을 미국 청교도의 윤리적 시각에 맞게 소재 위주로 편집한 결과, 그리스·로마 신화는 한 편의 문학작품으로 탄생한 것이다. 불핀치의 『그리스 로마 신화』는 고대의 신화가 근대의 소설로 자리매김 된 채 세계적으로 유통 소비되는 과정의 결과물인 것이다. 이러한 과정을 들여다보면 한편으로는 신화가 본색을 잃어버려 안타깝다는 생각을 할 수 도 있지만 동시에 신화 또한 세상 만물의 이치처럼 고정 불변의 절대적인 이야기가 아니라 시대에 따라 끊임없이 변하는 것임을 알 수 있다. 한때 제도와 조직을 갖춘 당당한 종교로서의 올림포스 신앙을 제거한 그리스 신화의 이해는 공허하지만, 올림포스 신앙의 본질을 이해하고 그리스 신화를 바라보는 과정은 현대적 신화의 재해석이라는 의미에서 새로운 재미와 감동을 느낄 수 있는 방법을 보여주기도 한다.

카오스와 코스모스

기원전 8세기경에 씌여진 헤시오도스의 『신통기』는 신들의 계보를 그리고 있는 그리스 신화의 원전이라 할 수 있다. 그리스 신화에서 설명하는 우주의 생성 과정은 현대 우주과학이 설명하는 우주의 탄생과 놀라우리만치 유사하다.

태초에 카오스(혼돈chaos)만이 있었다. 카오스는 공허가 아니었다. 카오스는 만물의 원천이 되는 모든 물질의 원형과 에너지로 꽉 찬 공간이었다. 물질들과 에너지가 서로 분리되어 있지 않고 모든 것이 뒤죽박죽으로 섞여 있는 곤죽 같은 상태가 바로 카오스였다. 얼마 지나서 대지의 여신 '가이아(Gaia, 대지)'가 생겨나고 곧이어 모든 물질을 서로 결합, 생성하게 하는 정신적인 힘인 '에로스(Eros)', 즉 사랑이 생겨났다. 이 에로스는 우주의 원초적 친화력을 나타내는 것으로 후대 신화의 아프로디테(Aphrodite)의 아들 에로스와는 다른 신격이다. 이리하여 우주를 이룰 모든 원초적 질료가 갖추어졌다.

카오스로부터 '뉙스(Nyx, 밤)'와 '에레보스(Erebos, 어둠)'가 태어났다. '뉙스'는 밤하늘의 맑은 어두움이고 '에레보스'는 땅속의 칠흑 같은 어두움이다. 이 둘은 서로 어울려 맑은 대기인 '아이테르(Aither, 창공)'와 '헤메라(Hemera, 낮)'를 낳는다. 이렇게 카오스로부터 모든 천체가 운행할 우주의 드넓은 어둠과 낮과 밤의 세계가 생겨났다.

밤의 여신인 뉙스 혼자의 힘으로 운명의 여신인 '모이라이(Moirai)' 세 자매와 신의 분노를 상징하는 '네메시스(Nemesis)', 석양의 낙원에서 황금사과를 지키는 '에스페리데스(Esperides, 저녁)'를 낳았다. 이외에도 뉙스는 인간사의 어두운 면과 관련 있는 수많은 자식을 낳는다. 즉, '파멸', '고뇌', '죽음', '잠', '꿈', '비난', '불행', '운명', '복수', '비참', '시기', '애욕', '노쇠' 그리고 불화의 여신인 '에리스(Eris)'를 낳았다. 마지막 자식인 '에리스'로부터 다시 '고통'과 '망각', '기근', '병마', '분쟁', '전투', '살인', '남자살해', '승벽', '논쟁', '의심', '불법', '거짓', 그리고 '맹세'가 태어났다.

한편 가이아는 자신의 크기와 같은 자식 '우라노스(Ouranos, 하늘)'를 낳아 자신을 뒤덮게 했다. 또 요정들의 은신처인 '오레(Ore, 산맥)'을 낳고, 이어서 '폰토스(Pontos, 바다)'를 낳았다. 이렇게 우주를 생성한 후 가이아는 우라노스와 어울려 열두 명의 티탄(Titans)과 외눈박이 '퀴클롭스(Kyklops)' 삼형제, 손이 백 개나 달린 '헤카톤케이르(Hekatoncheir, 백 개의 손을 가진 자)' 삼형제를 낳았다.[1]

헤시오도스에 따르면, 우주 최초의 부부인 가이아와 우라노스는 우주적 신성결혼에 의해 6명의 티탄들(첫째가 오케아노스, 막내가 크로노스)과 6명의 티타니데스(레아, 테미스, 므네모시네가 이에 속한다), 3명의 외눈박

---

1) 유재원, 『그리스 신화의 세계 Ⅰ』, 현대문학, 1998년, 23~24쪽.

이 퀴클롭스, 100개의 손을 가진 거인 3명을 낳았다. 그러나 자식들이 '처음부터' 보기 싫었던 우라노스는 그들을 땅 속 깊은 곳인 가이아의 자궁 타르타로스에 가둬버린다. 화가 난 가이아는 막내아들인 크로노스(Kronos, 시간)와 합심해 술에 취해 다가오는 우라노스의 성기를 거대한 낫으로 자르고 권력을 빼앗는다. 거세에 의해 초래된 우라노스의 은퇴는 잔혹하고 폭력적이지만 창조신이 우주 창조를 성취한 후 하늘로 물러나서 숨은 신(데우스 오티오수스)이 되는 신화의 일반 모티프를 표현한다. 우라노스의 잘려진 성기에서 흘러나온 피에서 복수의 여신들인 '에뤼뉘에스(Erinyes)'와 거인족 '기간테스(Gigantes)'가 태어났으며 지중해에 떨어진 생식기는 거품이 되어 그 거품에서 사랑과 미의 여신인 '아프로디테(Aphrodite)'가 태어났다.

아버지를 거세하고 권좌에 오른 크로노스는 누이인 레아와 결혼하여 헤스티아, 테메테르, 헤라, 하데스, 포세이돈 등 5명의 신을 낳는다. 크로노스는 티탄족은 해방시켰으나 퀴클롭스와 헤카톤케이르들은 타르타로스에 그냥 놔두었다. 가이아는 이런 크로노스의 처사에 대해 그도 자식에게 권좌를 빼앗길 것이라고 저주를 퍼붓는다. 크로노스는 레아와의 사이에서 낳은 아이들을 그 즉시 집어삼키는 만행을 계속 저지르고 레아는 가이아의 도움을 받아 제우스를 낳자마자 돌을 아기라고 속여 남편이 집어삼키게 한다. 그리고 제우스를 크레타의 '이데' 산의 동굴에서 숨겨 키운다. 장성한 제우스는 자식을 집어삼키는 아버지에 도전한다. 그는 지혜의 여신 메티스(Metis)에게 얻은 약을 크로노스에게 먹여 집어삼켰던 자신의 형제들을 토하게 했다. 그리고 나서 제우스는 아버지의 형제들, 즉 우라노스가 사슬로 묶어두었던 삼촌들을 풀어 주었다. 세상에 토해진 제우스의 형제들과 크로노스 편에 선 티탄족 형제들 사이에 오랜 기간 치열한 전투가 벌어진다. 티탄족이었으나 지하세계의 강인 '스튁스(Styx)'는 자기 자식인 '크라토스(Kratos, 힘)', '비아(Bia, 폭력)', '젤로스(Zelos, 의욕, 질투)', '니케(Nike, 승리)'를 거느리고 제우스 편에서 싸웠다. 제우스는 타르타로스에 풀어 주었던 퀴클롭스들과 헤카이톤케이르 삼형제를 자신의 편에서 싸우게 하였다. 퀴클롭스들은 솜씨 좋은 대장장이들이어서 제우스의 번개와 포세이돈의 삼지창 트라이나, 하데스의 쓰면 보이지 않는 황금투구 퀴네에를 만들어주었다. 티탄과의 전쟁은 9년을 끌었으며 제우스의 승리로 끝났다. 전쟁에서 진 크로노스와 그의 형제인 티탄들은 땅 속 깊은 곳에 갇히게 되고 그 중 '아틀라스(Atlas)'만은 영원히 하늘을 떠받드는 형벌을 받게 된다. 무한한 힘과 폭력의 화신인 티탄들과의 전투에서 제우스가 승리를 거두는 것은 우주의 새로운 질서를 부여한 것과 동일하다.

하지만 제우스는 두 번의 전쟁을 더 치뤄야 했다. 기간테스와의 전쟁과 튀폰과의 최후의 일전이 그것이었다. 가이아는 제우스가 왕좌를 차지하는 데 계기를 제공하고 큰 도움을 주었지만 자신의 자식들인 티탄들이 지하 깊은 곳에 갇히기를 원한 것은 아니었다. 가이아는 거인 기간테스들을 낳아 올림포스를 공격하게 하였다. 그러나 용맹스럽게 싸운 올림포스 신들의 승리가 되었다. 엘리아데는 제우스의 지배권에 저항하는 가이아의 음모는 우주 창조 과정 또는 새로운 질서의 확립에 대한 원초적인 신들의 방해 혹은 저항을 표현한 것으로 해석한다.[2] 유재원도 기간테스들과의 전쟁은 제우스가 이룬 코스모스의 세계에 자연신들의 위협, 즉 인간을 위협하는 카오스의 발흥, 자연의 재앙과 공포를 진압하는 과정이었다고 설명한다. 기간테스들의 이름 중 '엥켈라도스'는 땅속 깊은 곳으로부터의 굉음을, '팔라

---

2) 미르치아 엘리아데, 『세계종교사상사 1』, 이용주 역, 이학사, 2005년, 380쪽.

스'는 '땅의 흔들림'을 뜻한다. 이 싸움은 자연의 재앙에 대한 인간 문명의 승리를 의미한다고 해석한다. 가이아의 막내아들인 튀폰과의 싸움은 제우스가 자신의 권력을 확고하게 하는 마지막 관문이었다. 상반신은 인간이고 하반신은 두 갈래의 뱀의 형상을 하고 있는 튀폰은 날개가 있어 날 수도 있었다. 『신통기』는 튀폰의 괴물스러운 이미지를 '그의 어깨에서는 100개의 뱀머리와, 검은 혀가 날름거리는 무시무시한 용이 나왔다. 그리고 그 눈은 불꽃처럼 이글거렸다'고 묘사하고 있다. 제우스는 벼락으로 튀폰을 내리친 다음 타르타로스 속으로 집어 던졌다. 튀폰과의 끔찍한 두 번의 전투를 마지막으로 제우스는 우주의 질서와 안정을 되찾았다. 이는 가이아 중심의 모권제 사회가 제우스 중심의 가부장적 사회로의 확고한 전환을 의미하는 것이었다. 가이아와 제우스의 힘겨루기는 제우스의 승리로 종결된 것이다.

올림포스의 12신

바야흐로 제우스를 주신으로 열두 명의 신들로 이루어진 올림포스 시대가 열렸다. 제우스와 포세이돈, 하데스 삼형제는 각각 다른 세계를 다스리기로 했다. 하늘은 제우스, 바다는 포세이돈, 지하세계는 하데스가 다스리기로 했지만 각자 자신들의 궁에 있었으므로 공동소유하기로 한 올림포스에는 자주 오지 않았다. 우주의 영역에 대한 지배권을 나누고 난 후 제우스는 일련의 결혼식을 거행한다. 그의 첫 번째 아내는 사려의 여신 메티스(Metis)였는데 메티스가 아테나를 임신하자 제우스는 메티스를 통째로 삼켜버렸다. 지혜의 여신을 삼킴으로써 제우스는 영원히 사려를 간직하게 되었다. 다음으로 제우스는 테미스, 에우리노메, 므네모시네(9명의 무사이를 낳아주었다), 마지막으로 헤라와 결혼하였다. 그러나 헤라와 결혼하기 전 데메테르를 사랑하여 페르세포네를 낳았고, 레토를 사랑하여 쌍둥이 신인 아폴론과 아르테미스를 낳았다. 제우스는 다른 여신들과도 수없이 많은 관계를 맺었는데, 그들 대부분은 대지의 여신들이었다. 이러한 결합은 폭풍신과 대지 여신들 사이의 신성결혼을 반영한다. 엘리아데는 제우스의 다중 결혼이나 성적 모험은 종교적인 동시에 정치적인 의미를 가진다고 설명한다. 이는 그리스 문명 이전부터 그 지역에서 숭배의 대상이 되었던 여신들을 수용함으로써 제우스는 그들의 지위를 대체하고 그 결과 여러 신들의 공생과 통합의 과정을 이룬 것이었다.3

이후 올림포스의 열두 신은 가부장적 가족을 이루면서 살았다. 모든 신들과 인간들의 아버지인 제우스(Zeus), 그의 아내 헤라(Hera), 순결한 부뚜막의 여신 헤스티아(Hestia), 대지의 여신 데메테르(Demeter), 음악과 예언의 신 아폴론(Apollon), 그의 누이인 숲과 사냥의 여신 아르테미스(Artemis), 전쟁과 지혜의 여신 아테나(Athena), 전령의 신 헤르메스(Hermes), 대장장이의 신 헤파이스토스(Hephaistos), 미의 여신 아프로디테(Aphrodite), 전쟁의 신인 아레스(Ares)와 포도주의 신 디오니소스(Dionysos)까지 열두 명의 신들이 서로 어울려 자기의 세계를 다스리고 있었다. 또한 제우스는 자신의 권위가 완전하게 수립되었다고 느꼈을 때 아버지 크로노스를 지하 감옥에서 해방시켜 서쪽 끝에 있는 축복받은 자의 섬 엘리시움을 다스리게 했다.

여신들, 여성괴물, 여성전사 이야기

그리스 사회는 근본적으로 가부장적 사회였기 때문에 여성에게 순결과 정절은 중요한 덕목이었다. 결혼을 한 여신은 헤라와 아프로디테뿐이었고

---

3) 엘리아데, 앞의 책, 382쪽.

존경받는 여신들은 대부분 처녀신이었다. 강력한 여신 헤라도 남편 제우스의 애인들을 응징하고 복수하는 모습으로 자주 등장하며 미의 여신 아프로디테는 정절을 지키지 않는 음란한 여신으로 남편 헤파이스토스에 의해 연인 아레스와의 관계를 다른 신들에게 폭로당하며 망신을 하기도 한다.

프랑스의 페미니스트 학자인 뤼스 이뤼가라이는 가부장제가 여성을 구분하는 세 범주는 어머니/처녀/창녀라고 설명한 바 있다. 그래서 가부장제 하에서 여성은 정숙한 부인이거나 음란한 요부로 구분되면서도 '낮에는 정숙한 부인이고 밤에는 요부'이기를 요구받는다. 여전히 남성들의 성적 이중 잣대의 적용을 받고 있는 것이다. 고대 그리스 세계도 크게 다르지 않았기 때문에 그 모순된 생각들은 신화에도 여지없이 드러나고 있다. 여신이라도 예외는 아니었다.

악처의 전형 헤라

가부장제 안에서 질투와 연적에 대한 복수를 일삼는 부정적인 모습으로 묘사되는 헤라는 원래 올림포스 신앙이 전해지기 전부터 존재하던 강력한 원시 대지모신이었다. 크로노스와 레아 사이의 딸로 알려진 헤라는 제우스의 누이들 중 하나였다. 아름다운 헤라에게 천둥 신 제우스가 조그만 뻐꾸기로 변신해 여신의 무릎 위에 앉았는데 여신이 작은 새를 측은히 여겨 가슴에 안자 본래의 제우스의 모습으로 돌아와 헤라를 덮쳤다. 하지만 정실 부인으로 맞겠다는 약속을 받고 나서야 여신은 제우스를 받아들인다. 그리스 지역의 원시 지모신이던 헤라가 제우스의 올림포스 신앙으로 포섭되는 과정의 은유로 보인다.

남성 중심의 가부장제로 편입되긴 하지만 헤라는 매우 강력한 여신이었다. 늘 제우스를 견제하는 입장에 서 있고 그의 바람기를 응징하고 제우스의 사랑을 받는 여인들이나 그 자식들을 가차 없이 대한다. 헤라의 저주로 흰 소가 된 이오나, 곰으로 변해 자기 아들의 창에 맞아죽는 칼리스토, 아폴론과 아르테미스의 어머니 레토는 헤라의 저주로 해산할 곳을 찾지 못해 고생하고, 헤라클레스는 헤라의 미움을 사 엄청난 12역사의 고난을 겪는다. 헤라는 강력한 여신인 만큼이나 가부장적 질서에서는 자신의 가정을 지키려는 악처의 전형이 된다. 장영란은 전형적 가부장제의 모습으로 나타난 헤라는 언제나 질투와 간계만을 일삼은 여신으로 묘사된다고 지적한다. 대부분의 가부장제 사회에서 아내는 긍정적 측면으로 그려지기보다는 부정적 측면으로 그려지는데 그 이유는 남편의 자유로운 성적 욕망을 가로막는 유일한 장애물이 아내이기 때문이다. 실제로 그리스 사회에서 아내는 극복하기 어려운 장애물이라기보다는 힘없고 불평 많은 존재였음에도 모든 가부장제 사회에서처럼 아내는 고유한 지위를 인정받았다. 하지만 그것은 그리스 시대의 남편들이 자비심이 있어 그런 것이 아니라 가부장제의 매우 중요한 속성 때문이었다는 것이다. 가부장제 사회는 자기 아내의 정절을 담보로 낳은 친혈족에게 자신의 재산을 상속하는 것을 전제로 성립되었기 때문에 아내의 권리는 온갖 가사 노동과 자녀 양육 등을 충실히 수행하는 한에서만 최소한의 인정을 받으며 더 이상 반항과 저항 의식을 근절시키고자하는 하나의 방책이었다고 설명한다. 헤라는 최고신의 정실부인이었기 때문에 아내의 권리를 가장 확실하게 구현할 수 있는 여신이었다. 자신의 남편인 제우스를 응징할 순 없으므로(사실 몇 차례의 시도가 있었지만 실패로 돌아간다) 자신의 가정을 지키는 그녀의 권리는 남편의 정부들을 응징하는 것으로 나타난 것이다. 가부장제 하에 정실부인이라는 것은 그녀의 바람난 남편을 응징할 권리를 갖는 것이 아니라 바람의 상대 여성을 응징할 권리를 갖는 존재이다. 강력한 원시 지모신으로서의 헤라의 신격은 제우스의 아내로 편입이 되면서 질투와 시기의 화신이자 일부일처제의 수호신이 되어간 것이다.

음란한 아프로디테 (Aphrodite Porne)

사랑과 미의 여신 아프로디테는 우라노스의 잘려진 성기가 지중해에 떨어졌을 때 생긴 거품에서 태어났다. 하지만 제우스를 중심으로 하는 올림포스의 질서가 완성되었을 때 제우스의 딸로 편입되었지만 아프로디테는 본래 셈족 계통의 여신으로 그리스인이 오기 훨씬 전부터 팔레스타인 지방에서부터 시실리 섬에 이르는 동부 지중해 일대에서 널리 숭배되었다고 한다. 대장장이 신 헤파이스토스의 부인이며 군신 아레스의 연인이기도 한 아프로디테는 정숙하고 원숙한 헤라나 단아하고 지성이 넘치는 아테나와는 다른 관능적 아름다움을 지닌 여신이었다. 그래서 그 여신의 별명은 '음란한 아프로디테'이며 수많은 신화 속의 신들이나 인물들과 사랑을 나눈다. 아프로디테가 다산과 생식력의 상징이기도 해서 아프로디테 성지에서는 신성 매춘이 공공연하게 이루어졌다고 한다. 일부일처를 기본으로 하는 가부장적 사회에 정면으로 도전하는 모권 중심적 사회의 가치관이 남아 있다고 볼 수 있다. 제우스만큼 욕망에 충실한 여신이었지만 호색적인 사랑보다는 진실한 남녀 사이의 사랑을 더 선호했다는 것은 분명하다.

지혜의 여신 아테나

우라노스의 딸인 사려의 여신 메티스를 탐내던 제우스는 그녀가 여러 모습으로 둔갑을 하여 애를 먹다가 뜻을 이루어 사랑을 나누게 된다. 그러나 제우스는 메티스가 이번에는 딸을 낳을 것이지만 다음에는 자신의 권좌를 차지할 아이를 낳을 운명임을 알게 되자 첫아이를 임신한 메티스를 통째로 삼켜버린다. 이로써 제우스는 신들 중 가장 사려 깊은 자가 되었고 권좌를 잃지도 않게 되었지만 아홉 달 뒤 머리가 깨질듯 한 고통을 느끼고 헤파이 스토스에게 자신의 머리를 쪼개어 줄 것을 부탁한다. 이때 제우스의 머리 에서 중무장 한 채 튀어나온 것이 '아버지의 딸' 아테나이다. 스스로 남성 의 편임을 밝힌 지혜의 신이며 전쟁의 신인 아테나는 탈여성화되어 중성적 이고 때로 남성적인 모습으로 나타나며 여성성을 완전히 상실한 모습으로 보인다. 어머니의 자궁을 거부하고 아버지의 머리를 깨고 나온 아테나는 아버지 제우스의 분신 같은 신으로 그려진다. 영웅 페르세우스를 후원하여 메두사의 머리를 자신의 방패에 매단 여신이며 오딧세우스의 수호신이기 도 했다. 아테나 여신은 지적인 진보, 문명의 발달과 관련이 깊다. 장인들 의 수호신이고 철학의 수호신이기도 하다. 또 정의와 사리분별을 관장하여 재판제도를 발명했다고 한다.

사냥의 여신 아르테미스

풍요와 다산의 여신이면서 어두운 세계의 무서운 여신이기도 했던 아르 테미스는 제우스와 레토 사이에서 태어난 아폴론과 쌍둥이 남매이다. 아폴 론보다 먼저 나와 어머니의 해산을 도왔다는 아르테미스는 숲의 여신이며 사냥의 여신이었다. 자신에게 제사 지내지 않는 것에 가혹하고 피의 제사 를 받는 잔혹한 측면을 가진 여신으로 인신공회까지 받았다. 아가멤논이 자신의 활 솜씨를 뽐내며 아르테미스에게 불경을 저지르자 그 죄에 대한 벌로 트로이아로 원정을 떠나는 아가멤논의 배를 꼼짝 못하게 만들고 그의 딸 이피게니아를 산 제물로 받기도 한다. 프리기아의 니오베가 여신의 어 머니 레토가 자신보다 적은 수의 자녀 둘밖에 낳지 못했다고 잘난 척을 하 자, 아폴론과 아르테미스가 합심하여 그녀가 낳은 일곱 명의 아들과 일곱

명의 딸을 활로 쏘아 모두 죽이기도 한다. 니오베는 슬픔에 겨워 바위로 변해버린다. 또 자신의 목욕하는 알몸을 본 악타이온의 불경을 응징해 숫사슴으로 변하게 만들고 자신이 끌고 온 50마리의 사냥개들에게 찢겨죽게 만들기도 한다.

남성영웅과 여성괴물

대개 남성 영웅 신화에서 여성 괴물의 살해는 필수적이다. 이러한 남성의 여성 살해는 가부장적인 그리스 신화에서 두드러지게 나타난다. 그리스 신화에 등장하는 괴물들, 하르피아, 세이렌, 스핑크스, 그라이아이, 고르고들(메두사), 에리뉘우스, 라미아 등이 살해되는 여성괴물이다.

영혼의 요괴 하르피아는 바람의 요괴로 '납치자'란 의미를 갖는다. 날개달린 여인의 모습을 하고 있으며 얼굴만 여성인 인면조의 형상을 하고 있다. 이아손이 황금양털을 찾으러 가는 여정에서 하르피아를 퇴치하는 모험을 한다. 음악의 요괴 세이렌(Seiren)은 원래는 새의 모습을 하고 있는 역시 인면조의 모습이었으나 후대에 변형이 이루어지면서 인어의 이미지를 갖게 되었다. 대지의 여신 가이아의 딸들로 바닷가에 살면서 바다를 항해하는 선원들을 죽음으로 유혹하는 존재인 동시에 천상의 노래를 부르는 존재들이었다. 북유럽 신화에 등장하는 잔인한 인어들처럼 아름답지만 치명적인 여성 괴물이다.

지혜의 요괴 스핑크스는 이집트에서 건너 온 테베의 괴물로 아름다운 여성의 얼굴과 사자의 몸, 독수리의 날개를 가진 지적인 여성 괴물이었다. 오이디푸스 이야기에는 질문을 하는 존재로 그려지지만 원래 신탁과 관련하여 질문보다 대답을 더 많이 하는 존재였다고 한다. 오이디푸스가 그 유명한 '아침엔 네발, 점심엔 두발, 저녁엔 세발로 걷는 것이 무엇이냐'는 질문에 '사람'이라고 답을 맞히자 절망하여 바위산에 스스로 몸을 던진 여성괴물이다. 또 페르세우스에게 메두사가 있는 곳을 알려준 백발 마녀 그라이아이들도 있다. 바다의 처녀들인 이 세 자매는 날 때부터 흰 머리를 하고 있었으며 어두운 동굴에 살면서 하나의 눈과 하나의 이를 함께 사용하였다고 한다. 페르세우스는 이들에게 그 눈과 이를 빼앗아 메두사가 있는 곳을 알아낸다. 남성 영웅의 전략은 좀 치사하고 정정당당하지 않은 측면이 있는 듯하다.

메두사는 고르고라는 뱀의 여신 세 자매 중 막내이다. 스테모, 에우뤼알레는 불사의 존재이지만, 메두사는 죽는 존재였다. 뱀으로 이루어진 머리카락, 용비늘로 덮인 목, 멧돼지 같은 송곳니, 청동 손에 황금 날개를 지녔다니 그 얼굴을 보는 자들이 모두 돌로 변해 버렸다는 이야기는 일견 당연해 보인다. 페르세우스에 의해 목이 잘린 메두사(목이 잘릴 때 페가소스와 영웅 크뤼사오르가 태어남)는 아테나의 방패가 되었다. 원래 아름다운 여인의 모습으로 등장하나 그리스의 올림포스 신앙이 확립되면서 악마적 본성을 가진 요괴, 공포의 대상으로 변형된 또 하나의 여성괴물이다. 일설에 의하면 메두사는 아테나의 어머니인 메티스의 다른 이름이라고도 한다. 어머니를 거부하는 여신이 남성영웅을 통해 모친살해를 하고 있다는 흥미로운 이야기이다.

이외에도 미친 어머니 괴물 라미아를 빼놓을 수 없다. 제우스와의 사이에서 얻은 사랑하는 자식을 헤라가 죽게 만들자 그 슬픔으로 인해 추악한 모습으로 변했다고 한다. 헤라의 처절한 저주와 응징은 여기서 멈추지 않아 라미아가 잠을 못 자도록 만들었는데 제우스가 눈을 뺐다 꼈다하게 만들어 주어 비로소 잘 수 있게 되었다고 한다. 자신 때문에 저주받은 라미아에게 최고의 신 제우스가 해 줄 수 있는 것이 고작 그것이었다니 헤라가 얼마나 강력한 신격을 가진 여신이었는지 거꾸로 추측하게 한다.

영웅들의 이야기

그렇다면, 이러한 그리스 신화의 세계를 다룬 영화들은 어떤 것들이 있는지 알아보자. 수많은 영화들이 고대 그리스의 신화를 직접 영화의 소재로 다루었지만 레이 해리하우젠(Ray Harryhausen)의 특수 촬영이 빛나는 고전 〈이아손과 아르고호〉(1963)와 트로이 전쟁을 스펙터클하게 되살려 낸 볼프강 페터슨 감독의 〈트로이〉(2004)를 살펴보려고 한다.

〈이아손과 아르고호〉(1963)

신화의 이야기를 직접 다룬 영화라 할지라도 그것을 스펙터클하게 시각적으로 재현하는 문제는 간단하지 않다. 컴퓨터 그래픽이 가능하지 않던 시절의 영화사에서 신화의 영화화를 언급함에 있어 독보적인 작품이라고 할 만한 것이 〈이아손과 아르고호 Jason and The Argonauts〉이다. 텟살리아의 왕 펠리아스로부터 잃어버린 왕국을 돌려받기 위해 콜키스의 황금양털을 찾으러 떠나는 영웅 이아손과 아르고호 선원들의 모험을 그린 이야기이다. 이아손과 일행은 청동 거인 탈로스를 만나 위기에 처하기도 하고[그림1], 무너져 내리는 바위 사이를 통과할 때는 바다의 신 포세이돈의 도움을 받기도 한다[그림2]. 인면조 하피의 공격을 받는 예언자를 도와주기도 하고 머리가 7개 달린 괴물 히드라도 퇴치한다[그림3]. 헤라 여신의 수호와 조국을 배신한 콜키스의 왕녀 메데이아의 도움으로 황금양털을 훔친 이아손 일행은 그들을 따라오는 콜키스 왕의 마법으로 만들어진 해골 군단의 집요한 공격을 물리친다[그림4].

지금 봐도 어색하지 않고 훌륭한 이 특수효과들은 어떻게 만들어진 것일

[그림1] 청동거인 탈로스

[그림2] 떨어지는 바위와 포세이돈

[그림3] 히드라를 물리치는 이아손

[그림4] 해골군단의 공격

까? 여기에서 우리는 레이 해리하우젠이라는 걸출한 특수촬영의 달인이 있었다는 것을 기억해야 한다. 이 특수효과는 다름 아닌 애니메이션을 이용하는 것이다. 어린 시절, 〈킹콩〉을 보고 영화 특수효과에 투신하기로 했던 젊은 해리하우젠은 그로부터 30여년 후 미니어처와 스톱모션 같은 애니메이션 기법을 이용해 영화사에 영원히 빛날 역작을 만들어냈다.

미니어처 촬영은 [그림1]의 탈로스와 [그림3]의 히드라, [그림4]의 해골 군단처럼 그 형체를 작게 만들어서 한 컷씩 움직여 찍고 거기에 실사 장면들을 합성하는 방식으로 이루어진다. 청동 거인 탈로스를 만들어서 그것을 한 컷 한 컷 미세하게 움직이면서 찍고 비율을 맞춰서 아르고호 선원들이 뛰어 도망가는 실사 장면과 합성하는 것이다. 영화는 빛을 투과하는 필름 위에 영상이 맺히기 때문에 여러 장의 사진을 겹쳐 놓으면 그것이 마치 한 장면처럼 보인다.

[그림2]의 포세이돈 장면은 미니어처의 아르고호를 찍은 장면에 포세이돈과 떨어지는 바위의 실사 두 장면을 크기 비율을 조절하여 합성한 것이다. 미니어처 아르고호의 뱃머리는 셋트장의 블루매트 앞에서 흔드는 것이다.

[그림4]의 해골 군단과 이아손 일행의 전투 장면은 영화사에 길이 남을 명장면이다. 아주 정교한 해골 군단의 움직임은 컴퓨터를 이용한 현대의 그래픽 영화와 비교해도 손색이 없다. 모든 것이 스톱모션 촬영으로 만들어진 애니메이션 장면과 실사 장면의 합성이다. 〈아바타〉를 만들어내는 현재의 영화는 더 이상 실사와 애니메이션을 구분하지 않는 경지에 다다르고 있다. 영화의 특수효과는 〈쥬라기 공원〉의 원조격인 30년대 〈잃어버린 세계〉와 〈킹콩〉으로부터 시작되어 60년대 〈이아손과 아르고호〉와 일련의 영화들에서 비약적인 발전을 이루었고, 컴퓨터 그래픽의 발전은 현재 〈아바타〉나 〈트랜스포머〉를 거쳐 2015년 정말 공룡들이 살아 움직이는 듯 실감나는 〈쥬라기 월드〉에 이르고 있는 것이다.

〈트로이〉(2004)

또 하나 눈여겨 볼 영화는 볼프강 페터슨 감독의 〈트로이〉이다. 그리스 세계가 둘로 갈라져 싸운 트로이 전쟁을 엄청난 스펙터클로 재현하면서 인기를 끌었다. 물론 브래드 피트(아킬레스)나 에릭 바나(헥토르), 올랜도 볼룸(파리스)과 같은 현역 할리우드 스타들과 피터 오툴(프리아모스 왕)과 같은 과거의 스타들을 망라하며 매력적이고 강력한 남성 서사를 완성했다. 헤라와 아프로디테, 아테나 세 여신이 미모를 겨루자 신들은 침묵하고, 그 결정은 트로이의 왕자지만 아버지인 프리아모스 왕에게 버림받은 양치기 파리스의 선택에 따르게 된다. 그는 헤라가 제안하는 영토와 권력, 아테

[그림5] 영화 〈트로이〉의 주요 장면

네가 약속하는 모든 전쟁에서의 승리와 지혜를 마다하고 가장 아름다운 여인인 스파르타의 왕비 헬레나를 신부로 주겠다는 아프로디테에게 황금사과를 건넨다. 이후의 스파르타와 트로이의 전쟁 이야기가 영화로 만들어진 것이다.

스파르타의 왕 메넬라오스는 졸지에 아내를 잃고 형인 미케네의 왕 아가멤논과 함께 그리스 전역을 규합하여 바다 건너 트로이를 공격하게 된다. 그러나 아가멤논의 진정한 야심은 그리스 도시국가들을 통합한 연합국을 건립하는 것. 바다의 여신 테티스가 제우스와의 사이에서 낳은 아들이 제우스를 멸할 것이라는 예언으로 제우스는 그녀를 인간 펠리우스와 혼인하게 만든다. 테티스의 아들인 불세출의 영웅 아킬레스가 트로이 전쟁의 열쇠를 쥔 인물이었지만 아가멤논이 트로이의 여사제 브리세이즈를 빼앗아가자 분노하여 전쟁에 나서지 않는다. 지지부진하던 전쟁은 오딧세우스의 기발한 책략으로 새로운 국면을 맞게 된다. 이름하여 트로이의 목마 작전.

거대한 목마를 만들어서 그 안에 전사들이 들어간 후 전체 군대를 위장 철군을 하는 것이었다. 그 계략을 모른 채 목마를 전리품으로 성 안으로 끌고 들어간 트로이는 멸망하게 된다는 흥미로운 신화 이야기를 영화한 것이다.

그런데 여기서 그리스의 동성사회성(homo-sociality)을 엿볼 수 있다. 당시 그리스 사회에서 동성애는 자연스러운 현상이었고 여자들은 시민이 아니었다. 남자들 간의 우정과 신의, 의리가 소중한 것이었으며 사회 전체가 그런 남성들을 중심으로 이루어진 사회였다는 사실을 기억할 필요가 있다. 그래서 신화에서도 여자들은 그저 부수적인 인물로 등장하거나 수동적인 역할에 머물고 여신이면서도 남자 인간에게 선택을 받아야하는 모순적인 상황에 처해있음을 알 수 있다. 물론 그리스 신화가 가부장적이라는 것은 우리가 다 모르는 바는 아니다. 그러나 가부장적 질서에 저항하는 여전사들도 가끔 등장한다.

여성 전사

그리스 신화에는 여성들만의 아마존 왕국이 나온다. 아마조네스들은 활을 잘 쏘기 위해 자신의 오른 쪽 가슴을 잘라내는 용맹한 여성 전사들이다. 가부장적인 사회에서 여성으로 살아가는 것은 쉽지 않은 일이었을 것이다. 독립된 인간으로서의 권리를 누리지 못하고 살던 시기에도 상상력의 세계에서만큼은 여성들만의 세상을 꿈꾸었을 것이다. 아마조네스들은 남성이 없는 여성들만의 이상적인 나라를 갈망한 그리스 여성들의 상상의 산물로 보인다. 남성과 대등하고 결코 뒤지지 않는 여성 전사들의 나라. 신화는 이처럼 당대 대중들의 이상을 재현하거나 소망을 충족시켜주는 역할도 수행하였다. 현대로 오면서 이러한 여성 전사의 이미지들은 영화에서 확연하게 재현되고 있다. 전쟁의 여신 아테나나 사냥의 여신 아르테미스, 여성 전사로 이름이 높던 아마조네스에서 시작된 여전사들의 계보는 여러 영화의 강렬한 주인공들로 이어졌다. 〈에일리언〉 시리즈의 리플리, 〈터미네이터 2〉의 사라 코너, 〈니키타〉의 니키타, 〈툼레이더〉의 안젤리나 졸리를 비롯해 〈쉬리〉의 이방희, 〈원령공주〉의 산, 〈바람계곡의 나우시카〉의 나우시카, 〈세일러문〉의 세일러 전사들로 부활하고 있다. 어머니, 처녀의 결합으로 보이는 성모적 인물보다는 어머니, 창녀의 결합으로 보이는 인물이 점점 더 인기를 끄는 것으로 보인다.

〈에일리언〉시리즈는 SF영화 시리즈 중 총 4편의 감독이 다르고 그 감독의 특성이 잘 드러나는 흔치 않은 작품이다. 1편은 〈블레이드 러너〉, 〈글레디에이터〉, 〈텔마와 루이스〉 같은 굵직한 영화를 만든 리들리 스콧 감독이 만들었다. 2편은 〈아바타〉, 〈타이타닉〉을 만들고 터미네이터 시리즈의 각본/감독을 한 제임스 카메론이 메가폰을 잡은 영화다. 3편은 〈벤자민 버튼의 시간은 거꾸로 흐른다〉, 〈패닉룸〉, 〈소셜 네트워크〉의 감독 데이빗 핀처 감독이, 4편은 〈델리카트슨〉과 〈아멜리에〉를 만든 장 피에르 주네가 감독을 맡았다. 여전사 리플리는 외계괴물 에일리언을 지구로 데려와 생체병기로 활용하려는 군산복합체인 회사에 대항하여 모성의 궤도를 지나 최후의 승리 (혹은 음모의 파괴)를 이룬다. 리플리는 남자보다 강인한 체력과 정신력으로 이전의 여성적 여주인공들과는 확연히 다른 인물이다. 에일리언의 숙주가 되어 자신의 몸에 에일리언 아기가 들어서자 스스로 모성을 파괴한다. 영화가 나온 80년대 말의 페미니즘에 대한 사회적 반응들을 반영하는 캐릭터로 읽힌다.

제임스 카메론 감독의 〈터미네이터〉 시리즈는 에일리언과 더불어 여전사 이미지를 각인시키는 영화시리즈이다. 사라 코너는 지구를 파괴하려는 기계들의 음모에 맞서 아들을 지키는 강인한 미친 모성을 지닌 여전사가

[그림6] 영화 속 여성 전사들

된다. 탄띠를 두른 여자 람보 같은 근육질의 엄마를 추동하는 것은 아들에 대한 사랑이다. 모성애를 무기 삼는 여전사가 사라 코너이다.

남성적인 리플리와 근육질의 사라 코너를 지나 강력한 글래머 여전사는 안젤리나 졸리이다. 다른 이전의 여전사 캐릭터들과는 달리 육감적인 몸매에 강력한 카리스마를 지닌 안젤리나 졸리는 영화 속 인물의 이름이 아니라 배우의 본명으로 거론되고 기억된다. 〈툼레이더〉나 〈미스터 앤 미시스 스미스〉, 〈밀레피센트〉, 〈제인구달〉, 〈체인질링〉 같은 장르를 넘나들지만 강력한 여성주인공, 모성애적 인물로 이미지 메이킹 되어 있다. 특히 배우의 사생활, 가령 결혼과 입양, 아마조네스를 연상시키는 예방적 유방 절제 수술 등으로 새로운 여성성에 대한 모델이 되기도 하는 독특하게 여전사 이미지를 구축한 인물이다. 안젤리나 졸리는 여성의 몸 자체가 상품이되기도 하지만 모성을 중시하는 강력한 여성성 재현의 긍정적인 모델로서기능하기도 하는 이면을 보여주었다.

〈원령공주〉의 산은 미야자키 하야오 감독의 강인한 여전사라는 점에서눈길을 끈다. 동아시아 여성 영웅에 대한 자세한 이야기는 다른 장에서 자세히 다루기로 한다.

특히 조지 밀러 감독의 〈매드맥스 : 분노의 도로〉(2015)에 등장한 퓨리오사 사령관은 새로운 여성 전사의 이미지를 확고하게 구축하였다. 퓨리오사 사령관은 지혜의 여신이자 전쟁의 여신인 아테나를 연상시키면서 조용하고 지적인 여성 리더의 모습을 보여준다. 그녀는 긴 세월 동안 자신의 진심을 숨기고 임모탄 군대의 총사령관이 된 인물이다. 때가 오자 그녀는 파괴된 지구에서 생명의 땅을 찾기 위해 그를 배신한다. 이 영화는 이전의 여전사들에게서는 두드러지지 않았던 파괴된 환경과 자연을 여성성의 회복과 연관 지으려는 에코 페미니즘적 시각을 보여주면서 안젤리나 졸리와는또 다른 여전사 이미지를 구축했다. 그녀의 수심 어린 표정과 가슴을 저미는 절규는 그래도 희망을 이야기 한다.

그리스 신화는 오랫동안 여러 방면의 예술에 깊은 영감을 주었다. 현대에 와서는 이러한 신화적 원형들을 파격적으로 변형시키고 자유롭게 활용하면서 원전에서 보다 자유로운 문화 콘텐츠들이 쏟아져 나오고 있다. 이제 그리스 신화의 세계를 벗어나 좀 더 드넓은 신화와 영화의 세계로 들어서보자.

* Further Reading

- 헤시오도스, 『신들의 계보(신통기)』, 천병희 역, 숲, 2009.

천병희 선생의 번역으로 신통기가 '신들의 계보'라는 제목으로 다시 나왔다. 신들의 족보
와 영웅들의 관계가 소상하게 나와 있다. 호메로스와는 다른 서술들이 많다.

- 유재원, 『그리스 신화의 세계 Ⅰ』, 『그리스 신화의 세계 Ⅱ』, 현대문학, 1998.

유재원 교수가 쓴 이 두 권의 책은 한국에서 그리스 신화를 제대로 소개한 보기 드문 명저
이다. 로마에 의해 왜곡되고 불핀치에 의해 재구성된 그리스 로마 신화가 아닌 그리스
적 시선으로 그리스를 바라보고 그것을 다시 내공 깊은 전공자의 균형 잡힌 분석과 해석
을 바탕으로 풍부한 담론들을 곁들여 쓰여진 책이다. 1권은 올림포스의 12신에 관해, 2
권은 그리스 신화에 등장하는 영웅들에 관해 이야기하고 있다. 왜곡되고 편협한 그리스
시대 이후의 통상적 시각을 벗어나서 그리스적 정신으로 회복된 그리스 신화를 보고자
하는 사람에게 탁월한 교과서적 입문서라 할 수 있다.

- 오비디우스, 『변신 이야기』, 이윤기 역, 민음사, 1998.

로마 시대의 시인이자 작가인 오비디우스의 이 책은 15권에 걸친 가장 유명한 그리스
로마 신화이다. 그리스 정신이 그대로 살아 있지는 않지만 변신담을 중심으로 운문으로
이루어진 것을 이윤기는 산문으로 번역해 놓았다. 운문이 그대로 살아 있는 독서를 원한
다면 천병희 역의 국역본을 찾는 것이 마땅하겠다.

- 장영란, 『신화 속의 여성, 여성 속의 신화』, 문예출판사, 2001.

이 책의 권두언에서 저자는 그리스 철학 전공자로서 그리스 철학의 전개 방식을 연구하
는 과정에서 그리스 신화와 비극에 등장하는 여신들과 여성들의 모순된 모습에 의구심을
갖고 집필하였다고 밝히고 있다. 그리스 여신들과 여성들의 그 전복적인 성격을 드러내
보이려 했다는 것. 그리스 신화의 가부장적 전모를 알기 원한다면 필독서의 목록에서 빠
지면 안 될 저작이다.

4장 신과 인간의 공존, 켈트 신화

그곳은 이 세상에서 가장 즐거운 곳,
태양 아래 최고의 평판을 지니고 있는 곳,
나무들은 꽃과 열매로 가지가 늘어지고,
가지 끝에는 잎이 무성해.

꿀과 포도주가 넘쳐나고,
눈에 보이는 모든 것은,
시간이 지나도 결코 사라지지 않을 것이니.
죽음도 쇠락도 볼 수 없을 것이네.[1]

켈트 신화(Celtic mythology)에는 용맹스러운 전사들의 무용담과 아름다운 금발 여신들의 사랑 이야기, 위대한 신과 영웅을 노래하는 달변의 음유시인들과 솜씨 좋은 대장장이들, 영원히 늙지 않는 풍요로운 신들의 나라와 괴이하고 거대한 마족들의 세상이 공존한다. 인간이 백조로, 백조가 인간으로 변하는 동화나 익살스러운 요정들의 이야기도 켈트 신화의 흔적이다. 고대 유럽을 휩쓸었던 켈트족들과 그들의 노래가 전해지는 곳은 현재 유럽의 끝 아일랜드와 브리튼 섬, 프랑스 북부 브르타뉴 지역이다. 고대

---

1) 바다의 신 마나난의 딸 니아브가 신들의 땅인 '영원한 젊음의 나라'로 핀 마쿨의 아들 오신을 데려가며 부르는 노래. 찰스 스콰이어, 『켈트 신화와 전설』, 나용균/전수용 역, 황소자리, 2009년, 208쪽.

켈트인들은 우수한 철기문화를 바탕으로 한때 전 유럽을 호령하던 시기도 있었지만 융성하는 로마와 게르만 족에게 밀려나 영국과 아일랜드 지역으로 이주했고 그곳에서 터를 잡게 되었다.

영국의 대문호 셰익스피어의 〈로미오와 줄리엣〉, 〈한 여름 밤의 꿈〉, 〈리어왕〉, 〈템페스트〉는 모두 켈트 신화의 영향을 깊게 받은 문학 작품이고, 중세 기사도 문학의 주인공인 아더와 12명의 원탁의 기사들도 웨일스 켈트 신화의 영웅들이다. 〈해리 포터〉와 같이 마법사와 마법의 도구가 등장하는 이야기들은 유럽의 샤머니즘인 켈트 신화의 현대적 브라콜라주라 할 수 있다. 켈트 신화는 크게 여러 켈트 종족이 에린 섬에 순차적으로 도래하는 과정을 적은 신화시대와 인간 영웅 핀 마쿨이나 쿠 흘린이 활약하는 영웅시대로 대별된다. 이 책에서는 투아하 데 다난 신족을 중심으로 전개되는 아일랜드의 신화시대와 웨일스 켈트 신화인 '마비노기온'의 중심인 아더 왕 이야기를 중점적으로 소개하고 켈트 신화의 영향이 지대한 〈해리 포터〉시리즈를 비롯한 몇몇 영화들의 신화적 변용를 살펴보기로 한다.

켈트인은 누구?

켈트족은 청동기 시대가 끝나고 철기 시대가 시작되는 기원전 8세기 경 독일, 오스트리아 등지에서 형성되어 전 유럽에 걸쳐 융성하였다. 한때 로마를 점령하고 그리스의 델포이까지 세력을 뻗었던 켈트족은 용감한 전사들의 집단이며 금세공에 능해 아름다운 켈트 문양의 금속 유물들을 많이 남겼다. 그러나 하나의 조직된 큰 세력을 이루지 못했기 때문에 로마 제국과 강력한 게르만족의 발흥으로 그 세력이 점차 약화되어 바다 건너 아일랜드와 브리튼 섬으로 밀려가게 된다. 기독교를 국교로 채택한 로마제국은 잉글랜드까지 직접 지배하면서 스코틀랜드를 제외한 영국 섬에 기독교를 전파했다. 그러나 로마의 직접적인 지배에서 벗어나 있던 아일랜드와 스코틀랜드에 켈트 신화와 전설들은 살아남아 꽤 오랫동안 그들의 종교로 남아 있었다. 역설적이게도 이후 켈트 신화들은 신실한 기독교 수도사들의 손으로 기록, 전승됨으로써 그 내용에 있어 많은 기독교적 변형과 흡수 과정을 거치게 되었다.

다른 신화들과 달리, 켈트 신화의 가장 두드러진 특징은 인간들이 신들과의 전쟁에서 승리한다는 점이다. 그리스 신화에서는 어림없는 인간과 신의 관계이다. 그리스의 신들은 인간보다 월등하게 우월하고 강력해 감히 인간들은 신들과 대적하지 못한다. 신에게 도전하는 인간은 응징의 대상이 될 뿐이다. 또 지리적으로 멀지 않은 북유럽 신화에서도 인간들은 신들의 세계와 그리 친밀하지 않을 뿐더러 신들의 세계가 지속되는 동안 인간들의 활약은 큰 관심의 대상이 아니다. 그래서 라그나뢰크(Ragnarök)로 신들의 세계가 모두 멸망하고 나자 본격적인 인간 세계가 도래한다. 그런데 특이하게도 켈트 신화에서 신족은 인간들과 싸워 패하고 이 세상에서 모습을 감추며 자신들의 영생의 세계 '티르 나 노이'로 사라져 간다. 〈한여름 밤의 꿈〉에서 숲의 요정 왕 오베론이 등장하거나 〈로미오와 줄리엣〉의 슬픈 사랑 이야기, 〈해리 포터〉 시리즈의 마법사와 머글들이 공존하지만 다른 세계를 살아가고 있는 시공간의 모습은 두말 할 것도 없이 켈트적 세계관이다. 그럼 켈트적 세계관을 좀 더 알아보자.

켈트적 세계관

켈트 문화는 유럽의 다른 문화권과 구별되는 독특한 저승관을 가지고 있다. 오히려 죽음 이후의 세계를 말하는 동양적 세계관과 맞닿아 있다. 켈트족들은 누구나 이 세상과 다른 세계의 존재를 확신하며 죽음에 대해 긍정

[그림1] 켈트 문양과 이미지들

적인 생각을 가지고 있었다. 그들은 현실 세계의 이면에 죽은 자들의 영이
사는 세계가 있으며, 그곳은 바다 저편, 호수 저편, 땅속이나 숲속과 같이
현실 세계와 연결되어 있다고 믿었다. 요정이 얼굴을 내밀고, 신들이 백조
가 되어 날아가는 곳이며, 새로운 영혼이 오고, 죽은 자의 영혼이 돌아가는
곳이었다. '티르 나 노이'라고 불리는 그곳은 신들과 요정들이 사는 생명력
이 가득 차고 영원히 늙지 않는 낙원이었다. 심지어 살아 있는 자들 중에도
선택된 자들은 풍요롭고 아름다운 신들의 세계에서 한동안 머물기도 하고
신들의 선물을 받아 이승으로 다시 돌아오기도 한다.

죽음을 부정하고 죽은 후에도 살려고 애쓰는 게르만족과 달리 켈트족은
심지어 죽음과 저승의 세계를 동경하기까지 한 듯하다. 게르만족이 죽음의
나라를 현실의 척도로 재며 부정적인 곳으로 생각했다면, 켈트인들은 현실
세계조차 저승의 척도로 재는 사람들이었다. 신화를 전하는 시인들은 켈트
인이 죽음을 마음속에 감추고 살아간다면, 게르만인은 생을 그대로 가슴에
안고 죽어간다고 표현한다.

두 번째 특징은 켈트적 세계를 관통하는 '신성한 숫자 3'의 의미이다. 켈
트 신화의 신들 중에는 삼위일체의 신들이 많다. 지혜의 신 에크네는 브리

안, 유하르, 유하르바 삼형제이다. 또 전쟁의 여신 바이브 카흐는 모리안(모리유), 네반, 마하의 세 여신을 포함하는 삼위일체의 신이다. 공예의 신 콜루도 대장장이 신 게브네(고브니, 고반논)와 청동공예사 크레드네, 목공 루흐다라는 세 명의 신을 지칭한다. 또한 그들의 예술에 나타나는 켈트 문양도 삼중 이미지나 삼중 패턴, 삼중 디자인이 빈번하다. 뿐만 아니라 신화 속에는 3의 배수인 9(3×3), 18(3×6), 27(3×9) 등이 중요한 숫자 단위로 나타난다. 3개월, 3년, 300년씩 3차례 등의 약속된 기간들이나 3명의 전사, 3형제, 3명의 왕, 3명의 양녀, 3부족 등 3은 켈트 비밀의 숫자이자 신성한 숫자다. 어떤 학자들은 아일랜드에는 쟁기 케트와 개암나무 코일, 태양 그리안 세 사람이 아일랜드를 나누어 통치할 것이라는 예언이 있었기 때문에 3이 중요한 것이라도 주장하기도 하지만 대륙에 살 때의 켈트족들의 오래전 유물에도 3은 중요한 숫자의 단위로 나타나기 때문에 숫자 3에 대한 켈트인들의 선호는 에린에 도래하기 전부터 시작되었음을 알 수 있다.

세 번째 특징으로 꼽을 수 있는 것은 마법의 보물들이다. 신족 투아하 데 다난은 북방의 섬에 있던 4개의 도시에서 각각 하나씩의 보물을 가지고 왔다. 빛의 검 '클라우 솔라스', 풍요의 솥 '운드리', 승리의 창 '브루냐크', 운명의 돌 '리아파르'가 그것이다. 클라우 솔라스는 신들의 왕 누아다의 보검이 되고, 끝없이 먹을 것이 나오는 마법의 솥 운드리는 신들의 아버지 다다의 소유가 된다. 또 던지면 번개가 되어 적을 죽이는 작열의 창 브루냐크는 광명의 신 루가 갖는다. 정당한 왕이 올라서면 소리를 지른다는 운명의 돌 리아 파르는 대대로 왕들의 소유였다. 풍요의 신인 아버지 신 다다에게는 다 뜯어 먹어도 다음 날이면 다시 살아나는 마법의 돼지도 있었다. 이런 보물들은 신들의 풍요를 상징하는 존재였다. 음식이 끝없이 나오는 마법의 솥은 빵과 생선이 한없이 넘치는 예수의 오병이어 전설이나 동화 속에 등장하는 원하는 음식을 나오게 하는 마법의 테이블보, 독약이나 주술적인 약을 만드는 마녀의 솥단지, 새로운 생명과 육체를 만들어내는 전설의 가마솥 등 수많은 신비한 이야기들에 등장한다.

켈트인의 또 다른 특징은 '잘려진 머리'에 대한 신념이다. 켈트인의 두개골 숭배는 할로윈 데이의 '잭 오 랜턴'(Jack-O-Lantern) 같은 풍습으로 남아 있다. 그들은 두개골이 신으로부터 기원하는 성스러운 힘을 담고 있는 그릇이라고 여겼다. 두개골은 소유한 사람을 온갖 종류의 위험으로부터 보호해주는 동시에 건강, 부, 승리를 가져다준다고 믿었다. 그들은 영혼들은 죽지 않으며 정해진 햇수가 지나면 새로운 삶을 시작한다는 윤회 사상을 가지고 있었다. 해리포터의 세계에는 잘린 머리를 가진 존재들이 등장하고 (마법사 버스의 안내 머리) 그들은 지혜나 지식과 관련되어 있다. 북유럽 신화의 지혜의 샘을 지키는 거인 미미르의 잘린 머리를 오딘이 모셔두고 의논을 했다는 이야기도 같은 맥락으로 보인다. 지적인 것이 머리에서 나온다는 것을 알았던 고대인들의 믿음이 만들어낸 이야기인 듯하다. 그들은 거인의 머리, 용의 머리, 왕의 머리, 적의 머리를 자르는 것이 어떤 의미인지 잘 알고 있었다. 영국의 전래동화에는 하늘 사다리인 거대한 마법의 콩나무를 자르는 잭이 등장하기도 한다. 잭은 아마 머리를 자르는 원형적 전사로 보인다.

켈트인들의 신앙은 드루이드교였으며 드루이드 사제들은 성직자이자 시인, 철학자, 의사, 판사, 예언자로 존경받았다. 이들은 마법을 익히고 높은 지식을 가지고 있는 지적인 지도층이었다. 기독교가 지배적인 종교가 되자 드루이드들은 잔인한 인신공희를 하고 흑마술을 부리는 이교도들의 우두머리처럼 그려지면서 존경받는 신비로운 사제로서의 지위를 박탈당하고 만다. 켈트 신화의 신들은 드루이드 마법을 행했으며 드루이드 사제들은 그들의 종교 지도자였다. 비교신화학자 조르쥬 뒤메질은 인도와 유럽의 사회가 공통적으로 승려(드루이드 - 브라만) 계급, 전사(기사 - 크샤트리아) 계급, 백성(농민 - 바이샤)으로 이루어졌다는 것을 밝힌 바 있다. 켈트족의 신족인 투아하 데 다난은 드루이드와 기사 계급으로, 섬의 원주민 포보르를 백성으로 해석하기도 했다.

켈트 신화의 지리적 배경

아일랜드(Ireland)는 에린의 땅(Erin+land)이란 뜻이다. 녹색의 섬 에린은 5개 지역으로 나뉘어 불렸다. 북동부의 울라(얼스터)는 현재 북아일랜드로 영국(UK)의 일부이다. 이곳은 아버지 신 다다의 궁전인 브루나 보인이 있었다고 한다. 영웅시대를 풍미한 쿠 훌린과 붉은 가지 기사단의 활동 무대라고 전해진다.

북서부의 코나흐타(코나트)는 거인족 피르볼그와 마족 포보르의 영역으로 두 번의 모이투라 전투가 벌어진 곳이다. 또한 메브 여왕의 영역이기도 하며 위쪽에는 토리 섬이 있다.

섬의 남동쪽인 라인(레인스터)은 현재 아일랜드의 수도 더블린이 있는 지역으로 영웅 핀 막쿨와 피아난 기사단이 활약한 영역이다. 울라와 라인 사이의 미이(Midhe)는 신족이 인간들에게 패한 탈틴 전투가 벌어진 곳으로 신들의 수도인 타라가 존재하던 곳으로 알려져 있다. 섬의 남서쪽인 무안(무어, 먼스터)은 신들의 활약이 두드러지지 않아 신화 상에는 크게 부각되지 않는 지역이다.

브리튼 섬의 켈트 지역은 서부의 웨일스와 콘월반도로 아더 왕 전설이 포함된 '마비노기 네 갈래 이야기'가 전승된다. 반로마 성향의 다른 켈트 영역들과는 달리 가장 먼저 기독교화가 진행된 곳이 웨일스와 콘월 지방이

[그림2] 켈트신화의 지리적 배경과 에린 섬의 5지역

다. 역사적으로 잉글랜드는 노르만계 데인과 게르만계 앵글로색슨이 점령한 지역으로 켈트족과는 뿌리 깊은 적대관계를 유지해 왔다. 이런 복잡한 역사는 영연방 지역 간 치열한 축구 열기나 스코틀랜드의 독립운동이 단지 스포츠나 정치적인 문제가 아님을 알 수 있게 한다.

이 밖에도 신화 상에 나타나는 지역들로는 마족 포보르의 왕 코난이 탑을 세웠다는 토리 섬, 바다의 신 마나난이 살았다는 아일랜드와 브리튼 사이의 맨 섬이 있다. 현재의 스코틀랜드는 알바라는 이름으로 불렸으며 알바는 울라와 함께 영웅 쿠 훌린의 활약무대이기도 했다. 스칸디나비아와 북방의 섬들도 로흘란(로클란)이라 불리며 종종 신화에 등장하고, 남쪽 바다 저편의 스페인은 켈트 신화에서 죽음의 세계로 여겨지는 곳이다. 저승(영원히 젊은 나라와는 다른) 혹은 지옥으로 묘사되는 스페인과 에린

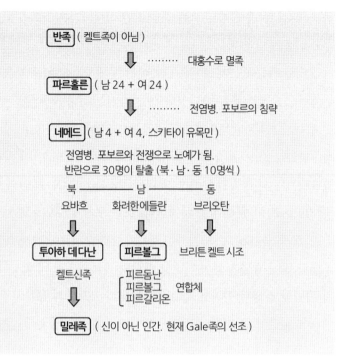

[그림3] 에린 신화시대 종족 계보도

사이에는 눈에 보이지 않는 벽이 있어 왕래가 쉽지 않았는데 그 장벽이 가장 약해지는 시기는 늘 5월 1일이었다. 그래서 새로운 켈트 종족들이 에린에 도착하는 날은 공통적으로 '발틴의 날'이라 불리는 5월 1일이다.

침략의 서

켈트 신화는 세계 창조 신화는 존재하지 않으며 아일랜드 섬에 순서대로 도래한 켈트인들의 이야기로 신화시대를 설명하고 있다. 에우헤메리즘[1] 적

---

1) 에우헤메리즘(Euhemerism)은 그리스의 스콜라 철학자 에우헤메로스(Euhemerus)가 신화 속의 신들은 존경받고 후에 신격화된 영웅 혹은 정복자라고 주장했던 것으로 신화적인 존재와 사건에 대해 역사적 근거를 찾으려는 이론이다. 신화의 역사주의적

접근이 아니더라도 켈트 신화를 보고 있자면 이것은 신화가 아니라 역사라는 인식에 도달한다.

최초의 아일랜드 도래인은 반족이라 전해지는데 이들은 북쪽에서 도달한 종족으로 켈트족은 아니었다. 오히려 스칸디나비아에서 온 사람들이었던 듯하다. 이후 남쪽으로부터 파르톨른족(파르홀른, Partholon), 네메드족(네베드, Nemhed), 피르볼그족(피르보르, Fir Bolg)이 차례로 당도하였으며 켈트의 신족인 투아하 데 다난(Thuaha de Dannan)과 인간인 밀레족(Milesian)이 에린 섬을 차지한다. 또한 토착 원주민으로 보이는 포보르족(포모르, Fomor)은 도래하는 켈트족들과 끊임없이 전쟁을 치른다.

에린 땅에 당도해 삶의 터전을 가꾸던 파르홀른과 네메드족은 포보르와의 치열한 전쟁과 전염병으로 멸망하였고, 포보르의 포로로 있던 남은 네메드족 30명이 10명씩 각기 다른 방향으로 섬을 탈출한다. 브리오탄을 따라 동쪽으로 간 10명은 브리튼 섬의 지배자가 되었고, 화려한 에를란을 따라 남쪽의 '저승' 스페인으로 간 10명은 이후 피르볼그족으로 귀환하여 에린 섬에 살게 된다. 그들은 포보르들과 그리 나쁘지 않은 관계를 맺고 있었다. 요바흐를 따라 북쪽으로 간 10명은 이상한 섬에서 마법을 익히고 한동안 잘 살았으나 심한 향수병으로 인해 결국 에린으로 돌아오게 된다. 그들은 다시는 고향을 떠나지 않겠다는 의지로 자신들이 타고 온 배를 모두 불살라버린다. 이들이 켈트의 신족인 투아하 데 다난 족이다. 피르볼그는 투아하 데 다난이 돌아옴에 따라 전쟁을 피할 수 없게 된다. 피르볼그와 투아하 데 다난 사이에 1차 모이투라 전투가 벌어지고 투아하 데 다난의 승리로 끝난다. 이 전투에서 피르볼그들을 물리쳤지만 신들의 왕 누아다는 한쪽

해석이라고 할 수 있다.

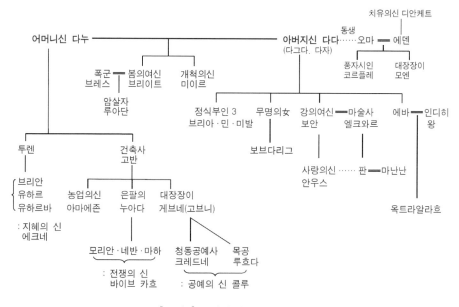

[그림4] 투아하 데 다난 계보도

팔을 잃어 실각한다. 켈트인들은 아무리 훌륭한 왕이라도 신체에 결함이 있으면 왕의 자격이 없다고 생각했기 때문이다. 위대한 의술의 신 디안케트는 누아다에게 은팔을 달아준다. 1차 모이투라 전투에서 공을 세운 '아름다운 브레스'가 신들의 새로운 왕이 되었으나 포보르들에게 봉사하고 신족들을 탄압하여 공분을 산다. 그사이 디안케트의 아들 미아흐는 아버지보다 뛰어난 의술로 전장에서 누아다의 잘려진 진짜 팔을 찾아 다시 달아준다. 디안케트는 시기심으로 아들 미아흐를 살해한다.

폭군 브레스를 몰아내고 다시 왕이 된 은팔의 누아다는 마족 포보르들과 전쟁을 벌인다. 이 2차 모이투라 전투에서 누아다와 누아다의 부인인 전쟁의 여신 바이브 카흐 세 여신이 사망하고 전지전능한 '광명의 신 루'가 신들의 왕이 된다. 신족의 왕권은 다누 여신의 아들 누아다에서 포보르와의 혼혈인 폭군 브레스에게, 다시 누아다를 거쳐 광명의 신 루에게로 넘어오고 밀레시안에게 세상을 내어준 후에는 아버지 신 다다의 아들인 붉은 머리 보브가 왕이 된다. 강력한 어머니 여신의 시대가 가부장적 아버지 신의 계통으로 변화되는 과정을 짐작하게 한다. 힘을 잃은 신들은 티르 나 노이로 모습을 숨겼으나 그들은 인간들과 공간을 공유한 채 살아간다.

[그림4]의 계보도에서 보듯이, 신족의 계보는 어머니 신 다누와 아버지 신 다다를 중심으로 그려볼 수 있다. 여느 신화가 대개 그러하듯 켈트 신화에서도 어머니 신이 먼저 등장하고 나중에 아버지 신이 등장한다. 어머니 신 다누가 직접 등장하는 신화 이야기는 찾아보기 어렵고 그 후손들의 이야기가 신화의 중심이다. 또한 원주민인 포보르와의 혼혈 아들들은 신족의 왕이 된다. 포보르의 불사신 엘라한과 다누 여신의 자매인 에리 사이의 아들이 아름다운 폭군 브레스이고, 강력한 포보르의 왕인 발로르의 딸 에홀린과 의술의 신 디안케트의 아들 키안의 사랑 이야기의 결실이 전지전능한 광명의 신 루다. 브레스와 루는 모두 신족의 왕이 된다. 또한 요정 왕이자 바다의 신인 리르(레르)는 셰익스피어의 '리어 왕'의 모델이 된 신이다. 맨섬의 주인이라 알려진 위대한 신 마나난이 리르의 아들이며 3명의 자식이 백조가 되어 세상을 900년 떠돌아야 하는 저주를 당한다. 그래서 켈트인들은 리르 신의 자식인 백조를 잡지 않는다고 한다.

〈해리 포터〉의 신화적 요소

20세기 말과 21세기에 걸쳐 세계 문화계에서 가장 큰 영향을 미친 사건은 해리 포터의 등장이라고 해도 과언이 아닐 것이다. 해리 포터의 완결편인 『해리 포터와 죽음의 성물 *Harry Potter and the Deathly Hallows*』은 발매 첫날(2007년 7월 21일) 1,200만 부가 판매되는 등 해리 포터 시리즈는 현재 전 세계에서 4억 부 이상 판매되었다. 그리고 이 시리즈는 67개 언어로 번역되었으며, 200여 나라에서 출간되었다. 저자인 조앤 K. 롤링이 1997년 제1권 『해리 포터와 마법사의 돌 *Harry Potter and the Sorcerer's Stone*』을 발표한 이래 2006년까지 해리포터가 창출해낸 경제 가치는 300조 원에 이른다고 한다. 같은 기간 동안 한국 반도체 수출 총액이 230조 원임을 감안한다면 이는 놀라운 수치임에 틀림없다.

해리 포터의 유행은 판타지 장르 전반에 대한 관심으로 이어졌고, 그 결과 그 동안 판타지 세계에서 양대 산맥으로 군림해 온 J.R.R. 톨킨의 『반지의 제왕』과 C.S. 루이스의 『나니아 연대기』가 실사영화로 제작되는 등 다시 주목을 받게 하는 결정적인 계기를 마련하였다. 『해리 포터』, 『반지의 제왕』, 『나니아 연대기』이 세 작품의 공통점을 꼽으라면 모두 신화에서 발원한 판타지 작품이라는 것이다. 이들은 특히 켈트 신화와 북유럽 신화에 토대를 두고 있는 작품들이다.

그중 〈해리 포터〉 시리즈가 가장 많이 켈트 신화의 영향을 받았다. 현재 영국은 웨일스, 스코틀랜드, 북아일랜드와 같은 켈트족들의 영역을 포함하고 있으며 아일랜드 사람들은 자신들이 가장 나중에 도래한 켈트족인 밀레시안의 후예인 게일족이라고 한다. 영국은 여러 켈트 문화의 영향과 오래도록 판타지적 전통을 남아 있는 조앤 롤링의 고향이기도 하다. 다양하고 개성 있는 요정들이나 마법학교와 같은 드루이드 마법사들을 연상시키는 설정 등은 현대에 와서도 낯설지 않은 켈트적 원형을 가지고 있는 이야기들인 셈이다.

영화가 켈트 신화에서 가장 많이 차용한 모티프는 뭐니 뭐니 해도 마법학교와 드루이드 사제의 이미지라 할 수 있다. 드루이드 사제가 되기 위해서는 어린 나이부터 강도 높은 오랜 수련 기간을 거쳐야 했다고 한다. 드루이드들은 고대 마법과 주술을 능수능란하게 구사했으며 많은 후대 마법의

[그림5] 마법사들과 신기한 동물들, 집요정

원류 역할을 하였다. 가장 대표적인 드루이드 이미지의 마법사는 아더 왕 신화에 나오는 멀린이고, 영국 남부 솔즈베리 평원에 위치한 스톤헨지는 가장 대표적인 켈트 신앙의 제의 장소이다.

〈해리 포터〉에서 등장하는 마법의 지팡이를 든 긴 망토를 입고 뾰족코의 구두에 원뿔형 모자를 쓴 전형적인 마법사들의 모습은 드루이드교 사제의 복장을 형상화하고 있으며 마법학교 학생들은 드루이드교의 사제가 되기를 꿈꾸는 켈트족 젊은이들 모습과 흡사하게 묘사된다. 켈트족 젊은이들이 사제가 되기 위해 숲속의 빈터에 마련된 숙소에서 수십 년의 교육을 받듯, 〈해피포터〉 속 아이들은 도시를 떠나 온갖 마법으로 가득한 숲속 호그와트 마법학교에서 마법을 배운다. 또한 영화에는 마법의 지팡이를 비롯해 마법 지도, 과거를 볼 수 있는 세숫대야, 생명을 만들어내는 마법의 솥이나 맨드레이크 같은 신기한 동식물들과 집요정 이외에도 온갖 주술적 소도구가 수없이 등장하며 흥미를 북돋운다.

마법사들과 인간 머글들의 시공간이 겹쳐있는 것도 켈트 신화의 세계관과 깊은 관련이 있다. 마법사들은 머글들의 모습을 보는데 머글들은 마법사들의 모습을 보지 못한다. 켈트의 신족 투아하 데 다난들은 인간인 밀레

[그림6] 마법사와 머글
들의 공간 공유 장면들

시안들과 벌인 탈틴 전투에서 패한 후 모습을 감춘 채 티르 나 노이에서 살아간다. 이따금씩 인간들의 세상에 모습을 드러내며 장난을 치거나 영웅들에게 도움을 주기도 한다. [그림6]의 버스 장면은 마법사들의 버스가 머글들의 거리를 달리는 장면이다. 머글들의 두 대의 빨간 버스 사이를 양쪽 측면이 찌부러지면서 빠져나가는 파란 마법사들의 버스가 흥미로운 장면이다. 두 번째 그림은 천천히 길을 건너가는 꼬부랑 할머니를 기다리고 서 있는 마법사 버스를 보여주며 마법사들이 머글들의 세계를 존중한다는 것을 시각적으로 보여준다.

또한 헤르미온느처럼 머글과 마법사들 사이의 혼혈 마법사도 존재한다. 그들은 같은 또래의 보통 마법사들보다 더 재능 있고 유능하다. 마치 켈트 신화에서 광명의 신 루가 마족 포보르와 신족간의 혼혈이며 신족의 두 번째 왕이 되는 폭군 브레스도 아버지가 포보르의 아름다운 엘라한이었던 것처럼 이런 설정은 작가가 지닌 켈트적 상상력이라고 할 수 있을 것이다.

[그림7]은 켈트의 잘린 머리 숭배와 늑대인간 전설과 관련이 있다. 앞의

[그림7] 켈트인들의 두 개골 숭배를 보여주는 잘린 머리와 늑대인간으로 변신한 루핀 교수

그림은 마법사 버스 안에 매달려서 길 안내를 하는 잘린 머리이다. 켈트인들은 잘린 머리가 복을 가져다준다고 믿었고 지혜나 지식과 관련 있다고 여겼다. 두 번째 그림은 보름달이 뜨는 밤에 늑대로 변하는 레무스 루핀 교수의 모습이다. 원래 늑대인간은 그리스 신화의 제우스가 아르카디아의 리카온왕이 자신을 대접하려고 아들을 죽여 요리를 해 바친 것에 대해 분노하며 왕에게 내린 저주에서 비롯된다. 이 늑대인간 이야기는 기원이 그리스 신화이나 영국의 호러 판타지에 많이 등장한다. 후에 로마제국은 기독교를 자신들의 국교로 정했지만 역설적이게도 로마는 늑대 젖을 먹고 자란 레무스와 레물루스라는 쌍둥이 형제가 건설했다.

[그림8]은 디멘터들의 공격에 해리가 마법으로 불러낸 하얀 수사슴이다. 후에 더 자세히 설명할 아더 왕 신화의 성배 탐색은 사냥을 나갔던 아더와 원탁의 기사들이 느닷없이 교회 안으로 뛰어 들어온 하얀 수사슴을 만나면서 시작된다. 사슴은 예로부터 샤머니즘 세계에서 샤만의 몸주이며 땅과 하늘 사이의 메신저 역할을 하는 영적인 동물이었다. 더구나 그러한

사슴이 흰색이라는 것은 신
성이 더 강조됨을 의미한다.
선과 악의 세계 사이의 메신
저, 머리에 번개 표식이 있는
아이, 새의 세계에 속했으나
뱀의 말을 할 줄 아는 해리 포
터는 자기 자신의 영성이라
여겨지는 흰 사슴을 불러내
는 중간적인 혹은 중재적인
인물이며 선악의 구분이 영
원히 지속되는 기독교적 이

[그림8] 해리가 불러낸 흰 수사슴

분법의 세계를 켈트적 상상력으로 녹여내는 영웅으로 보인다. 아더 왕 신
화에서 흰 수사슴을 목격한 원탁의 기사들은 앞 다퉈서 성배 탐색을 떠난
다. 지상의 명예와 부를 다 이룬 기사들에게 흰 수사슴이 나타난 것은 그들
퀘스트에 신호탄 같은 것이었다. 해리의 탄생과 모험은 마법사들 간의 소
통과 화해로 나아가는 시발점이었던 셈이다. 기사도 문학이 중세 기독교
사회에서 대유행을 했다는 사실은 아더 왕 이야기가 프랑스를 중심으로 한
중세 유럽의 판타지로 작동했다는 의미일 것이다. 그렇다면 웨일스 켈트의
마비노기온 중 가장 주된 이야기인 아더 왕 전설을 살펴보자.

아더 왕 전설

아더 왕과 기사들의 이야기는 브리튼 섬의 서남부인 웨일스 전승이다.
흔히 마비노기온²의 한 갈래 이야기이다. 웨일스는 켈트족에 속하기는 하
지만 아일랜드와는 언어가 달라 공유하는 신들의 이름이 다르다. 광명의

신 루는 훌리우, 신들의 왕 누아다는 훌루즈, 바다의 신 레르는 프리르, 그의 아들 마나난은 마나위단, 대장장이의 신 게브네는 고반논으로 불린다. 특히 아더 왕 전설은 켈트를 기원으로 하지만 웨일스와 콘월 지역에 전승되다가 음유시인들을 통해 도버해협을 건너 프랑스에서 기사도 문학으로 만개한다. 아더 왕 이야기는 중세 기독교의 강력한 영향 아래서 본래의 켈트적인 성격을 대부분 잃어버리고 프랑스인들의 집단 상상력이 시적으로 발휘되는 과정을 통해 기독교의 수호왕으로 재탄생했다고 할 수 있다.

A.D 5세기경을 배경으로 한 용감하고 덕망 높던 신화적 인물 아더 왕은 실제에 기반한 인물로 알려져 있다. 어떤 학자들은 아더는 한 사람이 아니라 당시 영국을 구한 여러 영웅들의 모습을 하나로 합친 허구의 인물이라고 주장하기도 한다. 아더의 이야기는 브리튼을 수 백 년 동안 지배하던 로마제국이 물러간 후 권력의 공백기였던 5세기 초를 배경으로 하고 있다. 이 시기 브리튼 섬은 제후들 간의 권력다툼이 치열하였고 또한 앵글로 색슨과 데인인들의 침략으로 혼란스러운 시기이기도 했다. 아더 왕과 원탁의 기사 이야기는 중세 기독교 사회이던 11세기 경 프랑스 작가들의 영감의 원천이 되어 많은 문학작품으로 탄생했다.[3]

로마인들이 브리튼을 떠난 후, 여러 강력한 제후 중 한 명이던 우더 펜드라곤(Uthur Pandragon)[4]은 드루이드 사제였던 책사 멀린의 도움을 받아

---

2) 마비노기온(Mabinogion)은 어린이에게 들려주는 이야기 혹은 음유시인들에 의해 전해지는 이야기라는 뜻으로 마비노기의 복수형이다. 그 중 일부가 아더 왕과 원탁의 기사들에 대한 이야기를 담고 있다.

3) 아더 왕의 이야기는 하나의 이야기가 아니다. 이 책에서는 켈트 역사와 문화연구에서 권위자로 알려진 장 마르칼의『아더 왕 이야기』, 김정란 역, 뮈토스, 2004년를 참조해 아더 왕 이야기를 재구성하였다.

4) Pan이라는 접두사는 '전(all)' 혹은 '우주적(universe)'이라는 의미를 갖는다. 펜드

힘을 모아가고 있었다. 콘월의 성주 틴타겔 공과 일전을 치루기 전날, 틴타겔의 아내 이그레인을 보고 반한 우더는 멀린에게 그녀와 밤을 보내게 해 달라고 요청한다. 틴타겔은 다음날의 전투를 준비하러 전장에 나가 있었고 멀린은 우더의 모습을 틴타겔로 변신시켜 그가 이그레인을 취하게 해 주었다. 그리고 우더에게 대가로 그 일의 결과를 받기로 한다. 이그레인은 자신의 침실에서 남편의 모습을 한 우더와 동침하게 된다. 어머니의 침소로 들어가는 우더의 모습을 본 것은 틴타겔과 이그레인의 사이의 딸 모건 르 페이였다. 모건 르 페이는 아더와 같은 어머니를 둔 남매 사이였지만 평생을 아더의 파멸을 위해 전력을 다한다.

다음 날, 전투에서 틴타겔은 우더에게 패해 전사하고 만다. 콘월을 정복한 우더는 이그레인을 정식 아내로 맞아들이고 열 달 뒤 아더(Arthur)[5]가 태어난다. 멀린은 우더와 이그레인에게서 갓난 아더를 데리고 가서 신분을 감춰 키운다. 어린 아더는 케이경의 집에서 자라고 어느 날 검술시합에 나간 종형제인 액터의 검을 가지러 가다가 바위에 꽂힌 보검을 뽑게 된다. 그 검을 뽑는 자는 영국의 왕이 될 인물이라는 오랜 예언이 있었다.[6] 그러나

라곤은 용을 대표하는 우주적인 용이라는 의미라고 할 수 있다. 이는 켈트적인 요소로, 켈트족들에게 용은 지고의 통치권, 우두머리를 나타내며, '붉은 용'은 웨일스의 표지이기도 하다. 하지만 기독교에서 용은 악의 힘, 악마 사탄, 신의 적 등의 의미를 갖는다. 진 쿠퍼, 『그림으로 보는 세계 문화 상징 사전』, 이윤기 역, 까치, 110쪽 참조.
5) 켈트어에서 Arthur의 arth나 arz는 곰을 의미한다. 일반적으로 신화에서 곰은 왕을 뜻하며, 특히 기독교에서 곰은 이교도를 변모시켜 다시 태어나게 하는 힘을 상징한다. 앞의 책, 28쪽 참조. 웨일스 켈트의 영웅이지만, 성배 탐색을 하는 원탁의 기사들의 수장이 되는 기독교 영웅으로 변모하는 아더 왕의 성격을 드러내는 이름이라 할 수 있다.
6) 아더의 보검을 엑스칼리버라고 한다. 그러나 예언이 있던 바위에서 뽑은 검이 엑스칼리버인지 후에 아더가 호수의 여인 니무에(비비안)에게서 받은 난쟁이들이 만든 보검이 엑스칼리버인지에 대해서는 논란이 분분하다. 이 두 검을 구분하기 위해 어린 아더가 뽑았던 보검을 칼버린이라고 부르는 사람들도 있다.

어린 아더는 그 후로도 오랫동안 많은 전투를 치러내야 했다. 멀린은 아버지 우더에 이어 아더의 책사가 되어 그를 도왔으며 12명의 원탁의 기사들[7]과 함께 카멜롯을 건설한다. 왕비 귀네비어와의 결혼은 아더가 왕권을 확립하고 경제적인 안정을 가져오는데 크게 기여했다. 하지만 란슬롯과 귀네비어의 사랑은 아더와 원탁의 기사들 모두에 균열을 가져오게 되었고 아더는 귀네비어를 화형에 처하고자 한다.[8] 사랑하는 여인을 잃게 된 란슬롯은 가웨인 형제들을 죽이고 그녀를 구해 자신의 성인 브르타뉴의 조이어스 가드로 달아나게 된다. 이를 알게 된 아더는 군대를 이끌고 도버해협을 건너 란슬롯을 응징하려고 진격하지만 대주교의 중재로 화해하게 된다. 귀네비어는 수녀원에 들어가 생을 마쳤다고 한다. 그 사이 카멜롯 성에서는 아더의 조카[9]이자 모건 르 페이의 아들인 모드레드가 반란을 일으키고 아더는 카멜롯의 탈환을 위해 급하게 돌아온다. 치열한 캄란의 전투에서 모드레드는 아더에게 죽임을 당하고 아더 또한 치명상을 입는다. 호수의 여인 니무에와 함께 2명의 귀부인들이 와서 아더를 아발론섬으로 데려간다.

기독교 신화로서 성배 탐색 영화들

---

7) 베디비어, 보스, 가웨인, 가레스, 가헤리스, 케이, 모드레드, 펠리노어, 퍼시벌, 트리스탄, 란슬롯, 갤러헤드가 12명의 원탁의 기사이다.
8) 기사들에게는 평생을 바쳐야하는 두 가지의 겟슈가 있었다. 겟슈는 기사들에게는 평생 지켜야하는 서약 혹은 맹세와 같은 것이었다. 두 가지 겟슈는 주군과 사랑하는 귀부인에 대한 것이었다. 란슬롯의 주군에 대한 겟슈는 아더에게, 귀부인에 대한 사랑의 겟슈는 귀네비어에게 있었다. 이것이 호수의 기사 란슬롯의 비극이었다.
9) 모드레드는 마법으로 모습을 바꾼 모건 르 페이가 아더를 유혹하여 낳은 아더의 근친상간적 아들이라고 서술하고 있는 작가들도 있다. 또 모드레드는 모건 르 페이의 자매가 낳은 아들이라는 내용의 저술도 있다. 어찌되었든 모드레드는 아더의 조카이거나 그보다 더 가까운 사이인 인물이다.

중세 무용담의 백미로 꼽히는 아더 왕 이야기와 성배를 둘러싼 모험담은 오랜 세월 동안 문학, 연극을 비롯한 예술 전반에 다양한 상상력을 제공해 준 중요한 서구 문화원형 중 하나다. 특히 아더 왕의 출생에서부터 죽음에 이르는 동안 그의 궁정을 중심으로 벌어지는 일련의 이야기들과 성배전설은 그 자체가 재미난 소재로서 영화의 초창기부터 자주 영화화 되어 왔다. 뿐만 아니라, 아더 왕 계열의 이야기들을 현대적 맥락에서 재해석하거나, 특정 모티프들을 차용한 영화들도 심심찮게 만들어지고 있다.

예를 들어, 카멜롯, 엑스칼리버, 원탁의 기사, 성배라는 소재를 직접적으로 영화화한 〈원탁의 기사〉(1953), 〈란슬롯의 검〉(1963), 〈호수의 란슬롯〉(1974), 〈엑스칼리버〉(1981), 〈카멜롯의 전설〉(1995), 〈킹 아더〉(2004) 등이 있는가 하면, 중세 시대를 다루지는 않지만 아더 왕과 성배 신화를 주요 모티프로 삼아 서사를 이끌어나가는 〈인디아나 존스 3: 최후의 성전〉(1989), 〈피셔킹〉(1991), 〈다빈치 코드〉(2006)가 있다. 여기에 80년대 유행했던 모험영화의 대표작인 〈코난〉 시리즈(1982, 1984)부터 〈2001: 스페이스 오디세이〉(1968), 〈듄〉(1984), 〈토탈 리콜〉(1990), 〈레드 플래닛〉(2000) 등 중세 신화와는 전혀 동떨어진 세계를 그리고 있는 SF영화들에서까지 아더 왕과 성배의 신화적 상상력은 되살아나고 있다.

성배(聖杯, Saint Graal; Holy Grail) 이야기의 원형이 될 만한 요소들은 켈트 신화나 민담 등에서 다양하게 나타나지만, 그것들이 일관되게 엮여진 이야기는 그 어디에서도 발견되지 않는다. 성배의 실체에 대해 명확히 밝혀진 바는 없으나 중세인들에게 가장 널리 받아들여진 성배는 예수가 십자가에서 흘린 피를 담은 잔이란 설과 최후의 만찬 때 '나의 피'라고 말한 포도주를 담은 잔이라는 설이다. 두 가지 설 모두 성배를 예수와 관련된 보물들 중 가장 고귀한 것으로 여긴다. 실제로 예수의 성스러운 피를 담았다는

[그림9] 영화 〈엑스칼리버〉의 주요 장면

이유로 그 잔을 소유한 자는 막강한 힘을 얻게 된다는 기독교적 믿음 때문에 성배를 찾고자 하는 노력은 계속되어 왔으며, 전설로 내려오는 아더 왕의 성배를 찾기 위한 모험부터 히틀러가 2차 세계대전의 승리를 위해 성배를 찾는데 힘을 기울였다는 이야기까지 숱한 사람들로부터 탐구 및 소유욕의 대상이 되어 왔다. 중세 기독교인들이 이렇게 이교도였던 아더를 기독교의 왕으로 그래서 성배 탐색을 수행하는 왕으로 해석하고자 했던 것은 켈트의 이교도적 상상의 세계를 기독교적 세계관으로 접목시켜 자신들의 고유한 종교적 특성을 강화하려 했던 뛰어난 선택이었다고 볼 수 있다. 그러나 성배를 둘러싼 해석은 '예수의 피를 담은 잔'이라는 단일한 해석으로 제한되지 않으며, 좀 더 오래되고 보편적인 신화에 속하는 상징의 힘을 가지고 있다. 기독교적 해석이 지배적이 됨에 따라 성배는 '성스러운 잔'으로 간주되었지만, 그것이 처음부터 잔의 형태를 지녔던 것은 아니다. 오히려 넓적한 접시에 가까웠고, 그 기원은 켈트 신화의 풍요의 부적인 뿔(Horn) 또는 주권(主權)을 상징하는 신비한 돌의 형태에서 나왔다는 해석도 있다. 이 밖에도 성배의 실체에 대한 다양한 해석들이 존재한다. 성배를 성배와 관련된 이야기들이 담긴 한 권의 책, 신적 계시의 책으로 간주하기도 하며, 예수의 핏줄을 몸에 품은 막달라 마리아라고 여기기도 한다. 성배가 예수와 관련된 비밀을 담은 하나의 상징에 불과하다는 주장까지 다양한 해석의 전통을 가지고 있다. 이처럼 다의적인 상징을 가진 성배 이야기의 결말은 하나의 공통점을 가지고 있다. 그것은 바로 한 인간이 주체적으로 세상을 살아가기 위해서는 잔, 그릇, 뿔, 돌 같은 어떤 물질적 권능이 필요한 것이 아니라 궁극적인 앎을 가짐으로써 비로소 가능하다는 점을 보여주고 있다. 다시 말해 성배의 실체는 손으로는 잡힐 수 없는 신성, 풍요와 치유, 죽음과 부활, 생명의 원리, 궁극적인 인식의 상징적 기호라고 할 수 있다.

아더 왕과 성배신화를 직접적으로 다룬 영화들 중 가장 대표적인 작품은 존 부어맨(John Boorman) 감독의 〈엑스칼리버〉를 들 수 있다. 부어맨 감독은 중세 기사도 문학의 결정체라고 할 수 있는 토마스 말로리(Thomas Malory)의 『아더의 죽음 Le Morte D'Arthur』을 바탕으로 영화를 만들었다. 〈엑스칼리버〉는 아더 왕의 탄생에서 왕국의 건립 그리고 몰락까지의 일대기를 그리고 있는 서사극으로서 아더 왕 이야기와 성배신화에 등장하는 거의 모든 서사, 캐릭터, 배경, 공간, 소품 등을 영화 내에 집대성 시키는데 성공한다. 아더 왕과 그의 분신인 엑스칼리버, 귀네비어 왕비와 사랑에 빠지는 기사 랜슬롯, 아더의 조력자인 마법사 멀린(Merlin), 왕을 위해 성배를 찾아오는 충신 퍼시발(Perceval)에 이르기까지, 〈엑스칼리버〉는 중세 신화에 등장하는 주요 인물들을 통해 스펙터클한 마법과 전투장면 그리고 권력과 사랑을 위한 암투, 성배 탐험 이야기들을 그려내고 있다.

부어맨 감독은 아더 왕이라는 한 사람의 영웅 이야기에 초점을 맞추기보다는 그를 통해 인간의 욕망과 운명, 그리고 죽음에 관한 이야기를 관객에게 전달하려고 노력한다. 이러한 감독의 의도는 성배를 둘러싸고 벌어지는 모험담을 통해 나타난다. 영화 중반으로 가면 아더 왕이 쓰러지고 그의 왕국은 황폐해진다. 원탁의 기사들은 아더 왕과 그의 왕국을 다시 회복시키기 위해 위험을 무릅쓰고 성배를 찾아 여행을 떠난다. 마침내 퍼시발이 성배를 찾아오고, 성배로 물을 마신 아더는 원기를 회복한다. 왕의 회복은 곧바로 대지의 부활로 이어진다. 죽어있던 땅은 생명을 다시 찾고 화사한 꽃잎들이 흩날린다. 땅과 왕이 하나이므로 왕이 살아나면 죽은 땅도 살아난다는 켈트 신화를 통해 아더 왕과 왕국의 부활을 상징하고 있는 것이다. 이후 아더는 자신의 아들이자 조카인 모드레드와의 일전을 벌이고 최후를 맞이하며 그의 검 엑스칼리버는 호수에 던져진다.

〈킹 아더〉(2006)는 고고학적 발굴을 토대로 이전의 아더 왕 영화들과는 아주 다른 설정과 해석을 하고 있는 영화다. 〈킹 아더〉의 아더는 왕이 아니라 영국의 로마군 총사령관이며 그의 기사들은 모두 로마군에 패해 15년을 징집당한 흑해 연안의 사마시안(Sarmatian) 용병들로 설정되어 있다. 페르시아를 괴롭히던 강력한 스키타이를 멸망시킨 것이 사마시안 전사들이었다. 로마제국은 사마시안 남자아이들을 15년간 영국으로 파병하는 조

[그림10] 〈킹 아더〉의 새로운 해석과 귀네비어

건으로 가족들을 로마가 정복한 땅에 살게 해 주었다. 그리고 이들은 색슨족의 침입에 항전하고 북부의 켈트족과 전쟁을 벌인다. 징병기간이 끝나 징집해제 된 날 로마로 돌아가려 하지만 색슨족의 침략에 결국 자신들이 지키던 영국 땅을 지켜낸다는 내용이다. [그림10]에서 보듯 이 영화에서는 아더의 왕비인 귀네비어가 북부의 픽트족 공주로 등장하면서 긴 금발의 아름답고 우아한 이미지를 벗어 던진 강한 여전사로 설정되었다. 켈트의 일족인 픽트족은 산 속에 사는 푸른 인간들로 고대 신들의 푸른 몸을 하고 있다. 지금도 스코틀랜드 축구응원단은 자신들의 몸을 파랗게 칠한다.

성배를 둘러싸고 큰 논란을 빚었던 영화가 론 하워드 감독의 〈다빈치 코드〉(2006년)였다. 성배가 잔이나 컵이 아니라 예수님의 아기를 임신한 막달라 마리아라는 것이 영화의 파격적인 내용이었다. 댄 브라운의 원작소설의 기반이 된 것은 『성배와 잃어버린 장미』라는 연구서였다. 마가렛 스타버드라는 신학자는 교회가 저버린 여성성을 회복하는 것이 진정한 믿음일 것이라고 결론에서 말한다. 막달라 마리아는 명망 있고 부유한 정치가 집안의 딸로 예수의 정식 부인이었으며 예수가 십자가에 못 박혀 희생되자 아리마대 요셉과 함께 프랑스 남부의 엑상프로방스로 몸을 피해 유태 공동체에서 사라라는 딸을 낳았다는 것이다. 그리하여 모계로 예수의 성스러운 피가 전해져 유럽의 메로빙거 왕조로 이어졌다는 내용이다. 그래서 성배는 어떤 하나의 물건이 아니라 예수의 핏줄을 몸에 담은 아내 막달라 마리아를 지칭하는 것이다.

[그림11](위)의 첫 번째 그림은 소피가 다빈치가 그린 '최후의 만찬'에서 기호학적 읽기를 통해 막달라 마리아가 예수의 아내였다는 설명을 듣는 장면이다. 예수와 막달라 마리아가 만들어내는 배경의 선이 여성의 자궁을 의미하는 그릇 형상이며, 다빈치가 그린 원래의 그림은 최후의 만찬에서

[그림11] 〈다빈치 코드〉의 최후의 만찬과 성배 그림(위) 장미의 길과 막달라 마리아(아래)

예수와 기대고 앉은 막달라 마리아의 모습이었다는 주장을 듣고 있다. 두 번째 그림은 성배라는 단어가 잘라 읽으면 '성스러운 피', 예수의 혈통이라는 의미라는 것을 보여주고 있는 장면이다.

[그림11](아래)는 소피가 예수의 후손이며 시온수도회가 그녀를 지키려고 했다는 것을 알게 된 랭던이 파리로 돌아와서야 로즈 라인에 대해 깨닫게 되고 루브르 박물관 밑에 누워있는 막달라 마리아, 곧 성배를 찾고 무릎을 꿇는 장면이다.

이렇게 다양하고 광범위한 켈트 신화와 그들의 문화는 그리스 신화나 북유럽 신화에 못지않게 유럽인들의 정신세계에 지대한 영향을 미쳤다. 그러나 켈트족들의 언어가 무척 다양하고 기록으로 전하는 것을 달가워하지 않은 특성과 더불어 기독교의 전파와 압박으로 대부분의 켈트 신화들이 소실되고 훼손되어 그 흔적을 더듬는 것이 쉽지 않다. 하지만 해리포터의 예에서 보듯이 켈트 신화는 충분히 매력적이고 재미있는 이야기이며 판타지의 보고임은 의심할 여지가 없다.

* Further Reading

[켈트 신화]

- 레이디 오거스타 그레고리,『안개 너머의 나라 켈트의 속삭임』, 홍한별 역, 여름언덕,
2004.

레이디 오거스타 그레고리는 예이츠와 함께 아일랜드 문예부흥 운동을 주도했던 인물로
이 책은 많은 삽화와 부연 설명들이 친절한 입문서이다. 복잡한 켈트 신화를 아일랜드의
켈트인들의 입장에서 쉽고 재미있게 엮었다.

- 다케루베 노부아키 ,『켈트/북구의 신들』, 박수정 역, 들녘, 2000.

판타지 라이브러리 시리즈의 하나로 일본 책답게 알기 쉽게 잘 정리된 특징이 있으나 심
도 있는 내용을 원하면 찰스 스콰이어의 책을 더 권한다.

- 찰스 스콰이어,『켈트 신화와 전설』, 나용균/전수용 역, 황소자리, 2009.

아카데믹한 켈트 신화 연구서. 입문서로 보기엔 다소 난이도가 있다. 그러나 어렵게 읽고
나면 켈트 신화 전반에 대해 남에게 말할 수 있는 정도의 지식을 습득하게 된다.

- 크리스티안 엘뤼에르,『켈트족 고대 유럽의 정복자』, 박상률 역, 시공사, 1998.

시공디스커버리 총서인 이 책은 켈트족의 유물을 중심으로 고고학적 접근을 하고 있다.
신화보다는 유적과 유물에 대한 켈트 보고서.

- 마거릿 심슨,『아른아른 아일랜드 전설』, 이경덕 역, 주니어 김영사, 2001.

- 테리 디어리,『켈트족이 꿈틀꿈틀』, 남경태 역, 주니어 김영사, 2001.

'앗 시리즈'의 책들. 만화와 재미있는 삽화가 섞여 있어 어린이들도 흥미롭고 쉽게 읽을
수 있다. 그러나 아이들이 보는 책이라고 무시하면 안 된다. 내용이 꽤 많고 새로운 정보
들도 부지기수다.

[아더 왕과 성배신화]

- 장 마르칼, 『아더 왕 이야기 01~04』, 김정란 역, 뮈토스, 2004.

- 장 마르칼, 『아발론 연대기 01~08』, 김정란 역, 북스피어, 2005.

『아더 왕 이야기』와 『아발론 연대기』는 워낙 방대한 양이기 때문에 웬만한 시간과 노력을 들이지 않고서는 완독하기가 상당히 어려운 것이 사실이다. 만일 시간이 없다면 대신 아래의 책 『아서왕: 전설로 태어난 기사의 수호신』을 읽어보면 된다.

- 안 베르텔로트, 『아서왕: 전설로 태어난 기사의 수호신』, 채계병 역, 시공사, 2003.

- 도키 겐지 등 저, 『성서 문학과 영웅 서사시: 예수, 베오울프, 아서 왕』, 오근영 역, 웅진지식하우스, 2009.

국내에 출판된 아더 왕에 관한 책들은 거의 서양 작가들의 작품을 번역한 책들이 대부분이다. 이 책은 우리에게 잘 알려진 무라카미 하루키, 시오노 나나미 등 일본을 대표하는 작가 및 학자들이 참여한 문학 해설에 대한 책이다. 아더 왕과 원탁의 기사에 대한 내용은 3부에 실려 있다.

5장 북유럽 신화와 매직 판타지

21세기가 시작되면서 〈반지의 제왕〉(2001), 〈해리 포터〉(2001)와 같은 마법의 세계를 다루는 판타지 영화가 증가하고 관객 역시 영화에서 펼쳐지는 마법 이야기에 열광했다. 이 두 영화로 촉발된 신화를 기반으로 10년이 넘게 스펙터클한 매직 판타지 영화들과 새로운 SF영화들이 융성했다. 3D나 아이맥스 등을 이용해서 사이언스 픽션에서 사이언스 판타지로 한층 더 확장되었다. 매직 판타지 영화는 〈반지의 제왕〉 시리즈, 〈해리포터〉 시리즈, 〈나니아 연대기〉, 〈니벨룽겐의 반지〉, 〈호빗〉과 같은 이 장에서 다룰 북유럽 신화와 관련 깊은 영화들이다. 사이언스 판타지 영화는 이미 잡종 장르로서 주요한 영역을 차지하고 있었으나 모션 그래픽과 같은 다양한 컴퓨터 기술의 발달과 만화적 상상력 혹은 과학적 이론을 발판으로 영역을 넓혔다. 〈스타워즈〉, 〈백투더퓨처〉, 〈에일리언〉, 〈터미네이터〉 같은 영화들로 시작된 SF 장르 영화들은 〈매트릭스〉, 〈아바타〉, 〈트랜스포머〉,

[그림1] 북유럽 신화의 무대

마블의 〈어벤져스〉나 〈아이언맨〉 같은 시리즈들로 이어졌다. 신화와 SF를 뒤섞은 마블의 〈토르〉와 같은 영화들도 수적으로 증가하고 있다. 이에 비해 정통 SF라고 할 수 있는 첨단 과학에 근거를 둔 대규모 블록버스터 영화들은 근미래의 디스토피아적인 인류의 모습을 그려낸다. 최근에는 〈인터스텔라〉 같은 우주 멜로드라마나 〈그래비티〉 같은 우주 철학 영화로 변모해가는 중이다. 이전에는 표현하고자 했으나 기술적으로 그럴 수 없었던 판타지 영화들이 대거 등장한 것은 영화가 과학 문명의 산물이기 때문이다. 고대 신화를 이야기의 원천으로 삼는 영화들과 거대 SF영화들은 근래의 블록버스터 영화들의 경향을 양분하고 있다 해도 과언이 아니다. SF영화에 관해서는 다른 장에서 다루기로 한다.

북유럽 신화는 영화가 과거 지향의 매직 판타지의 세계를 구현하는 데 막대한 영향을 미치고 있으며, 그리스 신화와는 또 다른 영감의 원천이다. 그리스 신화가 보여주는 영원불멸의 풍요롭고 명랑한 세계와 달리 장중하면서도 신비하고 필멸의 운명적 세계관을 가진 것이 북유럽 신화이다.

북유럽 신화

> 기왕 세상 밖으로 발을 내디딘 사람에게는 약한 마음보다는
> 겁 없는 편이 낫지. 이생에서의 내 시간과 죽음의 순간은
> 이미 오래 전부터 운명으로 예정되어 있을 테니 말이야.
> ─스키르니르의 중매 여행 중에서

북유럽 신화는 노르드 신화(Norse mythology) 혹은 노르딕 신화(Nordic myths) 또는 게르만족 신화(Germanic mythology)와 동일한 의미로 사용된다. 북유럽 신화는 기독교 개종 이전 스칸디나비아인들(덴마크, 노르웨이, 스웨덴, 아이슬란드 등)의 종교·신앙·전설 등을 가리킨다. 바이킹들의 신화라고 할 수 있다. 그렇다고 북유럽 신화가 이들 북유럽 국가들 사이에서만 공유된 신화라는 뜻은 아니다. 보다 넓은 의미로 북유럽인은 게르만족에 속하기 때문에 북부 독일, 네덜란드, 벨기에, 룩셈부르크, 영국 등에도 그 흔적이 남아 있다.

일반적으로 게르만 신화와 북유럽 신화를 같은 것으로 보는 이유는 북유럽 이외의 지역에는 게르만 신화에 관한 문헌이 거의 남아 있지 않기 때문이다. 다시 말해 영국이나 독일 등은 로마 문명과 접하면서 기독교로 개종했기 때문에 이전의 신화들이 대부분 사라지게 되었다. 그래서 북유럽 지역에 남아 있는 신화들이 게르만 신화의 분파로서 유일하다고 할 수 있다. 이런 의미에서 북유럽 신화와 게르만 신화는 동일한 것으로 간주된다. 실제로 유럽 대부분 지역이 4세기경 유일신 사상인 기독교로 개종한 이후에도 스칸디나비아 지역은 10세기까지 꽤 오랫동안 고대 종교를 유지하고 보존하였다. 북유럽 신화는 아이슬란드의 『에다』[1]와 덴마크의 『데인인의 사적』[2]과 같은 기록으로 전승되었다.

북유럽 신화는 그리스·로마 신화에 비해 낯선 이야기로 느껴지지만 실은 전혀 생소하지만은 않다. 동화를 통해 어려서부터 익숙했던 바이킹 이야기, 일곱 난쟁이 이야기, 요툰과 트롤 이야기, 하늘을 찌를 듯 끝이 보이지 않는 거대한 우주 나무, 땅 속 세계에서 쇠를 달구고 있는 난쟁이 이야기는 모두 북유럽 신화를 원천으로 한다. 이처럼 북유럽 신화는 그리스 신화 못지않게 켈트 신화와 더불어 서양 정신의 바탕을 이루는 중요한 신화의 보물창고라 할 수 있다.

세계의 시작

태초에 북쪽에는 얼음의 나라 니플헤임이 존재했고, 남쪽에는 불꽃의 나라 무스펠헤임이 있었다. 니플헤임의 거대한 얼음과 무스펠헤임의 어마어마한 불꽃이 만나 서리가 맺히고 수증기가 만들어졌다. 두 세계 사이에 생겨난 엄청난 수증기의 심연을 긴눙가가프라 불렀다. 그리고 서리에서 태초의 거인 이미르와 얼음암소 아우둠라가 태어났다. 아우둠라는 소금기 있는 얼음을 핥아먹으며 젖을 만들었고 거인 이미르는 아우둠라의 젖을 먹고 살았다. 이미르가 아우둠라의 젖을 먹고 잠을 자는 동안 거인의 겨드랑이나 사타구니에서 땀이 났고 이 땀에서 수많은 서리거인들이 태어났다. 땀에는 독성이 있어 서리거인들은 태어날 때부터 나쁜 성질을 갖게 되었다.

---

1) 『에다』는 '고에다'와 '신에다'로 구분한다. 12세기 초 아이슬랜드의 시인이며 정치가였던 스노리 스투룰루손은 운문으로 전해 내려오는 '고에다'('운문 에다')를 산문으로 바꿔 시작법 강의의 교재로 사용하였다. 그것이 '신에다'로 '산문 에다' 혹은 '스노리 에다'로 불리기도 한다. 우리가 아는 대부분의 북유럽 신화의 내용은 에다에서 비롯된다고 해도 과언이 아니다.
2) 『데인인의 사적』은 기독교적 침윤이 너무 심해서 학자들 사이에서는 가치를 그리 높이 평가받는 책은 아니다. 하지만 북유럽 신화를 전하는 문헌이 워낙 없어서 주요 연구 대상이 되고 있다.

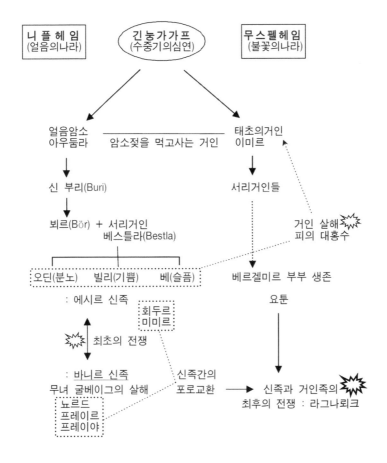

[그림2] 북유럽 신화의 신족과 거인족 관계도

　어느 날, 아우둠라가 얼음을 핥다가 그 속에서 금발에 아름다운 얼굴을
한 부리(Buri)라는 이름의 신을 발견한다. 부리는 혼자서 아들 뵈르(Bör)
를 낳았고, 뵈르는 거인족 여인 베스틀라와의 사이에서 아들들을 얻었다.
오딘(분노), 빌리(기쁨), 베(슬픔) 삼형제였다. 오딘 삼형제는 운명의 여
신 노른들에게서 서리거인족이 자신들을 파멸시킬 것이라는 예언을 듣고
애초에 그 원인을 없애고자 태초의 거인 이미르를 살해한다. 이미르의 몸

에서 엄청난 피가 쏟아져 피의 홍수가 졌고, 베르겔미르라는 거인 부부를 제외한 서리거인들은 모두 이미르의 피에 휩쓸려 죽고 말았다.

오딘 삼형제는 거인 이미르의 몸으로 세상을 창조했다. 피바다에서 이미르의 몸을 끌어올렸다. 해골로는 김레라 불리는 하늘의 지붕을 만들고 몸체로는 대지를, 뼈들로는 바위와 돌들을, 뇌로는 구름을, 온몸에서 쏟아진 피로는 바다를 만들었다. 또 눈썹으로는 미드가르드의 울타리를 만들고, 몸에 들끓던 구더기에게 사람의 형상을 주어 드베르그(난장이)들을 만들었다. 태초의 거인을 죽여서 세상을 창조한 것이다.

고대 스칸디나비아에는 오딘이나 토르처럼 거친 바다와 척박한 땅에 사는 전사 집단인 에시르(아스, 아사) 신족 외에 풍요로운 땅에 살며 마법을 하는 바니르(바나, 반) 신족이 있었다.[3] 그런데 오딘이 바니르 신족 황금의 무녀 굴베이그를 살해하는 사건이 발생하고 두 신족은 인류 최초의 전쟁을 하게 된다. 에시르 신족의 용맹함도 바니르 신족의 마법의 힘을 당해 내지 못하면서 전쟁은 치열하게 오래 지속되었다. 승패를 가를 수 없었던 두 신족은 평화 조약을 맺고 그 증거로 서로의 신들을 교환한다. 바니르 신족의 왕이었던 뇨르드와 그의 자녀 프레이르와 프레이야가 아스가르드로 왔다. 이후 오딘, 로키, 토르 등 여러 신들의 모험이 벌어지며 신들의 시대가 지속된다. 이 여러 모험의 이야기가 에다가 적고 있는 북유럽 신화의 근

---

3) 에시르 신족은 황량하고 척박한 땅이던 노르웨이와 아이슬란드의 신들로 추측되는 반면, 바니르 신족은 덴마크와 스웨덴 쪽의 무리였으리라 추측된다. 에시르 신족은 전투에 능하고 용맹스러운 신들이 많았으며 바니르 신족은 마법에 능통하고 부드러운 성격을 가지고 있었다. 이들은 바다와 관련된 신들이면서 풍요의 신족이었다. 지적인 것과 마법에 관심이 많던 오딘은 후에 프레이야의 연인이 되어 마법을 배운다. 신화학자들은 신족 간의 전쟁과 포로 교환은 스칸디나비아 지역의 동쪽과 서쪽의 세력 다툼과 통합을 의미한다고 해석한다.

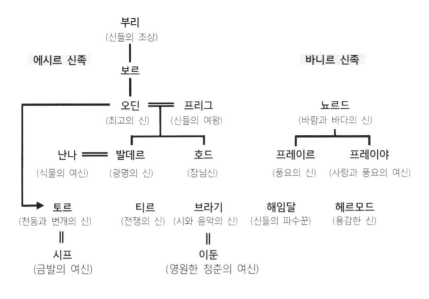

[그림3] 신족들의 족보

간이 된다. 하지만 이미르의 죽음 이후 철천지원수가 된 거인족들과 신족은 최후의 전쟁 '라그나뢰크(신들의 황혼)'로 공멸하고 만다. 신들의 세계가 사라진 후 한참의 시간이 흐른 뒤, 본격적인 인간들의 세계가 도래한다.

오딘, 토르, 로키, 프레이야

오딘은 전쟁의 신이고 마법에 능통한 북유럽 신화의 주신이다. 애꾸눈에 길게 수염을 기르고 챙모자를 쓴 노인의 모습으로 나타나는데 다리가 8개인 애마 슬레이프니르를 타고 다니며 흐리드스칼프라는 지혜의 의자에 앉아 있다고 전해진다. 로키가 난쟁이들에게서 가져온 궁니르라는 창을 들고, 후긴(생각)과 무닌(기억)이라는 까마귀 두 마리를 대동하고, 개리(탐욕)와 프래키(굶주림)라는 이름의 늑대를 거느리고 다닌다. 죽은 자의 영혼을 관장하는 오딘은 전쟁터에서 죽은 전사의 영혼을 발할라 궁에서 대접

[그림4] 슬레이프니르를 탄 오딘(좌)과 흐리드스칼프에 앉은 오딘(우)

하고 있다. 그들의 시체는 게리와 프레키가 뜯어먹고 영혼은 발키리들이 인도하여 발할라로 데려간다. 거인들과의 최후의 전쟁인 라그나뢰크에 대비해 전사들의 영혼(에인하랴르)들을 대접하는 것이다. 에인하랴르의 이미지는 〈반지의 제왕〉 3편에서 망자들의 군대가 배를 타고 몰려오는 놀라운 장면으로 연출되었다. 물론 신화에서 보듯이 용사들의 영혼이 아니라 범죄자들의 갇힌 영혼이라는 설정이 다르다.[4] 이러한 배를 타고 오는 망자들의 모습은 〈캐러비안의 해적〉에서도 등장한다. 오딘은 독일어로 보탄으로 불리는 신이다. 수요일(Wednesday)은 보탄(Wotan, Woden)의 날, 즉 오딘의 날이다.

천둥의 신 토르는 농민들의 신으로 인기가 높았다. 퉁명스럽고 왕성한

---

4) 무스펠헤임의 거인 수르트가 라그나뢰크가 시작되면 망자들의 손톱으로 만든 나글파르라는 배를 타고와 세상을 멸망시킬 것이라는 예언이 존재한다. 〈반지의 제왕〉의 범죄자 영혼들의 도움 장면은 망자들의 배 나글파르를 타고 오는 거인들의 무리와 신들의 편인 죽은 전사들의 영혼 에인하랴르들의 이야기가 합쳐진 것으로 보인다.

[그림5] 몰니르를 들고 있는 토르

식욕과 엄청난 힘을 자랑하는 토르는 붉은 머리의 타오르는 듯한 눈과 수염을 가졌다고 한다. 웁살라 신전에 오딘보다 더 높은 자리에 앉아 있는 토르는 로마의 주피터와 비슷한 신격이다. 신화에서 천둥과 번개의 신은 대개 하늘의 주신이다. 토르는 신족들 중 유일하게 거인들을 제압할 수 있는 신이었다. 마법을 쓰는 오딘이나 지략에 능한 로키와는 달리 듬직하고 우직한 성격을 가지고 있다.

요툰헤임을 여행하던 토르는 로키와 거인들에게 속아서 내기를 하게 된다. 거인들이 건 첫 번째 내기는 엄청난 대식가였던 그에게 커다란 잔에 맥주를 마시라는 것이고, 두 번째는 잠자고 있는 고양이를 들어 올리는 것, 세 번째는 늙은 노파와의 팔씨름이었다. 천하장사 토르에겐 우스워 보였지만 어쩐 일인지 토르는 세 번의 내기에 모두 이길 수가 없었다. 그도 그럴 것이 그가 마신 맥주는 바다였고, 들어 올린 고양이는 미드가르드를 둘러싼 대지의 뱀 요르문간드였으며, 힘을 겨룬 노파는 세월이었다. 거인들은 토르를 속여서 힘을 시험하고 나서 도리어 그 힘에 질려 토르를 더욱 경계하고 두려워하였다. 거인들과 문제가 생기면 그들은 잡거나 죽이는 일은 토르만이 할 수 있었다. 목요일(Thursday : Thor's day)이 토르의 날이다.

[그림6] 트러블 메이커이자 해결사 신 로키(좌) 로키와 시긴(우)

한 번은 로키가 토르의 아내 시프의 아름답고 탐스러운 금발을 싹둑 자르는 심술을 부렸다. 로키는 노발대발하는 토르에게 자신의 행동에 책임을 지기로 약속한다. 훌륭한 대장장이인 난쟁이들에게 황금 금발을 만들러 간 로키는 거기서도 꾀를 내어 난쟁이들을 서로 이간질 시킨다. 그 결과 시프의 자라는 아름다운 황금 금발과 오딘의 창 궁니르, 토르의 뮬니르, 프레이르의 접었다 폈다 할 수 있는 배 스키프블라드니르를 가져오기도 한다.

거인족이면서 아스가르드에 와서 신화의 주역이 된 것이 로키(Loki)다. 어떤 문헌에는 로키가 에시르 신이기도 하고 동시에 요툰이기도 하다고 적혀 있다. 로키는 북유럽 신화의 트러블 메이커이자 동시에 해결사이기도 한 재미있는 신이다. 애증이 교차하는 신들과의 관계는 이중적이고 종국에는 라그나뢰크의 주요 원인을 제공하기도 한다. 오딘의 아들인 빛의 신 발데르의 살해를 사주하기 때문이다.

세상 모든 만물에게 발데르를 해치지 않겠다는 맹세를 받은 오딘의 아내

프리그에게 로키는 오직 하나 아주 어린 겨우살이 한테만 맹세를 못 받았다는 사실을 듣는다. 로키는 그 겨우살이로 꼬챙이를 만들어 발데르의 동생인 장님신 호드의 손에 쥐어주며 형에게 던지라

[그림7] 로키의 자식들

고 한다. 로키의 부추김을 받은 눈 먼 호드의 단 한 번 장난에 발데르는 목숨을 잃게 된다. 아들을 되찾으러 지하세계에 간 프리그는 지하세계의 여왕 헬에게 세상의 동의가 있으면 아들을 돌려주겠다는 약속을 받지만 제일 처음 만난 노파가 이를 거절함으로써 발데르는 두 번 다시 아스가르드로 돌아오지 못한다. 그 반대한 노파는 다름 아닌 변장한 로키였던 것이다. 이 사건 이후 로키는 땅 속 동굴에 갇혀 자기 아들의 창자로 묶인 채 독사의 독이 이마에 떨어지는 형벌을 받게 된다. 아내 시긴이 그릇으로 그 독을 받지만 가끔 그릇을 비우러 갔을 때 떨어지는 독 때문에 로키가 고통스러워했다. 북유럽 사람들은 이때 괴로워하는 로키의 몸부림이 지진이라고 믿었다.[그림6](우)

로키의 자식으로는 대지의 뱀 요르문간드, 지옥의 여신인 헬, 거랑 펜리르, 오딘의 애마 슬레이프니르 등이 있다. 로키는 자신의 아이들을 오딘에게 소개했으나 오딘은 요르문간드를 바다에 던져 버리고, 헬을 지하세계로 보냈으며, 거랑 펜리르는 신들에게 가두어 키우게 하였다. 버려지고 추방되고 감금당한 로키의 자식들은 신들의 마지막 전쟁인 라그나뢰크에 신들과 맞서 싸우며 세상의 종말을 초래한다.

프레이야는 미와 풍요의 여신이다. 원래 바니르 신족의 왕녀였으며 아버지 뇨르드와 오빠 프레이르와 함께 에시르 신족에게로 왔다. 두 마리의 고양이가 끄는 수레를 타고 다니며 마법에 능한 프레이야는 세상 만물에게

[그림8] 미와 풍요의 여신 프레이야

사랑을 받는 여신으로 난쟁이와 거인들에게도 흠모의 대상이었다. 오딘은 아스가르드로 온 프레이야의 애인이 되어 마법을 배웠다고 한다. 종종 프레이야는 오딘의 아내 프리그와 혼동되기도 한다.

그리스 신화의 아프로디테처럼 미와 풍요의 여신답게 성적으로도 자유분방했다. 미드가르드의 울타리 보수를 해주겠다던 거인의 요구도 프레이야였으며, 브리징가멘이라는 세상에서 가장 아름다운 황금목걸이의 주인이던 4명의 난쟁이들도 그녀와의 동침을 요구했다. 난쟁이들과의 거래가 성사되어 프레이야는 브리징가멘의 주인이 되었다. 남편인 오드(격정)와의 사이에 딸이 있었지만 방랑벽이 있는 오드는 온 세상을 여행하였고 프레이야는 그런 남편을 찾아 떠돌았다고 한다. 그래서 북유럽 사람들은 황금을 프레이야의 눈물이라고 부른다. 금요일은 프레이야의 날이다.

이그드라실과 세계관

북유럽 신화의 세계관은 우주목 이그드라실을 중심축으로 한다. 많은 신화들이 그렇듯이 북유럽 신화에서 세계는 하늘나라(신들의 세계), 이승 세계(인간들의 세계), 저승 세계(죽은 자들의 세계)의 3층으로 이루어져

있다. 그 세계들을 관통하는 것이 이그드라실이다. 이그드라실의 뿌리는 각각 신들의 세계 아스가르드, 요툰과 난쟁이, 인간들의 세계 미드가르드, 저승세계 니플헤임(혹은 헬)의 연못으로 내려온다. 이그드라실의 뿌리가 내려오는 아스가르드의 연못은 우르드의 샘이라고 불린다. 우르드, 스쿨드, 베르단디 운명의 세 여신(노른)들이 그 뿌리를 지키며 돌본다. 신들의 세계는 이그드라실이 푸르고 싱싱할 때만 유지되기 때문이다.

미드가르드로 뻗친 이그드라실의 뿌리는 미미르의 샘으로 내려온다. 그 샘은 지혜의 샘으로 요툰헤임에 위치한다. 이 샘의 물을 한 모금 먹고 세상의 모든 지혜를 얻고자 오딘은 미미르에게 자신의 한쪽 눈을 빼주기도 했다. 저승으로 내려가는 이그드라실의 뿌리는 흐베르겔미르 샘에 닿아 있다. 그곳에서는 신들의 세계가 어서 망하라고 독룡 니드호그가 이그드라실의 뿌리를 갉아먹고 있다. 이그드라실의 꼭대기에는 지혜로운 독수리 흐레스벨그가 앉아서 널리 세상을 내려다보고 있고 독수리의 두 눈 사이에는 베르드뷜니르라는 이름의 매가 살고 있다. 그리고 이그드라실의 푸른 잎들은 4마리의 사슴이 뜯어먹고 있다. 이그드라실의 뿌리를 타고 저승의 니드호그와 하늘의 독수리 사이를 왔다 갔다 하며 이간질을 하는 다람쥐 라타토스크도 살고 있다.

신들의 세계인 아스가르드에는 주신 오딘의 발할라궁이 있고 거기에는 전쟁에서 용맹스럽게 싸우던 용사들의 영혼이 융숭한 대접을 받으며 거하고 있다. 발키리들에 의해 발할라궁에 온 에인하랴르들은 마지막 신들의 전쟁인 라그나뢰크에 참전하기로 예정되어 있는 것이다. 바니르 신족의 땅인 바나헤임도 아스가르드에 있다고 한다. 아스가르드와 미드가르드는 무지개 다리인 비프로스트로 연결되어 있으며 그 입구를 헤임달이 지키고 있다. 뿔나팔을 지닌 헤임달은 왕족, 귀족, 농민, 천민과 같은 인간 계급을 만

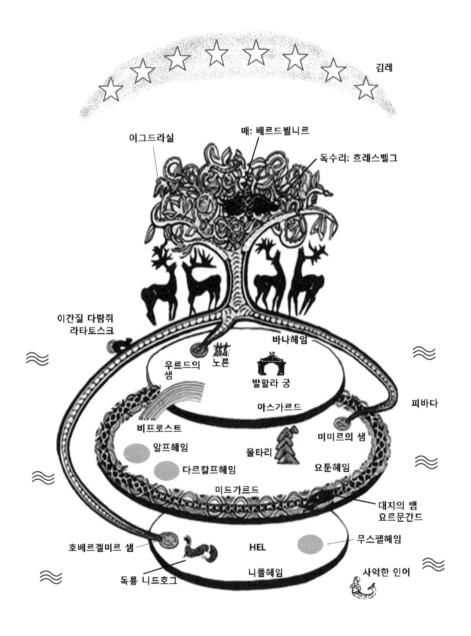

김레

이그드라실

매: 베르드빌니르

독수리: 흐레스벨그

이간질 다람쥐
라타토스크

바나헤임

우르드의
샘

노른

발할라 궁

아스가르드

피바다

비프로스트

알프헤임

다르칼프헤임

울타리

미미르의 샘

요툰헤임

미드가르드

대지의 뱀
요르문간드

호베르겔미르 샘

HEL

무스펠헤임

독룡 니드호그

니플헤임

사악한 인어

[그림9] 북유럽 신화의 세계관

든 신으로 거인들이 아스가르드로 들어가는 것을 알리는 파수꾼 역할을 맡고 있다. 요정의 나라 알프헤임, 난쟁이들의 나라 다르칼프헤임, 거인들의 나라 요툰헤임이 존재하고 인간들이 사는 미드가르드는 대지의 뱀 요르문간드가 둘러싸고 있다. 신화의 많은 이야기들은 아스가르드와 미드가르드에서 일어난다. 지하세계에는 태초의 세계인 니플헤임과 무스펠헤임, 헬이 존재한다. 헬은 죽은 자들의 세계를 관장한다. 앞서도 설명했지만 이 모든 북유럽신화의 세계는 태초의 거인 이미르의 몸으로 만들어진 것이다. 이미르의 피는 세계의 외연을 이루는 바닷물이 되었고 그 바다에는 로렐라이 같은 아름답지만 사람을 홀려서 잡아먹는 인어가 산다고 전해진다.

신들의 황혼, 라그나뢰크

신들의 황혼으로 알려진 최후의 전쟁은 북유럽 신화의 세계를 공멸하게 만들었다. 신족과 거인족의 전투는 이미 예정되어 있던 운명이었다. 가장 혹독한 겨울 핌불베트르가 온 미드가르드를 휩쓴다. 어마어마한 눈구름은 동서남북 사방에서 미친 듯이 모여들고 매서운 서리와 살을 에는 강풍 앞에서 태양조차 빛을 잃는다. 서리와 눈이 끝없이 내리고 더 이상 여름은 오지 않는다. 빛을 잃은 태양은 늑대 스콜에게 삼켜져 핏덩이를 뿌리고 스콜의 동생 하티는 달을 잡아 난도질 한다. 대지도 흔들리기 시작하며 거대한 나무들이 요동치고 산이 떨리며 바위들이 무너져 내려 모든 속박과 족쇄가 풀린다. 묶여 있던 거대한 늑대 펜리르가 자유의 몸이 된다. 붉은 수탉 파라르는 거인들에게, 발할라의 황금 수탉 굴린캄비도 신들에게 결전의 시간을 알린다. 세 번째 저승의 수탉도 죽은 자들을 깨운다. 대지의 뱀 요르문간드가 육지로 나오려고 몸을 뒤틀고 흔들면 바다에서는 엄청난 해일이 일었다. 거인들은 죽은 자의 손톱으로 만들어진 나글파르를 타고 바다를 지

[그림10] 라그나뢰크

나 전장인 비그리드 평원으로 나아가고, 발데르의 죽음으로 속박 당했던 로키도 풀려나 그들과 합류한다. 대지와 하늘은 펜리르가 코에서 뿜는 불과 요르문간드가 내뿜는 독으로 더럽혀지고 얼룩진다.

헤임달이 거대한 나팔 걀을 불어 아홉 세상 전부에서 신들의 회의를 소집한다. 발할라의 에시르신들과 에인하랴르들은 모두 무장을 하고 궁의 오백 사십 개 문을 통해 각각 800명의 전사가 출정한다. 궁니르를 휘두르는 오딘이 엄청난 수의 군사들을 이끌고 비그리드를 향해 전진한다. 오딘은 펜리르를 향해 돌진하고 토르는 요르문간드와 싸운다. 프레이르는 불의 거인 수르트와 맞선다. 지옥의 사냥개 걀름과 티르가 싸우다 서로를 죽인다. 앙숙이던 로키와 헤임달 또한 교전을 벌이다 서로 죽인다. 요르문간드를 상대하던 토르는 대지의 뱀을 죽이는데 성공하지만 온 몸에 뱀독이 퍼져 아홉 발자국을 옮기고 쓰러져 죽게 된다. 오딘과 펜리르는 치열하게 싸우지만 펜리르가 오딘을 삼켜 버린다. 아버지의 죽음을 본 오딘의 아들 비다르는 펜리르의 아가리를 찢어 죽여 아버지의 원수를 갚는다. 무스펠의 거인 수르트는 온 세상에 불을 지른다. 그 불로 모든 세상과 이그드라실이 불타고 모든 생명 있는 것들은 종말을 맞게 된다. 대지는 바다 속으로 가라앉는다. 세상이 끝났다.

그리고 아주 오랜 세월이 흐르고 나서 대지가 다시 솟아오르고 생명이 있는 비옥하고 푸른 땅으로 바뀐다. 살아남은 몇몇 신들과 광명의 신 발데르가 인간과 함께 돌아온다. 바야흐로 인간들의 시대가 열린 것이다.

〈반지의 제왕〉과 절대반지

영화 〈반지의 제왕〉 시리즈는 북유럽 신화를 모태로 한 J.R.R.톨킨의 동명 판타지 소설을 피터 잭슨 감독이 영화화한 것이다. 〈반지의 제왕〉은 인간과 요정, 난쟁이들이 사는 중간 대륙(미드가르드, middle earth)에서 벌어지는 악의 무리들의 창궐과 이에 맞서는 정의의 영웅들 사이의 투쟁을 그려 낸 작품이다. 소설 『반지의 제왕』은 C.S.루이스의 『나니아 연대기』, 어슐러 르 귄의 『어스시』 시리즈와 함께 세계 3대 판타지 소설로 꼽힌다. 『반지의 제왕』은 톨킨의 이전 작품인 『호빗』의 속편으로 이후에 벌어지는 더 많은 이야기를 다루고 있다. 1937년과 1949년 사이에 창작되었고, 소설을 쓰는 동안에 제2차 세계 대전이 벌어졌다. 원래는 한권으로 계획되었지만, 1954년과 1955년에 세 권으로 출판되었다. 소설 『반지의 제왕』은 이후 문학, 영화, 드라마, 게임과 같은 여러 대중문화에 깊은 영향을 끼쳤다. 특히 2001년에서 2003년 사이에 개봉한 영화 〈반지의 제왕〉 3부작은 판타지 영화의 새 장을 열었다.

영화 속 미드가르드에는 요정, 난쟁이 그리고 인간의 세 족속과 마법사들이 함께 살고 있는 공간으로 묘사되는데, 이러한 등장인물 구성은 북유럽 신화를 연상시킨다. 우선 미드가르드는 신화 속의 인간과 요툰, 난쟁이들이 사는 세상이며 9종족이라는 설정은 전통적으로 북유럽 신화에 핵심적으로 등장하는 숫자 9의 영향이다. 신화에서는 신과 인간계를 모두 아홉 세계로 표현하고 있다. 아흐레를 이그드라실에 매달려 룬문자를 받았다는 오딘의 이야기나 라그나뢰크에서 뱀의 독을 쏘이고 아홉 발자국을 떼고 죽었다는 토르의 최후 같은 것이 다 이러한 9의 중요성을 보여준다.

또한 절대악 사우론의 부하인 우르크하이와 오크들은 북유럽 신화의 악의 축 거인족 요툰과 트롤들의 변형이다. 숲의 정령들인 아름다운 요정 엘프들과 나무정령인 앤트들은 북유럽 신화에 녹아 있는 수목신앙과 깊이 관련 있다. 숲의 요정들은 숲 속에 숨어 살면서 천을 짜는데, 〈반지의 제왕〉에 등장하는 엘프들 역시 숲 속 깊은 곳의 빈터에 살면서 신비스러운 천을 짜는 종족으로 나온다. 신화 속 나무 정령들은 숲의 수호신인 앤트들로 재창조 되었다. 한편 난쟁이 종족과 주인공 프로도가 속한 호빗족 역시 전설에 나오는 숲속의 난쟁이들에서 그 모티프를 가져왔다. 신화 속 난쟁이들은 짓궂고 장난기가 많은 대장장이들로 묘사되는데 극중 등장인물들의 성격과 유사하다.

〈반지의 제왕〉에 등장하는 마법사 간달프와 사루만의 모습은 마법을 행하던 켈트족의 드루이드교 사제와 유사하다. 특히 간달프의 이미지는 아서왕의 마법사 멀린의 신화 속 모습과 거의 비슷하게 묘사된다. 이는 톨킨이 영국 사람이며 신화를 두루 공부했던 언어학자였다는 점에서 이유를 찾을 수 있을 것이다. 마법사들은 불멸의 존재로서 유일하게 중간 대륙의 비밀을 알고 있고 이를 바탕으로 요정과 난쟁이, 그리고 인간 세계의 조정자 역할을 하는 인물로 묘사된다. 이는 드루이드 사제가 종교적인 일은 물론이고 행정적, 사법적 권한을 독점했던 것과 관련이 있다. 아라곤을 비롯하여 로한과 곤도르의 기사들은 아서왕과 원탁의 기사를 떠올리게 한다. 악의 근원인 절대 반지를 파괴하고자 운명의 산으로 향하는 반지 원정대의 모험은 전체적으로 북유럽 신화를 배경으로 원탁의 기사들의 성배 찾기 모험

[그림11] 〈반지의 제왕〉의 신화적 요소

같은 켈트 신화의 내용들을 절묘하게 섞어 새로운 이야기를 만들어냈다. 암흑의 왕 사우론의 침입에 대처하기 위해 각 부족의 대표가 모여 회의하는 모습은 아서왕의 원탁회의와 비슷한 구조나 분위기를 연상시킨다.

그래도 〈반지의 제왕〉에서 가장 중요한 신화적 요소는 바로 북유럽 신화에서 안드바리의 반지에 영향 받은 '절대반지'의 형상화에 있다. 절대반지는 미드가르드에 사는 인간, 요정, 난쟁이들의 아홉 세계를 파멸로 몰아넣는 악의 근원이다. 이는 북유럽 신화의 '안드바리의 반지' 모티프에서 유래한다. 오딘과 로키 일행이 여행 도중 수달 한 마리를 죽였는데 그 수달의 아버지가 아들의 목숨 값을 요구하고 그 값에 모자라는 금을 메꾸느라 오딘은 내키지 않지만 소중히 여기던 안드바리의 반지마저 내주게 된다. 오딘과 로키에게 반지를 빼앗길 때 반지의 주인 안드바리는 그 반지에 무서운 죽음의 저주가 걸었고, 이후 반지의 비극이 이어진다. 수달의 다른 형제들인 파프니르와 레긴은 새로운 반지의 주인이 된 자신의 아버지를 죽이고 황금을 탐한다. 그 중 한 아들인 파프니르가 용으로 변해 황금들을 지켰다는 신화이다. 이것이 게르만 신화의 지그프리트 이야기로 이어진다. 파프니르 용을 죽이고 황금과 반지를 얻게 된 지그프리트도 반지의 저주로 죽음에 이른다. 소설이나 영화 이외에도 저주받은 반지 모티프는 바그너의 악극 '니벨룽겐의 반지'에서 모습을 드러낸다. 게르만 신화의 영웅인 지그 프리트가 저주받은 반지를 갖게 되면서 죽음에 이르는 신화 서사를 다룬 3부작의 악극이다. 또 황금을 지키는 파프니르 용의 이야기는 톨킨의 〈호빗〉에도 주요 모티프가 된다. 신화 속의 황금을 지키는 용 파프니르는 〈호빗〉에서 난장이들의 성과 황금을 차지한 용 스마우그로 변형된다.

이상에서 살펴보듯이 북유럽 신화는 다른 신화들과 달리 종말론과 불완전한 형상의 신들이 등장하는 특성을 보인다. 라그나뢰크를 통해 드러나는 종말론은 항상 파괴와 창조가 순환된다는 북유럽 신화의 세계관을 반영하고 있다. 북유럽 신화는 세계의 형성은 물론 등장하는 신들이 항상 죽음을 전제로 하고 있다. 가령, 최초의 생명인 '거인'과 '암소'가 신들에게 죽임을 당함으로써 바다와 땅이 만들어지고 인간계가 형성되는 등, 태초의 시작부터 파괴를 통한 창조가 이루어진다.

또한 불완전한 신의 형상이 유독 많이 눈에 띈다. 북유럽 신화에 나오는 신들은 그리스 신화에 나오는 신들에 비해 신체적으로 불완전한 경우가 많다. 켈트 신화의 경우, 신들의 왕도 한 팔을 잃고 나면 왕위에서 물러나야 했다. 그러나 북유럽 신화의 신들은 자기 스스로 자신의 신체의 일부를 버리거나 무엇인가를 얻기 위한 대가로 지불한다. 최고의 신 오딘(Odin)은 미미르 샘의 지혜를 얻기 위해 애꾸가 되었고, 티르도 거랑 펜리르를 묶는 대가로 자신의 한쪽 팔을 잘라 먹히기도 한다. 이러한 신화의 운명론과 신들의 불완전성은 다분히 북유럽이 가지고 있는 척박하고 춥고 음산한 기후 풍토적 특성이 신화에 스며든 것으로 보인다.

* Further Reading

- 케빈-크로슬리 홀런드, 『북유럽 신화』, 서미석 역, 현대지성사, 1999.

북유럽 신화의 모습이 시기를 풀어서 쓴 원형에 가깝게 번역되어 있다.

- 엘리스 데이비슨, 『스칸디나비아 신화』, 심재훈 역, 범우사, 2004.

스칸디나비아 지역의 유물이나 유적을 면밀히 살피는 고고학적 연구를 바탕으로 서술된 신화서이다. 객관적인 시선을 유지하려는 노고가 느껴지는 깊이 있는 연구서.

- 안인희, 『북유럽 신화 1, 2, 3』, 웅진, 2007.

북유럽 신화에 관심을 가진 독자라면 지루함 없이 재미있게 읽을 만한 책이다.

- 최순욱, 『북유럽 신화 여행 : 인간보다 더 인간적인 신들의 이야기』, 서해문집, 2013.

흥미롭지만 충실히 신화를 풀어 쓴 꽉 찬 입문서로 신화학적인 서술보다는 스토리텔링 위주의 신화 이야기.

- 에드거 파린 돌레르 외, 『북유럽 신화(신과 거인의 이야기)』, 시공사, 2002.

빠르게 북유럽 신화의 에피소드들을 훑어보고자 하는 독자들에게 효과적인 가이드북. 어린이들을 위한 내용이므로 군더더기가 없고 재미있는 삽화가 독서의 장점.

이브 코아, 『바이킹, 바다의 정복자들』, 김양미 역, 시공사, 1997.

북유럽 신화의 역사적 배경이 되는 바이킹들의 삶을 역사학과 민속학의 측면에서 조명한 책이다.

- 유재원, 『신화로 읽는 영화 영화로 읽는 신화』, 까치, 2005.

신화와 영화에 처음 관심을 가진 독자라면 필독서 중 하나다.

- 송태현, 『톨킨, 루이스, 롤링의 환상 세계와 기독교 판타지』, 살림, 2003.

짧은 시간에 환상문학과 판타지에 대한 정보를 얻고자 하는 독자에게 매우 적합하다.

6장 연금술과 엘릭시르

　스스로 빛을 내는 돌멩이를 지닌 소년이 있다. 부모님을 죽이고 그의 이마에 번개 모양의 흉터를 남겼던 원수는 다시금 눈앞에 나타나 생명까지 위협하며 그 돌을 빼앗으려 한다. 소년은 생명의 위협 앞에서도 그 돌을 내어주지 않는다. 과거 호그와트 최고의 마법사로서 장래가 촉망되었으나 지금은 어둠의 마왕이 된 볼드모트가 잃어버린 육체를 찾기 위해 원하는 그 돌은 바로 니콜라스 플라멜이 만들었다는 현존하는 유일한 마법사의 돌(sorcerer's stone)이다.

　영화 〈해리포터와 마법사의 돌〉(2001)에서 해리포터의 정신적 지주이자 마법학교 호그와트 교장선생님 덤블도어의 베스트 프렌드로 소개된 니콜라스 플라멜은 실제 14세기 파리에서 살았던 연금술사라고 한다. 원래 오래된 경전들을 필사하는 일을 생업으로 삼았던 그는 1357년−신비주의 전통에 따르는 이 연대는 물론 확신할 만한 것이 아니다− 의 어느 날 부드

[그림1] 영화 〈해리포터와 마법사의 돌〉, 니콜라스 플라멜이 만들었다는 마법사의 돌이
해리의 손에 들려있다(좌), 돌을 빼앗으려는 볼드모트/퀴렐(우)

러운 나무껍질에 쓰인 신비한 필사본을 손에 넣게 된다. 이 필사본을 근거
로 연금술 연구에 골몰했던 그는 막대한 황금의 소유자가 되었고, 그의 아
내 페레넬과 함께 연구를 계속하다가 자취를 감추었다. 연금술의 신비한
역사는 그들이 불사의 생명을 얻어 700년 가까이 지난 오늘날까지도 살아
있다고 전한다. 니콜라스 플라멜이 갑작스럽게 소유하게 된 엄청난 재산은
그의 연금술(alchemy)이 성공했음을 입증하는 무엇보다 확실한 증거로 간
주된다. 여기서 떠오르는 질문 하나. 연금술이란 대체 뭐지?

연금술(alchemy)과 마이다스의 손

마이다스는 흑해 연안에 위치한 프리기아의 지혜롭고 경건한 왕이었다.
술 취한 실레노스에게 친절을 베푼 보상으로 디오니소스 신은 그에게 무엇
이든 바라는 대로 선물을 약속한다. 마이다스는 주저하지 않고 자기가 만
지는 모든 것을 금으로 변하게 해 달라는 소원을 빈다. 그러나 머지않아 그
는 자신의 경솔한 선택을 후회하기에 이른다. '그가 만진 모든 것'에는 먹
어야 할 빵과 마셔야 할 물, 생명을 가진 것들까지 포함되었기 때문이다.
배고픔과 갈증이 극도에 이른 그— 판본에 따라서는 하나밖에 없는 사랑하
는 딸까지도 그 손에 황금으로 변하고 만다— 는 결국 신에게 달려가 신의

[그림2] 마이더스의 땅, 흑해 연안의 아나톨리아 중심에 위치한 프리기아

선물을 거두어달라고 애원한다. 디오니소스 신은 팍톨로스 강의 원천으로 가서 몸을 씻으면 능력이 사라진다고 충고한다. 결국 마이다스는 평범한 인간으로 돌아갈 수 있었고, 팍톨로스 강의 원천은 황금으로 가득 차게 되었다.

어디선가 들어본 듯 이야기, 만지는 것마다 황금으로 변하게 하는 능력을 지닌 불행한 왕 마이더스의 이야기이다. 만지는 것마다 황금으로 변하는 데 불행하다니? 전 지구적 자본주의의 시대인 오늘날 '마이더스의 손(midas touch)'은 오히려 어떤 사업이든 경제적 이익을 창출하는 성공의 재능을 가리킨다. 그러나 황금에 대한 인간의 욕망은 전 지구적 자본주의 시대 이전에도 존재했던 모양이다. 금속이 아닌 것을 귀금속, 그것도 황금으로 만들고자 하는 인간의 욕망은 '연금술(alchemy)'이라는 기술과 학문의 체계를 형성하기에 이른다.

20세기의 가장 뛰어난 종교사가로 손꼽히는 엘리아데는 이러한 연금술의 기원을 물질의 존재 양상을 변화시킬 수 있는 자신의 힘을 깨달은 원시 인류에게서 찾는다. 비금속을 귀금속으로 바꿀 수 있는 힘과 기술의 원천

[그림3] 고대의 대장장이 신들, 그리스 신화의 헤파이스토스와 북구 신화의 토르

은 다름 아닌 야금술(冶金術)이다.

원시인류의 관념에서 광물질은 땅-어머니(earth mother)의 자궁 속에서 자라는 태아와 같은 존재였다. 광물이 위대한 어머니(Great Mother) 여신의 모태 안에서 성장하는 존재였기에, 야금술은 그 태아를 어머니의 몸 안에서 꺼내는 산파의 기술과 같은 것으로 인식되었다. 새로운 생명을 낳는 이 기술에 사용되는 연장들, 쇠망치, 풀무, 모루 등도 당연히 신성하게 받아들여졌다. 여러 신화에서 쇠망치를 든 대장장이 신(冶匠神)이 유력할 뿐 아니라 보통 사람들의 사랑을 가장 많이 받는다는 사실은 그래서 전혀 놀랍지 않다. 그리스 신화의 헤파이스토스나 북구 신화의 토르가 대표적이다. 헤파이스토스는 불과 쇠를 다루는 능력으로 올림포스 미의 여신을 아내로 맞을 수 있었고, 토르는 농민들의 수호신으로 널리 사랑받았을 뿐 아니라 웁살라 신전에서 가장 윗자리를 차지했다. 야장의 연장들과 함께 더욱 신성시되는 것은 야장의 기술이었다. 그리고 그 능력의 핵심은 '불의 통어'를 통한 광물 안의 '금속의 용해'에 있다.

엘리아데는 『대장장이와 연금술사』에서 불을 다스리는 기술이 주술종교적 권능과 연관된다는 점을 여러 민족 신화의 예로 설명한 바 있다. 야금술이 연금술, 혹은 연단술(鍊丹術)이라는 신비주의 기술로 발달하게 된 데는 이러한 요소들이 주요 원인으로 작용하였을 것이다. 야장들은 익지 않은 날것 상태의 광물들을 성숙한 금속으로 바꾸는 기술과 지식을 가졌다. 연금술사들은 야장들의 기술과 지식을 적절히 이용하고 자연 작용을 가속함으로써, 저급의 금속을 다시 황금이라는 최후의 완전체까지 이르게 할 수 있다고 믿어 의심치 않았다. 황금은 값비싼 물질이기도 했지만 그 화학적 안정성 때문에 영원과 불멸을 상징했다. 서양 연금술은 이 영원과 불멸의 물질을 생성하기 위해 불을 다루는 과정을 매우 정교한 공식으로 도식화한다. 광물은 이러한 작업의 진행에 따라 다음과 같은 색깔 연쇄를 보이는데, 이는 광물이 용해되면서 보이는 물질적 변환과 상당히 흡사하다.

물과 흙/ 물의 원리: 수은(陰/여성적)
↓
멜란시스(흑) → 레우코시스(백) → 크산토시스(황) → 이오시스(적)
↑
불과 공기/ 불의 원리: 유황(陽/남성적)

[그림4] 연금술 과정에서 진행되는 물질 변환의 색채 단계

검은 광물은 1차적인 용해 과정을 거쳐 금속성의 물질을 토해낸다. 여기서 액화된 금속의 빛깔이 백색이다. 2차적인 가열에 따라 이 액화된 물질은 황색에서 적색으로 달아올라 최종 단계로 나아간다. 야금술에서는 금속을 제련하기 위한 물과 불의 작용이 필수적이다. 연금술에서는 이를 상징하는 두 가지 물질이 등장한다. 바로 수은과 유황이다. 물의 물질인 수은은 변성이 가능하다는 점에서 '생명'이 있는 것으로 간주되었으며, 그 자신이

변화하듯이 다른 물질을 변화시키는 힘을 가지고 있다고 믿어졌다. 유황은 순수한 불의 물질로서 수은 안에 내재한 이물질을 태워 없앤다. 불의 세례가 모든 선하지 않은 것들을 제거하듯이 유황은 수은을 물질적인 것에서 초물질적인 상태로 승화시키는 것이다. 자연 상태의 수은은 연금술의 재료일 뿐 최종 목적이 아니었다. 승화된 수은이라야 비로소 진짜였다. 연금술에 의해 승화된 이 최종 단계의 물질 ─ 진짜 수은 ─ 은 '엘릭시르(elixir)'라는 이름을 얻었다. 고체 상태일 경우에는 현자의 돌(philosopher's stone) 또는 마법사의 돌(sorcerer's stone)이라 불렀다.

　서양 연금술에서 '현자의 돌'은 때때로 물질적인 것을 초월하여 보다 정신적인 것을 상징했다. "그것은 가장 오래되고, 가장 신비스럽거나 생소하며, 자연처럼 불가사의하며, 하늘의 것이고, 축복받고, 신성한 것이다. 그 돌은 진짜이며, 확실성 자체보다도 더 확실하고, 비밀 중의 비밀이다. 즉 무지한 자들에게는 나타나지 않는 신의 미덕과 권능이며, 하늘 아래 만물의 종착점이자 목표이고, 모든 현자들의 작업의 결정적이고도 놀라운 결론인 것이다. 이 돌은 모든 요소의 완전한 본질이며, 어떤 요소도 침범하거나 훼손할 수 없는 불멸의 본체이자 정화의 극치이다. 그것은 그 자신 안에 신의 정신 ─ 모든 허약하고 불완전한 금속들의 치료제 ─ 을 소유한, 살아 있는 수은의 분신이고, 영원한 빛 ─ 모든 고통의 치료제 ─ 이고, 모든 보물 중 가장 값진 불사조의 영광인 것이다. 그것은 자연의 모든 것 중에서 가장 귀중한 재산이다."[1] 완전한 물질로서 황금은 여기서 완전한 생명의 정수로 승화한다. 육체를 잃고 허약해진 볼드모트가 해리포터 앞에 모습을 드러낸 이유가 여기에 있다. 그는 현자의 돌, 즉 마법사의 돌이 주는 불사의 생명

---

1) 안드레아 아로마티코, 『연금술』, 성기완 옮김, 시공사, 1999(1998), 66쪽.

을 원했던 것이다.

세계를 구성하는 4원소와 양성구유(兩性具有) 상징

물(Water), 흙(Earth), 불(Fire), 공기(Air)라는 4가지 요소는 연금술을 위해 필요한 기본 물질이다. 또한 이 물질들은 세계를 구성하는 기본 물질이기도 하다. 세상이 4가지 물질로 구성되었으며, 이들의 상호작용과 변환에 의해 유지된다는 주장을 담고 있는 '4원소설'은 엠페도클레스(Empedocles)에 의해 주창됐고, 아리스토텔레스(Aristoteles)에 의해 발전되었으며, 연금술사들에 의해 연금술 세계의 기초적인 가설로 받아들여졌다.

4가지 원소에 의한 실험에는 두 가지 원리가 개입한다. 남성적 원리와 여성적 원리이다. [그림5]에서 4원소인 물과 흙/불과 공기는 각각 여성적 원리와 남성적 원리에 속한다. 축축함과 차가움이 여성적 원리에 속한다면, 뜨거움과 건조함은 남성적 원리에 속한다. 수은은 여성적이고, 유황은 남성적이다. 자연 상태의 수은은 여성적이지만, 불의 세례를 받은 수은은 남성성을 포함한다.

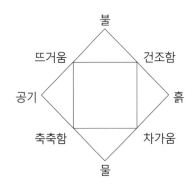

[그림5] 아리스토텔레스의 4원소설

연금술은 결국 어머니 대지 안에 놓여 있는 여성적 상태의 광물이 불의 세례를 통해 남성적 상태로 변환되는 야금의 공정을 답습하는 것이다. 그러나 그 과정은 세속적인 야금 과정과 달리 신성시된다. 영원불멸한 완전체로서 지상에 속하지 않는 천상의 물질 에테르(ether)는 연금술에

[그림6] 영화 〈제5원소〉의 완벽한 생명체 릴루

의해 엘릭시르의 형태로 현존하게 된다. 지상의 물질세계를 구성하는 4가지 원소 가운데 어느 것에도 속하지 않는 까닭에, 이 물질은 제5 원소라 불린다.

이쯤에서 뤽 베송의 영화 〈제5원소〉(1997)를 떠올리는 독자들도 있을 것이다. 그렇다. 다음과 같은 영화의 해독이 가능하다. 하늘-우주에서 떨어진 완벽한 생명체(the perpect being) 릴루는 지구 남성(유황)으로 인해 사랑을 깨달으면서 지구의 모든 생명을 파괴로부터 구한다.

영화의 도입부에서 고대의 벽화에 숨겨진 고고학자는 상형문자의 해독에 성공한다. 그는 "물, 불, 흙, 공기가 다섯 번째 원소를 둘러싸고……"까지 해독하다가 죽임을 당하고 만다. 수수께끼는 그의 죽음과 함께 다시금 비전(秘傳)으로 남는다. 지구와 검은 행성의 충돌을 막아야 하는 일촉즉발의 순간이 영화의 클라이맥스를 장식한다. 고대의 가르침에 따라 이집트의 유적을 찾아간 주인공들은 예언에 따라 검은 행성을 막기 위해 동분서주한다. 완벽한 생명체 릴루는 기진맥진한 상태에서 은밀한 가르침을 전한다. "바람은 불고, 불은 타고, 비는 떨어지고, 대지는……." 몇 백 년이 지난 후에도 여전히 불완전한 지구인들은 이 세계를 구하기 위해 나름대로 머리를 굴린다. 4원소의 비밀을 여는 열쇠까지는 어떻게 찾았지만 여는 법을

[그림7] 영화 〈제5원소〉의 4원소

모르는 이들. 일행 가운데 한 사람인 젊은 사제의 깊은 한숨으로 문제 해결의 실마리가 생긴다.

릴루의 말이 공기의 열쇠는 공기, 물의 열쇠는 물, 흙의 열쇠는 흙, 불의 열쇠는 불로 열라는 뜻임을 깨달은 남자주인공 코벤은 드디어 4원소 열쇠를 풀고 완벽한 생명체인 릴루에게 천상의 제5원소인 사랑을 가르쳐 준다. 4개의 원소가 5번째 원소를 둘러싸고 결합하면 악을 물리칠 수 있으리라는 고대의 예언이 완성되는 순간이다. 문제를 순식간에 해결하는 뜨거운 키스는 매우 할리우드적이지만, 다른 한편으로 완전무결한 연금술적 성공을 의미하기도 한다. 남성적 원리와 여성적 원리가 이끄는 모든 원소의 완전한 결합이야말로 연금술의 핵심이기 때문이다.

신화 속에서 이 남성적 원리와 여성적 원리는 '신랑'과 '신부'의 은유를

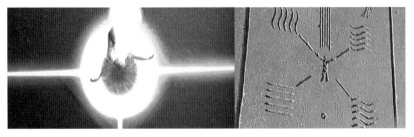

[그림8] 제5원소를 둘러싼 4원소의 완전한 결합과 예언의 성취

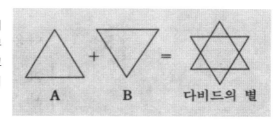

[그림9] 영화 〈다빈치 코드〉에서 신랑과 신부의 결합을 나타내는 이교도 상징으로 불린 '다비드의 별'

따른다. 신랑은 언제나 신부를 기다리고, 신부를 맞이함으로써 비로소 완전해진다. 괴물이나 용과 싸우는 영웅의 모험 끝에 기다리는 것이 언제나 '아름다운 공주'와 '왕국의 절반'인 까닭이 여기에 있다. 신랑과 신부의 결합은 한 세대의 사건을 다음 세대로 영속시킨다. 영웅은 신성한 결혼(sacred marriage)을 통해 비로소 영원에 속하는 존재가 되는 것이다. 신비주의의 전통에 따르면, '다윗의 별' 또는 '유대인의 별'이라 불리는 육각형의 별은 바로 신랑과 신부의 결합을 상징한다. 영화 〈다빈치 코드〉(2006)에서 로버트 랭던과 소피가 마지막으로 찾아간 로슬린 예배당의 지하계단 입구에 새겨져 있던 것도 바로 이러한 상징이었다.

[그림9]에서 정위치에 놓인 삼각형은 남성을 상징하는 칼과 창, 역위치에 놓인 삼각형은 잔과 쟁반으로 불리기도 한다. 성경과 관련한 신화와 전설에서는 '롱기누스의 창'과 '성배'로 은유되며, 신비주의 전통에서 성배는 여성을 나타내는 또 다른 상징인 '장미'로도 불린다. 예수의 피가 담긴 잔, 성배, 장미, 로슬린 예배당(Rosslyn Chapel)…… 영화 〈다빈치코드〉는 이처럼 신부의 상징들을 찾아나가는 여정이기도 하다.

연금술은 마침내 세계를 구성하는 모든 원소, 남성과 여성의 원리를 통합한다. 연금술에서 양성구유의 인간이 가장 최종적인 상징으로 등장하는 이유는 이 때문이다. 이 양성성의 통합에 의해 '가장 순수한 형체의 정수'로서 연금술적 황금이 탄생한다. 엘릭시르가 자연 상태의 수은이 아니었

[그림10] 연금술적 결합, 완전한 생명의 상징인 양성구유

듯, 이 황금 또한 자연적인 황금과는 다르다. 현자의 황금은 모든 평범한 황금들의 생명이자 영혼이요 진리다. 신화적으로 이러한 통합은 헤르메스와 아프로디테의 사랑의 결실, 헤르마프로디토스(Hermaphroditus)를 가리킨다.

[그림10]는 연금술적 결합, 즉 세계를 구성하는 모든 원소들과 그 원리로서의 양성의 결합을 상징하는 여러 상징들이다. 가장 왼쪽은 '꼬리는 삼키는 자'라는 이름을 가진 세계 뱀 우로보로스이다. 아직 지구가 둥글다는 믿음이 보편적이지 않았던 옛날 사람들은 이 상징적인 뱀이 우리가 살고 있는 세상을 둘러싸고 있다고 믿었다. 우리가 살고 있는 땅은 평평하고 그 끝에는 이 뱀이 있으며 그 바깥쪽은 끝없는 나락이라는 믿음은 상당히 최근까지 이어졌다. 앎(gnosis)을 통해 신의 영성에 다가갈 수 있다고 믿었던 영지주의자(Gnosticist)들은 이 우로보로스 상징이 예수의 부활을 의미한다고 주장했다. 정통 기독교에서는 유혹하는 악마와 동일시되는 뱀을 감히 부활하는 예수님과 함께 거론하는 그들을 이단으로 치부했다. 영지주의자들은 정통 기독교의 탄압을 피하기 위해 다양한 이교의 상징들을 이용했다. 상징들은 다의성을 띠고 때로는 왜곡되었다. 영화 〈다빈치 코드〉의 도입부에서 로버트 랭던 교수는 고대의 신화적 상징들이 기독교의 교리에 의

해 얼마나 왜곡되었는지 보여주는 여러 가지 예들을 제시한다. 극단적인 인종차별주의를 주장하는 KKK단의 복장은 스페인의 사제복과 완전히 일치하며, 악마를 상징하는 삼지창은 그리스 신화에스 포세이돈의 권능을 상징한다. 이런 예들은 수도 없이 많다.

두 번째 그림은 연금술적 결합을 상징하는 양성구유이다. 불, 물, 공기, 흙을 나타내는 빨강, 검정, 파랑, 노랑의 색채가 눈에 띤다. 이 색채상징은 마지막 장의 타로(Tarot)에서도 동일하게 발견된다. '세계'를 의미하는 이 타로에서 양성구유의 인간을 에워싸고 있는 것은 다름 아닌 세계 뱀, 우로보로스이다. 불꽃이 솟아오르는 홀(wands), 컵(cup), 검(sword), 금화(pentacle)가 각각 앞서의 4원소를 상징한다. 이 4원소 상징은 오늘날 우리가 놀이용 카드로 사용하는 트럼프에서도 마찬가지로 찾아볼 수 있다. 트럼프의 빨간 색은 여성적 원리를 상징한다. 하트(♥)는 물, 다이아(◆)는 흙이다. 나머지 검정 색의 두 기호는 자연스럽게 공기(♠)와 불(♣)을 지시한다. 이는 다시 남성적 원리에 속하는 상징─공기와 불─과 여성적 원리에 속하는 상징─물과 흙─으로 나뉜다. 다시 한 번 신랑과 신부의 결합이라는 상징이 등장하는 셈이다.

세 번째 그림이 바로 헤르마프로디토스이다. 헤르메스 신과 아프로디테 여신의 아름다운 미모를 타고난 헤르마프로디토스는 님프인 살마키스의 열렬한 구애를 받았다. 그러나 천상의 아름다움을 지닌 존재들이 종종 그러하듯 헤르마프로디토스는 자기 외에 누구도 사랑하지 않았다. 살마키스의 사랑은 애달픈 짝사랑, 그보다 더한 외사랑이었다. 그래서 그녀는 헤르마프로디토스가 목욕을 즐기는 호수에 뛰어들면서 그와 영원히 하나가 되게 해 달라고 신들에게 빌었다. 그녀의 열정을 딱하게 여긴 신들은 소원을 들어주었다. 헤르마프로디토스가 남자이자 여자가 된 이유이다. 그러나 사실 그가 양성구유의 존재인 것처럼 그의 부모 또한 경계자적 성향을 지니고 있다. 그리스에서 신들의 메신저였던 헤르메스는 헬레니즘 시기에 이미 삼위일체 헤르메스, 즉 헤르메스 트리스메기투스(Hermes Trismegistus)의 이름으로 불리기 시작한다. 이 위대한 신은 본연의 경계적이고 다원적인 성격으로 말미암아 모든 연금술사들의 스승이자 이 비밀한 지식의 수호자가 되었다.

니콜라스 플라멜은 연금술적 실험 과정에서 가장 중요한 의미를 담고 있는 헤르메스 양성구유 상징에 대해 다음과 같이 말하고 있다. "실험에서 여러분은 두 가지 자연, 즉 남성적인 요소와 여성적인 요소가 일체가 되어 하나의 형체로 만들어지는 것을 보게 될 텐데, 이것은 고대의 양성구유이다."

아래서도 그러하듯이 위에서도, 점성술(astrology)

연금술과 더불어 헤르메스 트리스메기투스가 지닌 지혜 가운데 하나는 하늘을 읽는 기술, 곧 점성술(astrology)이다. 점성술은 연금술의 천상적 버전이라고도 할 수 있다. 오리엔트 문명의 영향 하에서 동쪽으로는 인도를 넘어 중국까지, 서쪽으로는 그리스와 이탈리아 반도를 지나 전 유럽에서 보편적으로 받아들여진 이 기술 및 학문의 체계는 연금술을 위한 거룩한 경전 『에메랄드 서판』에 쓰인 "위에서 그러했듯이 아래서도"라는 명제에 완전히 부합한다. 다시 말해, 점성술은 하늘에 있는 별들의 특성과 위치, 상호 연관 등이 땅에 있는 사람들의 그것과 다르지 않다는 믿음에서 비롯한다.

여기서 주요하게 다루어지는 것은 태양의 인력 범위 내에 있는 열두 개의 별, 즉 수성(Mercury), 금성(Venus), 화성(Mars), 목성(Jupiter), 토성(Saturn), 천왕성(Uranus), 해왕성(Neptune), 명왕성(Pluto), 그리고 해

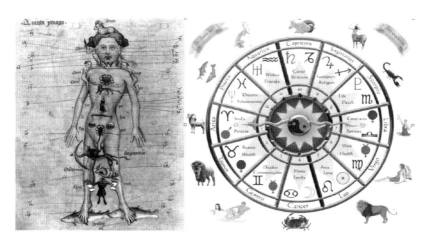

[그림11] 별자리와 인체의 상응관계(좌), 행성과 별자리의 조합

(Sun)와 달(Moon)이다. 다른 한편으로, 점성학은 태양이 1년 동안 움직이는 길(黃道, ecliptic)에서 교차하는 12개의 별자리와 연관된다. '황도십이궁'이라 불리는 12개의 별자리는 태양의 위치에 따라 낮과 밤의 길이가 같은 춘분(春分), 추분(秋分), 낮의 길이가 가장 긴 하지(夏至), 밤의 길이가 가장 긴 동지(冬至)를 기점으로 4계절을 나눈다. 춘분을 기점으로 양자리(Aries), 황소자리(Taurus), 쌍둥이자리(Gemini)는 봄에 속하고, 게자리(Cancer), 사자자리(Leo), 처녀자리(Virgo)는 여름에 속하며, 천칭자리(Libra), 전갈자리(Scorpio), 사수자리(Sagittarius)는 가을에 속하고, 염소자리(Capricon), 물병자리(Aquarius), 물고기자리(Pisces)는 겨울에 속한다. (이 분류는 고대 오리엔트의 기준에 따른 것이라 오늘날의 계절 감각과는 다소 차이가 있다.)

여기서 우리가 발견하게 되는 흥미로운 사실이 있다. 바로 이 12 별자리가 [그림4]의 연금술적 변성 과정을 보다 세분해서 보여준다는 점이다.

[표1]은 연금술 단계와 12개의 별자리가 어떻게 부합하는지를 분명하

[표1] 연금술의 단계와 별자리의 일치

	1	2	3	4	5	6	7	8	9	10	11	12
연금 단계	하소	응결	응고	용해	소화	증류	승화	석출	밀랍	발효	증식	사영
별자리	♈	♉	♊	♋	♌	♍	♎	♏	♐	♑	♒	♓

게 보여준다. 봄의 양자리부터 한겨울의 물고기자리까지, 어머니 대지의 품에서 막 태어난 광물의 원석은 연금술적 과정을 통해 모든 것을 금으로 만드는 엘릭시르까지 성장한다. 일반적인 자연 물질과 차이가 있다면, 늙고 병들어 죽는 과정을 거치지 않고 영원불변한 연금술적 황금이 된다는 점뿐이다. 점성술에서도 양자리는 가장 어린 별자리이고 물고기자리는 가장 나이든 별자리로 간주된다. 양자리에 속하는 사람이 어린아이처럼 단순하고 자기중심적인 행동파인 반면, 물고기자리의 사람은 물질에 대한 욕구가 희미한 편이다.

한 가지 더 흥미로운 점은 이 12개의 별자리가 각각 불, 흙, 공기, 물의 원소에 속하며 물질의 세 가지 상태(cardinal-frixed-mutable) 변화를 통해 자신의 성질을 드러낸다는 사실이다. 양자리는 불 원소의 가장 기본적인 상태이다. 연금단계에서 이 상징은 하소(煅燒, calcine), 즉 어떤 물질을 고온으로 가열해 그 휘발성분의 일부 또는 전부를 제거하는 작업과 연관된다. 다음 단계인 응결은 황소자리와 연관되는데, 황소자리 상징은 흙 원소의 안정화 상태라고 할 수 있다. 쌍둥이자리에 해당하는 응고는 공기 원소의 변환 상태, 게자리에 해당하는 용해는 물 원소의 기본 상태, ……이런 방식으로 연금술의 과정은 단계적으로 진행된다.

그나저나 하소, 응결, 응고, 용해, 소화, 증류, 승화, 석출, 밀랍, 발효, 증식, 사영이라니? 보호구로 완전무장한 실험실의 연구원들이나 들어봤을 성 싶은 전문적인 용어들이다. 연금술적 과정은 물질이 연소될 때 일어나는 물리화학적 반응인 하소로부터 시작한다. 오늘날 과학 문명의 기초가 되는 근대 이후의 자연과학이 연금술의 용어들을 수용하고 있는 셈이다. 특히, 화학(chemistry)이라는 학문은 어원적으로 연금술과 깊은 연관을 지닌다.

근대적인 의미의 과학자가 아니면서도 과학혁명을 선도했다고 인정받는 철학자 베이컨(F. Bacon)은 연금술의 이러한 공헌을 다음과 같은 우화로 치하한 바 있다. "어떤 아버지가 죽음 직전에 게으른 아들의 장래를 걱정해서 사과밭에 황금을 묻어두었다고 유언했다. 아들은 열심히 사과밭을 파헤쳤지만, 어느 곳에서도 황금을 발견하지 못했다. 가을에 사과밭의 사과들이 굵은 열매를 맺었을 때에야 비로소 아버지가 남긴 유언의 참뜻을 알았다. 황금을 만들겠다는 연금술사들의 갖가지 실험은 대개 실패로 돌아갔지만, 그 결과로서 획득된 발견 및 발명들은 전혀 소용없는 것이 아니었다. 그것들은 인류의 과학 발전에 유용한 밑거름이 되었다."

"사람은 무언가를 얻기 위해서는 반드시 동등한 대가를 치러야 한다." 전 세계의 애니메이션 팬들이 열광했던 〈강철의 연금술사〉(2003)에는 이와 같이 연금술을 지배하는 새로운 원칙이 등장한다. 연금술 대국 아메스트리스의 에드워드 엘릭은 12세의 나이로 사상 최연소 국가 연금술사가 되었으며 훗날 '강철의 연금술사'라 불린다. 에드워드와 그의 아우인 알폰소는 죽은 어머니를 되살리기 위해 연금술로 인체연성을 시도하고, 그 대가로 에드워드의 왼쪽 다리와 알폰소의 몸 전체를 잃게 된다. 에드워드는 몸을 잃은 알폰소의 영혼을 붙들어두기 위해 다시 한 번 자신의 오른팔을 희생한다. 이 일련의 과정에서 적용되는 것이 바로 '등가교환의 원칙'이다.

[그림12] 〈강철의 연금술사〉에 등장하는 연성진. 우주의 신비를 나타내는 도형들 속에 변형된 점성술 상징이 배치되었다.

사실 〈강철의 연금술사〉에서 사람들의 흥미를 끄는 장치는 연금술 그 자체라기보다는 연금술의 결과로 얻어지는 특별한 능력이라고 할 수 있다. 그러나 시리즈의 결말 부분에서 육신을 떠난 형의 영혼을 되찾기 위해 마법사의 돌이 된 자신을 희생하는 알폰소나 진리의 문 저편으로 사라진 아우의 존재를 되찾기 위해 자신을 희생하는 에드워드를 통해 확인되는 것은 "인간의 생명을 대가로 하더라도 인체연성은 할 수 없다"라는 결론이다. "황금을 만들겠다는 연금술사들이 갖가지 실험은 대개 실패로 돌아갔다"라는 베이컨 앞서 베이컨의 선언이 되풀이되고 있는 셈이다. 다시 말해, 〈강철의 연금술사〉는 인간은 신과 같은 방법으로 새로운 생명체를 만들 수 없으며 육신을 가진 이상 신과 같은 불멸에 도달할 수 없다는 진리, 신과 인간의 간극을 분명히 하는 서양 신화의 원리를 되풀이한다.

애니메이션 속에서 연금술사들은 다양한 방식으로 새로운 생명체들을 빚어낸다. 하나님 여호와가 세상의 모든 만물과 인간을 빚어낸 것처럼 〈강철의 연금술사〉 속의 연금술사들은 호문쿨루스, 또는 '플라스크 속의 작은 인간'으로 불리는 생명체들을 빚어낸다. 16세기 스위스의 유명한 연금술사 파라켈수스는 인공적인 방법으로 생명체를 창조할 수 있다고 믿었다. 그는 순수한 이슬과 건강한 젊은이의 혈액을 섞은 혼합물을 플라스크에 넣고 40일 동안 밀봉해서 생겨나는 인간 형태의 투명한 생명체를 호문쿨루스라고 불렸다(사실 실제의 호문쿨루스 생성 방법은 훨씬 더 복잡하다). 이 생명체를 다시 인간의 혈액 속에 넣고 40일 동안 말의 체온과 같은 온도에서 보존하면 인간 아이가 된다고 한다. 〈강철의 연금술사〉에 등장하는 호문쿨루스들은 성경에 나오는 7대 죄악 — 색욕(lust), 폭식(gluttony), 시기(envy), 탐욕(greed), 나태(sloth), 분노(wrath), 오만(pride) — 에 해당하는 이름들을 가지고 있으며, 체내에 있는 마법사의 돌로부터 에너지를 받아 계속 재생할 수 있다. 따라서 이 돌의 에너지가 전부 소모되면 소멸한다. 가장 중요한 것은 이들이 유전자적 합성으로 창조된 다른 모든 생명체들처럼 다음 세대를 생산할 수 없다는 점이다. 결국 인간의 손으로 만들어낼 수 있는 것은 '인간'이 아니라 프랑켄슈타인과 같은 괴물일 뿐이다. 연금술은 인간을 창조하는 것이 아니라 인간을 완성한다.

연단(鍊丹), 중국과 인도의 연금술

동방(東方, Orient)의 보다 동쪽 지역, 중국이나 인도에서는 서양과는 조금 다른 방식으로 연금술이 발전했다. 이 지역에서 연금술은 물질적 세계에 적용되었을 뿐 아니라, 상대적으로 일찍부터 그 체계가 인간의 내부, 즉 인체에 적용되었다. 이러한 경향은 '범아일여(梵我一如, 브라흐만과 아트만은 하나이다)'라든가 '천인합일(天人合一, 하늘과 사람은 하나이다)'처럼, 대우주(大宇宙)인 세계와 소우주(小宇宙)인 인간이 하나의 원리로 작동하며 서로 상응한다는 믿음에서 비롯된다.

사물은 하나의 이치(物理)로 통한다. 소우주인 인체는 동일한 연금술적 과정을 통해 대우주인 세계의 섭리에 부합할 때 완전한 생명의 길로 나아갈 수 있는 것이다. 중국에서 '마법사의 돌'에 해당하는 연금술의 결정체는 '단(丹)'이라 불리며, 연금술은 곧 '단'을 연성하는 과정이었기에 '연단술

(鍊丹術)'로 지칭되었다. 몸 밖에 있는 물질적 세계에 적용되어 불로장생의 영약인 '단'을 연성하는 과정은 '외단술(外丹術)'이라고 했고, 몸 안의 기운을 다스려 정신과 육체가 합일된 정수인 '단'에 집중해 세속의 티끌을 떨어내는 과정은 '내단술(內丹術)'이라고 했다. 내단술은 적용 대상이 몸 밖에 있는 사물이 아니라 인간 본연의 육체라는 점에서 일반적인 연금술과 차이가 난다. 대상이 다르기 때문에 연성 방법 또한 다르다. 외단술이 서양의 연금술처럼 물과 불, 수은과 유황을 이용한 자연과학적인 방법을 동원한다면, 인간의 육체를 대상으로 삼는 내단술-내면화된 연금술은 대개 일종의 스트레칭 체조인 요가나 도인술(導引術)과 같은 신체 단련, 호흡과 명상을 통한 정신 수련의 형태를 띤다.

체조나 명상이라니, 어쩐지 익숙하지 않은가? 고도로 발달한 자본주의 사회일수록 체조와 명상을 통한 웰빙(well-being)의 추구는 더 절실해 보인다.

영화 〈먹고, 기도하고, 사랑하라〉(2010)는 소설가 및 저널리스트로 성공했을 뿐 아니라, 번듯한 남편과 맨하탄의 아파트까지, 모든 것을 갖춰 이보다 더 완벽할 수는 없어 보이던 뉴요커가 자신의 삶에 회의를 느끼고 진정한 행복을 찾아 떠나는 여정을 이야기한다. 이탈리아, 인도, 인도네시아까지. 팍팍한 뉴욕의 일상과는 전혀 동떨어진 세계를 여행하며 하루하루를 충분히 만끽하는 동안 주인공은 충만한 삶과 행복의 본질에 다가간다. 영화의 마지막 여행지인 발리에서 만난 주술사는 그녀에게 행복한 삶의 비결을 이렇게 설파한다. "발리 사람들은 행복하기 위해서는 본인의 위치를 알아야 한다고 생각해요. 여기가 완벽한 균형점이에요. 하늘과 땅이 맞닿은 곳이죠. 너무 신에 가깝지도 않고 너무 자기중심적이지도 않아야 해요. 아니면 삶이 너무 고되니까. 균형을 잃으면 힘도 잃게 됩니다." 인도적인 요

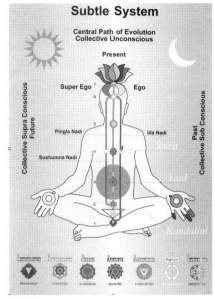

[그림13] 소우주-인간의 신체로 내면화된 중국과 인도의 연금술

가나 일본적인 젠(ZEN), 중국의 타이지췐(太極拳)처럼 이 발리 식 행복 비결 또한 약간의 오리엔탈리즘으로 이어지는 것은 사실이다. '발리 하이(Bali Hai)'의 음악이 흐르던 뮤지컬 영화 〈남태평양〉(1958) 시절부터 이 섬은 할리우드 영화의 노스탤지어였으니 말이다. 그럼에도 불구하고, 세계의 기본 원소들과 그 섭리를 몸으로 구현하는 중국과 인도-동양의 연금술, 곧 연단술이 추구하는 바는 분명하다. "본성의 힘은 중력의 법칙처럼 실재한다."

동양의 연금술이 자연과학적인 외단술보다 정신 수련에 가까운 내단술에 더욱 치중하게 된 데에는 아마도 인간과 신의 존재를 상태적인 차이로만 구분하는 신관(神觀)이 어느 정도 작용하였을 것이다. 신은 세속적인 더러움을 떨어낸 인간의 상태를 지칭한다. 따라서 인간은 자신의 노력 여하에 따라 얼마든지 신의 존재에 가까워질 수 있다. 신선과 보살은 그 노력의 결과로 획득된 신성한 신분이다. 이처럼 수련을 통해 신의 존재에 가까워진 신선과 보살들은 쉽사리 세상을 뜨지 않는다. 그들은 자기 수련의 결과를 어떤 식으로든 세상에 환원하고자 노력한다. 땅 위 세상에 머물면서 사람들을 구제하기 위해 끊임없이 노력했던 지선(地仙)들, 극락세계와 사바세계를 오가며 도탄에 빠진 중생들을 구제하기 위해 노력했던 관음보살들이 아득히 먼 곳에 숨어 사라진 '데우스 오티오수스'보다 더 많이 불리고 기림을 받는 이유가 여기에 있다. 동양 연금술의 세계에서 인간은 세상에 널리 이로운 존재가 됨으로써 보다 완전한 인간, 곧 신이 될 수 있다.

* Further Reading

[연금술과 연단술]

- 미르치아 엘리아데, 『대장장이와 연금술사』, 이재실 역, 문학동네, 1999.

현대 종교신화학 연구의 최고 권위자로 손꼽히는 엘리아데의 연금술 연구서. 보편타당한 학문적 논리로 연금술을 탐구한다. 다만 인도를 넘어 중국 연금술을 소개하는 장에 이르면 지나치게 소략하다는 느낌을 받게 된다. 최고 권위자라 할지라도 연구의 한계는 분명히 존재한다는 점을 일깨워주는 책.

- 엘리슨 쿠더트, 『연금술 이야기』, 박진희 역, 민음사, 1995.

연금술에 대한 거의 모든 지식에 대한 기초를 제공하는 인문학적 입문서. 이 책을 읽어보는 것만으로도 서양 연금술에 대한 정보가 일목요연하게 정리된다. 단, 저자가 속한 문화적 한계로 인해 중국 연단술에 대해서는 부정확한 내용도 적지 않으니 유의할 것.

- 그리오 드 지브리, 『마법사의 책: 연금술, 점성학, 카발라, 타로, 마녀, 마법사 이야기』, 임산 · 김희정 역, 루비박스, 2003.

해당 주제들에 대한 호기심을 만족시키기 위해 빠르게 훑어보기가 필요할 때, 가벼운 입문서로서 유효한 책이다. "역사를 이해하는 데 있어 중요한 것은 지나간 사실의 정확도가 아니라, 오컬트 연구자들이 밝히는 기원적 내러티브의 맥락이다"라는 역자의 말에서 확인되듯이, 이 책은 주변으로 밀려나 있던 오컬트 연구자들 자신의 목소리라는 점에서 가치가 있으며, 그들의 입장을 편파적으로 대변한다는 점에서 그만큼 위험하다.

- 마틸데 바티스티니, 『점성술 · 마법 · 연금술, 그림으로 읽기』, 박찬원 역, 예경, 2010.

머리 아픈 신비학 이론 대신 간략하게 점성술, 마법, 연금술의 기본 개념을 정리해 주는 입문자에게 적합한 책이다. 고전적인 명화를 감상하며 그 도상 속에 숨겨진 신비학의 상징들을 해독해나가는 즐거움까지 덤으로 얹어준다.

- 칼 구스타프 융, 『연금술에서 본 구원의 관념』, 한국융연구원 C. G. 융 저작 번역위원회 역, 솔, 2004.

연금술을 정신분석학의 관점에서 풀어쓴 고전이라고 할 수 있다. 다소 난해한 구성이나 매끄럽지 않은 번역에도 불구하고 일독의 가치가 충분히 있는 책이다. 다만 물리적인 관점에서 연금술 실험에 더욱 관심이 있는 독자라면, 앞에 소개된 다른 책들을 먼저 읽어보는 편이 좋다.

- 갈조광, 『도교와 중국문화』, 심규호 역, 동문선, 1993.

중국 도교와 연단술에 대해 이해하기 위해서 꼭 한 번은 읽어야 할 책. 다만 번역이 그리 매끄럽지 않고 분량도 적지 않아서 읽다가 도망치고 싶은 생각이 들 수도 있다. 함께 볼 만한 책으로 『도교와 신선의 세계』(구보 노리타다, 법인문화사)가 있다. 갈조광의 책보다 훨씬 간략하고 정연하지만, 일본 학자의 관점으로 쓰였기 때문에 갈조광의 책과 함께 읽는 것을 권한다.

- 나카노 미요코, 『서유기의 비밀: 도와 연단술의 심벌리즘』, 김성배 역, 모노그래프, 2014.

『서유기』 속의 주인공 삼장법사와 그의 제자들─손오공, 저팔계, 사오정, 그리고 백마─의 여행은 사바세계의 81가지 고난을 가리키기도 하고, 또한 모든 인간에게 주어진 자아의 탐색과 완성의 여정으로 해석되기도 한다. 『서유기』 연구 전문가이자 중국 도상학 분야의 일인자로 손꼽히는 나카노 미요코가 풀어놓은 『서유기』 속 도교 상징의 친절한 설명서로 연구자나 일반 독자 모두에게 공히 추천할 만하다.

7장 꿈의 공장 할리우드의 신화

보이지 않는 세계가 오히려 현실보다 더 진실하다고 말하는 신화. 지금까지 존재하지 않았던 환영의 세계를 영화 작품에 반영하는 할리우드 꿈의 공장. 이 둘의 만남은 어찌 보면 운명적이라고 할 수 있다. 특히 현대 할리우드 영화는 애니메이션이나 컴퓨터그래픽 기술을 통해 인간이 상상할 수 있는 온갖 환상의 세계를 만들 수 있게 되었고 이러한 영화를 통해서 상상으로나 가능했던 신화의 세계가 우리의 눈앞에 실감나게 펼쳐진다. 이렇게 신화의 문화적 확산은 마침내 할리우드 영화를 만나게 되면서 그 정점에 오르게 된다. 할리우드 영화 역시 신화에서 영감을 얻고 신화를 다시 해석하는 과정을 통해 상상력에 대한 갈증을 해소하고 있다.

실제로 신화는 이야기 구조뿐만 아니라 구성, 주제, 형식에까지 할리우드 영화 작품에 깊은 영향을 미치며 침투해 들어갔다. 항상 새로운 소재를 발굴해야 하는 시나리오 작가에게 신화의 원리는 소중한 자산이 되고 특히 스토리텔링에서의 문제들에 관한 해결책을 제공해주는 주요한 창고로써 기능한다. 또한 신화는 영화 기획자와 감독에게 어떤 영화가 성공할 것인가 혹은 실패할 것인가를 유추하는데 필요한 유연하면서도 분석적인 방법을 제시해 준다.

할리우드와 신화의 만남은 비단 영화를 창작하는 이들에게만 유용한 것은 아니다. 영화를 소비하는 관객의 입장에서도 영화가 가지는 신화적 근원을 이해한다면 영화를 보는 즐거움을 배가시킬 수 있다는 또 다른 중요한 의미가 들어있다. 즉, 관객은 영화를 통해 전달되는 신화적 요소로부터 인간의 욕망, 꿈과 공포, 그리고 삶을 살아가는데 필요한 해답을 간접적으로 얻을 수 있게 되는 것이다.

할리우드 영화의 신화 속 이름 훔치기

할리우드 영화들은 꾸준히 신화 속 이름에서 영화의 소재와 주제는 물론이고 등장인물의 캐릭터를 창조하고 있다. 몇몇 예를 들어 보자.

〈스페이스 카우보이 Space Cowboys〉(2000)는 미 공군 최고의 정예 조종사 팀이었던 은퇴한 할아버지 조종사들의 활약상을 그린다. 이들은 지구와 충돌 직전인 통신위성을 고치기 위해 우주로 날아간다. 우리가 눈여겨볼 것은 이들의 팀 이름인 다이달로스(Daidalos)가 바로 그리스 신화와 연결된다는 점이다. 그리스 신화에서 다이달로스는 이카루스(Icarus)의 아버지이자 최초로 하늘을 난 인간으로 묘사된다. 다이달로스와 이카루스 신화가 말하고자 하는 바는 인간들이 생소한 모험을 할 때, 위험을 각오하지 않으면 안 된다는 점을 보여 주며, 감정을 따르되 지나친 욕망을 절제하고 마음을 다스려야만 성공할 수 있음을 교훈적으로 말해 준다. 이러한 신화적 의미는 실제 영화와 비교적 잘 어우러진다. 불가능할 것 같은 일을 수행

[그림1] 할리우드 영화 속 신화 캐릭터

해야 할 은퇴한 우주 조종사들의 새로운 도전정신은 다이달로스의 신화적 모습과 많은 유사한 점을 보인다.

마블 코믹스를 영화화한 〈엑스맨 X-Men〉(2000)에서도 신화 속 이름이 등장한다. 바로 눈에서 치명적인 레이저빔을 쏘는 퀴클롭스(Cyclops) 캐릭터가 그것이다. 퀴클롭스는 대장간의 신 헤파이스토스의 심부름꾼이자 인간을 잡아먹는 외눈박이 괴물이다. 영화에서 퀴클롭스 캐릭터는 눈이 급소인 신화 속 괴물의 21세기 새로운 변형이라고 볼 수 있다.

우리에게 잘 알려진 워쇼스키 형제의 〈매트릭스 The Matrix〉 시리즈 역시 신화에서 등장인물의 캐릭터를 차용한 대표적인 예라 할 수 있다. 〈매트릭스〉 시리즈의 등장인물이 신화에서 이름을 가져왔다는 것은 널리 알려진 사실인데 감독인 워쇼스키 형제는 〈매트릭스〉의 이해를 위해 그리스 신화와 관계된 책을 필독서로 추천하기까지 했다. 영화에 등장하는 모피어스는 잠든 사람의 꿈속에 인간의 형상을 하고 침투하는 꿈의 신 모르페우스(Morpheus)에서 변형된 이름이며, 가상 세계를 지배하는 메로빙기언의 아내이자 팜므 파탈로 나오는 페르세포네(Persephone) 역시 그리스 신화에 등장하는 이름이다. 페르세포네는 땅의 여신 데메테르(Demeter)의 매혹적인 딸로 저승의 신 하데스(Hades)에게 납치되어 그의 아내가 된다. 페르세포네의 신화 속 모습은 매우 차갑고 사악하게 그려지는데 영화 속 모습도 많이 닮아 있다. 이밖에 〈매트릭스 리로디드 The Matrix Reloaded〉(2003)에 등장하는 니오베(Niobe) 함장 역시 그리스 신화에서 무례하기 그지없는 여성으로 묘사되는 니오베에서 그 이름과 성격을 빌려왔다.

이밖에도 해저 지진을 만난 포세이돈 호 승객들의 목숨을 건 사투를 그린 영화 〈포세이돈 어드벤처 The Poseidon Adventure〉(1972) 역시 바다와 물을 관장하고 제우스(Zeus) 다음으로 올림포스에서 권력을 발휘했던 포세이돈(Poseidon)에게서 배의 이름을 빌려온 재난영화다.

위에서 소개한 영화들을 보면 영화 속 이름들이 모두 그리스 신화와 직간접적으로 연결되어 있는 것을 발견하게 된다. 물론 모든 할리우드 영화들이 그리스 신화만 참고하는 것은 아니지만 특히 할리우드 영화와 그리스 신화가 맺고 있는 관계는 좀 더 특별하다. 이는 인류에게 수천 년 동안 사랑을 받아온 그리스 신화의 등장인물들은 서양문화의 뿌리가 되었으며 이러한 인간의 원형을 함축하고 있는 신화 속 인물들이 할리우드 캐릭터 유형과 만나 특별한 관계를 맺고 있다고 볼 수 있다.

비단 이렇게 하나의 신화 캐릭터가 각각 개별 영화 작품에서만 등장하는 것은 아니다. 하나의 신화 캐릭터가 다양한 영화 속에서 변형되며 진화하는 경우도 있다. 가장 대표적인 것이 우리가 잘 알고 있는 헤라클레스(Heracles)다. 알크메네(Alcmene)와 제우스 사이에서 태어난 헤라클레스는 그리스 신화에서 가장 남성적인 영웅인데, 그는 요람 속 아이였을 때도 헤라(Hera)가 보낸 뱀을 맨손으로 죽일 정도로 힘이 셌으며 용맹스러웠

[그림2] 헤라클레스의 현대적 변용

다. 할리우드 영화 속의 헤라클레스의 이미지 역시 대부분의 액션 영화에
등장하는 근육을 과시하는 남성 영웅을 통해 재현된다. 예를 들어, 〈록키〉,
〈람보〉 시리즈의 실베스터 스탤론, 〈터미네이터〉, 〈코만도〉, 〈코난〉의
아놀드 슈왈츠네거, 〈유니버스 솔저〉의 장 끌로드 반담, 〈트리플 X〉의 빈
디젤 등을 들 수 있다. 이들 헤라클레스적 주인공들의 공통점은 단순무식
하고 주먹질은 잘하지만 출생의 아픈 비밀이나 가난 등의 시련을 겪는다는
점이다.

할리우드 영화에 숨겨진 신화적 모티프

할리우드와 신화의 만남은 등장인물의 캐릭터 창조에만 머무르는 것은
아니다. 때로는 영화 전체의 주제를 관통하는 핵심 모티프로서 기능하기도
한다. 그 대표적인 예가 프랜시스 포드 코폴라 감독의 〈지옥의 묵시록
Apocalypse Now〉(1979)이다. 베트남전을 소재로 한 〈지옥의 묵시록〉은
코폴라 감독의 최대 문제작으로 1979년 칸 국제영화제 황금종려상을 수상
하고 1980년 아카데미 시상식 2개 부문을 수상하여 한 시대의 미국과 할리
우드를 상징하는 기념비적인 작품이다.

미국 특수부대 소속의 윌라드 대위(마틴 쉰 扮)는 지리멸렬한 전쟁에

회의를 느껴 새로운 임무만 주어지기를 기다린다. 그런 그에게 명분 없는 전쟁에 회의를 느껴 캄보디아 밀림으로 잠적하여 자기만의 왕국을 건설한 전설적인 군인이자 미치광이로 평가 되는 커츠 대령(말론 브란도 扮)을 제거하라는 비밀 명령이 하달된다. 윌라드 대위는 신참 4명과 함께 메콩강을 따라 목적지로 이동하면서 전쟁의 잔혹함과 광기를 직접 몸으로 겪게 된다. 마침내 커츠 대령의 본거지에 도착한 윌라드는 원주민 부족의 신이 되어 독자적인 전쟁을 수행하는 그의 광기에 조금씩 동요되기 시작한다.

〈지옥의 묵시록〉은 영화 전편을 통해 베트남 전쟁의 참혹한 상황을 여과 없이 보여준다. 아군과 적군의 구분이 모호한 채 광란에 사로잡혀 싸우는 병사들, 공포와 절망 속에 마약과 섹스에 빠져드는 젊은이들의 모습 등 전쟁 자체가 무질서와 폭력, 그리고 광기에 빠져있음을 보여준다. 여기까지만 보자면 〈지옥의 묵시록〉은 전쟁의 참혹상을 고발하는 전형적인 반전 (反戰)영화에 해당한다. 그러나 정작 코폴라 감독이 영화를 통해 말하고자 하는 진짜 주제는 베트남 전쟁을 통해 드러난 '미국의 야만성과 천박함' 이다. 이러한 미국의 치부를 드러내기 위해 감독은 영화 곳곳에 신화적인 모티프를 교묘히 숨겨놓았다. 따라서 영화에 나타나는 신화적인 은유와 상징을 파악하지 못하고서는 〈지옥의 묵시록〉이 가지고 있는 주제를 제대로 이해할 수 없게 되는 것이다. 코폴라 감독이 숨겨 놓은 신화적 모티프는 크게 두 가지로 정리해 볼 수 있다.

첫 번째 신화적 모티프는 제임스 조지 프레이저(James George Frazer) 의 『황금가지 The Golden Bough』(1890~1915)에 등장하는 '네미 숲의 사제-왕(Priest-king at the fane of Nemi)' 신화다. 영화의 후반부 윌라드 대위가 커츠 대령의 책상에서 두 권의 책을 발견하는 장면이 나온다.[1] 카메라가 책을 비추는 시간은 굉장히 짧지만 두 권의 고전(古典)이 내포하고 있는 의

[그림3] 『황금가지』와 『제식으로부터 로망스로』

미는 시간에 비례하지 않는다. 첫 번째 책은 제시 웨스턴(Jessie Laidlay Weston)의 『제식으로부터 로망스로 *From Ritual to Romance*』(1920)다. 웨스턴의 책은 제목에서 암시하듯이 자연 숭배 의식의 중세 및 현대적 형태들과 중세 성배 로망스에 관한 기념비적인 저서다. 또 하나의 책은 프레이저의 『황금가지』로서 영화의 전체 주제를 관통하는 핵심 모티프로서 기능하고 있으며 책이 상징하는 의미는 감독이 숨겨 놓은 영화의 진짜 의미를 파악하는데 필요한 필수불가결한 영화적 장치로서 사용되고 있다. 그렇다면 코폴라 감독은 왜 두 권의 책을 의도적으로 관객에게 노출시켰을까? 지금부터 영화에 숨어있는 신화적 모티프를 찾아 하나씩 밝혀보자.

전 12권으로 이루어진 프레이저의 『황금가지』는 신화에 관한 방대한 자료 분석을 토대로 인류의 정신 발전을 기술한 인류학 최고의 고전 중 하나라고 할 수 있다. 동서고금의 다양한 신화를 모아놓은 『황금가지』에는 왕을 죽이는 관습을 가진 수많은 부족들의 이야기가 들어 있는데, 그 첫 번째로 소개하고 있는 이야기인 '네미 숲의 사제-왕' 신화가 영화와 직접적으로

---

1) Time Code: 02:57:56. 2001년 오리지널 작품에 50여 분을 추가한 리덕스 버전 기준.

[그림4] 디아나 신과 사제-왕

관계를 맺고 있다.

이탈리아 서북쪽에 있는 알바(Alba) 지방에는 '네미(Nemi)'라는 작은 호수가 있다. 이 호수는 짙은 숲으로 둘러싸여 있고 그 숲속에는 먼 옛날부터 들짐승과 사냥의 여신인 디아나(Diana)를 모시는 성스러운 신전과 여신에게 바쳐진 나무 한 그루가 있었다. 이 나무의 주위에는 손에 칼을 든 건장한 사나이가 밤낮으로 서성거렸는데 바로 그 사나이가 여신을 지키는 신전의 '사제'이자 숲을 통치하는 숲의 '왕'이었다. 사제-왕은 신권과 왕권을 모두 가진 절대 권력의 소유자이자 살아 있는 신이었지만 불행하게도 항상 두려움에 사로 잡혀 있었다. 머지않아 자신보다 더 젊고 강한 도전자가 나타나 자신을 살해하고 사제-왕의 자리를 차지하는 것이 신성한 숲의 법칙이자 운명이었기 때문이다. 즉, 새로운 사제-왕이 되려는 자는 반드시 현재의 사제-왕과의 결투에서 그를 죽여야만 왕좌를 차지할 수 있었고 새롭게 사제-왕이 된 자 역시 더 강하거나 더 재주가 많은 사람에게 살해당하기 전 까지만 그 자리를 유지할 수 있었다.

왕을 살해하는 것을 당연하게 받아들이는 어찌 보면 상식적으로 납득이 잘 되지 않는 이러한 현상에 대해 프레이저는 '제의적 살해', 즉 마을의 풍요를 기원하는 '주술적 제의'로서 파악했다. 실제로 사제-왕을 살아있는 신으로 믿는 고대인들에게 가장 두려웠던 것은 왕이 늙거나 병드는 것이었고 왕의 노쇠는 자연의 노쇠이자 재앙의 근원이라고 생각했다. 따라서 사제-왕은 그 부족에서 지혜나 완력에서 가장 강한 자만이 자격이 있다고 생각한 것이다. 이렇게 젊고 강한 사제에 의한 왕위 찬탈이란 자연의 풍요로움을 되살려내고 모든 재앙의 근원을 없애는 성스러운 행위일 뿐이다. 말하자면 사제-왕의 죽음은 땅을 다시 기름지게 하고 부족과 국가의 생명력을 소생하게 만드는 주술적 행위인 것이다.

이러한 사제-왕 신화의 모티프는 〈지옥의 묵시록〉에서 커츠 대령의 모습을 통해 충실히 재현된다. 커츠 대령은 수많은 무공 훈장을 탔던 엘리트 군인이었지만 베트남 이중 첩자를 독단적으로 처형한 죄로 군사재판에 회부된다. 그러나 커츠 대령은 군의 명령을 거부하고 캄보디아 부족들의 사제-왕이 되어 독자적인 군사 작전을 펼치게 된다. 커츠의 행동이 못마땅한 미국은 그를 제거하기 위해 많은 암살자들을 보내지만 오히려 살아 있는 신으로서의 커츠 대령의 카리스마에 굴복한 암살자들은 그의 곁에 남아 복종한다.

코폴라 감독은 커츠 대령이 『황금가지』 책을 탁자위에 올려놓고 탐독하는 모습을 지속적으로 노출시킴으로써 커츠가 '현대판 사제-왕'임을 관객에게 알려준다. 커츠는 '네미 숲의 사제-왕' 신화를 통해 자신이 영원히 사제-왕의 지위를 지킬 수 없고 신화 속 사제-왕과 마찬가지로 누군가에 의해 제거당할 운명이라는 것을 알고 있다는 것을 은연중에 암시한 것이다. 그때 또 다른 암살자인 윌라드 대위가 도착했고 그를 처음 본 순간 커츠 대령은 윌라드가 자신을 살해하고 새로운 사제-왕으로 등극할 마지막 암살자임을 본능적으로 알아본다. 그런 이유로 커츠 대령은 윌라드 대위를 죽이지 않고 곁에 두며 대화를 통해 자신의 생각과 감정을 후계자에게 전수한다.

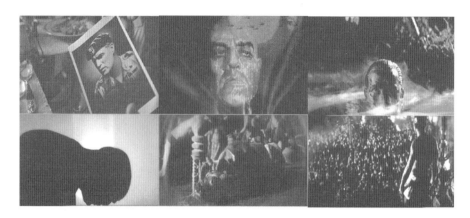

[그림5] 〈지옥의 묵시록〉에 반영된 사제-왕 모티프

시간이 지남에 따라 커츠 대령의 사상과 심정을 이해하게 된 윌라드 대위 역시 커츠가 살아있는 신으로서의 고통을 벗어나기 위해 자기를 기다리고 있었음을 직감한다. 마을에서 황소를 제물로 바치는 의식이 펼쳐지는 그 날 밤 윌라드 대위는 드디어 칼을 들고 커츠의 방으로 잠입하고 사제-왕인 대령 역시 특별한 반항 없이 순순히 죽음을 맞이한다. 카메라는 앞서 설명한 새로운 사제-왕의 탄생을 알리는 '제의적 살해'를 관객에게 강조하기 위해 제물로 바쳐진 황소가 전사들의 칼에 잘려 토막 나는 장면과 윌라드의 칼을 맞고 죽어가는 커츠의 모습을 교차편집으로 번갈아 보여준다. 죽어가는 커츠 대령의 입에서 나온 마지막 외침은 "공포"라는 단어다. 커츠는 끊임없이 암살자들을 맞이해야 하는 숲의 왕으로서 공포와 고통의 삶을 살았고 그 공포에서 벗어나는 길은 죽음뿐이라는 것을 알고 있었기 때문이다. 네미 숲의 사제-왕 신화의 모티프가 직접적으로 〈지옥의 묵시록〉과 연관되어있다는 사실은 원주민들의 행동에서 다시 한 번 확인된다. 자신들의 살아있는 신으로서 숭배하던 커츠 대령이 끔찍하게 살해당했음에도 원주민들 아무도 윌라드 대위를 공격하지 않는다. 오히려 그에게 무릎을 꿇고

경의를 표하며 새로운 신에게 경의와 복종을 표한다. 새로운 숲의 신이 탄생한 것이라고 생각하는 것이다. 그러나 윌라드는 사제-왕 자리를 받아들이지 않고 마을을 떠나며 커츠가 남긴 메모대로 마을을 폭격하라고 상부에 보고한다. 이제 더 이상 사제-왕의 신화가 반복되지 않게 하려는 마지막 사제-왕의 유언을 지킨 것이다.

코폴라 감독이 『황금가지』에서 차용한 사제-왕 신화의 모티프의 의미는 여기서 끝나지 않고 보다 궁극적인 주제의식을 위해 그 의미가 확장된다. 바로 영화 속 숨겨진 신화를 통해 미국의 치부를 고발하고 있는 것이다. 커츠 대령이 정글에서 잔혹한 살인을 계속하는 이유는 그래야만 숲의 왕 자리를 계속 유지할 수 있다는 당위성이 있기 때문이다. 그러나 미국이 베트남에서 온갖 희생과 비인간적인 짓을 저지르면서까지 전쟁을 치르는 것은 세계의 패권을 잃지 않기 위한 이유 그 이상도 그 이하도 아니다. 감독은 이러한 점에서 커츠를 미치광이로 모는 미국 정부 역시 커츠와 다를 바 없는 미치광이 국가라고 얘기하고 있다. 코폴라 감독이 보기에 진정한 지옥은 커츠 대령이 지배하는 야만스러운 마을이 아니라 미국이 지배하고 있는 위선으로 가득 찬 세상이라는 것이다. 따라서 아무런 원칙도 질서도 없이 치러졌던 베트남 전쟁의 전장이야말로 지옥 그 자체였다는 것을 관객에게 상징적으로 전달한다. 이렇게 〈지옥의 묵시록〉은 네미 숲의 사제-왕 신화를 통해 베트남 전쟁 당시 미국의 추악한 치부를 꿰뚫어본다. 신화적 모티프가 아니었다면 이런 통찰과 암시는 불가능했을 것이다.

〈지옥의 묵시록〉에 나타나는 두 번째 신화적 모티프는 북유럽 신화 최고의 신 오딘(Odin)과 연관되며 헬리콥터 강습부대 지휘관인 킬고어 중령(로버트 듀발 扮)의 모습으로 형상화된다. 윌라드 대위는 킬고어 중령에게 목적지에 쉽게 진입할 수 있게 배를 헬기로 들어달라고 요청하는데, 바

[그림6] 〈지옥의 묵시록〉에 반영된 오딘의 모티프

로 이 장면이 게르만 신화 〈하르바르드의 노래 Harbarzljoth〉의 주인공인 오딘의 모티프가 반영된 것이라고 볼 수 있다. 신화에서 뱃사공으로 등장하는 오딘과 해협을 건너야 하는 토르(Thor)의 이야기를 영화에서는 배를 옮겨주어야 하는 임무를 맡은 킬고어와 강을 통과해야 하는 윌라드 대위로 재현된다. 실제로 코폴라 감독은 한 인터뷰에서 킬고어 중령은 오딘을 형상화한 것이라고 말한바 있듯이 캐릭터를 묘사하기 위해 오딘의 신화적 특징을 많이 사용했다. 전쟁의 승리를 주관하는 오딘의 강인함을 표현하기 위해 킬고어 중령은 전투 현장에서 죽음에 대한 공포를 전혀 느끼지 않는 용감한 모습으로 그려지며 오딘의 외모를 상징하는 여러 아이템들 역시 적극 활용했다. 예를 들어, 오딘이 애꾸눈을 감추고 변장하기 위해 머리에 깊이 눌러쓰는 모자는 카우보이모자 형태로, 오딘이 두르는 망토는 목에 휘감는 주황색 머플러로 형상화된다. 오딘을 매개로 한 또 하나의 강력한 신화적 변용은 킬고어 부대가 타는 헬리콥터의 이미지다. 오딘은 자신을 보좌하는 열두 명의 여전사 발퀴레(Walküre)를 두었는데 이들이 하늘을 날아다닐 때 타고 다니는 것이 천마(天馬)다. 이런 하늘을 나는 천마들이 영화에서는 헬리콥터로 변형되어 등장한다. 특히 베트콩 마을을 공격할 때 바그너의 오페라 〈발키리의 기마비행 Ritt der Walküren〉을 크게 틀며 공격하는 12대의 헬리콥터는 천마에서 변형된 아이템들이라고 볼 수 있다.

이러한 신화적 모티프의 현대적 변용은 신화와는 전혀 동떨어진 세계를 묘사하고 있는 미래의 우주를 무대로 하는 공상과학(Science Fiction) 장르에서도 심심치 않게 나타나는 것을 볼 수 있다. 그렇다면 SF 장르가 그리고 있는 신화의 모티프는 어떻게 전개되고 있을까? 이 장에서는 4장에서 소개한 성배신화를 중심으로 논의해보기로 한다.

신화적 모티프의 현대적 변용: SF 장르와 신화

먼저 SF 장르의 고전에 속하는 데이비드 린치(David Lynch) 감독의 〈듄 Dune〉(1984)을 알아보기로 하자. 〈듄〉은 SF 작가 프랭크 허버트가 1965년부터 1986년 세상을 떠나기까지 20여 년 간에 걸쳐 집필한 6부 연작 소설의 제1부를 영화화한 것으로 원작 자체의 방대함으로 인해 원작과는 상당히 거리가 있는 작품이 되고 말았다. 그래서일까? 엄청난 제작비와 초호화 출연진이 투입되었음에도 불구하고 흥행에는 대실패했고 흔히 데이비드 린치 감독 최대의 졸작이라고까지 말한다. 그러나 원작의 과학적·정치적 세부 묘사들이 생략되는 대신 오히려 신화적인 기본 틀은 훨씬 더 선명히 드러나고 있다. 영화의 배경은 서기 10191년. 초(超)공간적인 우주 항해 기술의 발달 덕분에 우주 공간에 흩어져 사는 인류와 행성들은 하나의 우주 제국으로 연결되어 있다. 이를 가능케 한 핵심 물질이 바로 스파이스(Spice)다. 스파이스가 없다면 광활한 우주 공간은 결코 하나의 제국으로 존재할 수 없게 된다. 눈치 빠른 독자는 눈치챘겠지만 바로 이 스파이스라는 물질은 아더 왕의 성배와 같은 주권의 상징과도 같은 것이다. 아라키스(Arakkis)라는 사막 행성에서만 생산되는 이 물질은 생명을 연장하고 의식 세계를 확장시키는 신비의 존재다. 마치 성배의 실체가 손으로는 잡힐 수 없는 신성, 풍요와 치유, 죽음과 부활, 생명의 원리, 궁극적인 인식의 상징적 기호라고 할 수 있듯이 스파이스를 수호하는 사막의 프레멘(Fremen)족에게 있어 이 신비한 물질은 우주를 정화해줄 메시아적 존재가 되는 것이다. 영화의 주인공 폴은 강한 스파이스의 영향으로 점차 예지력을 갖추면서 오직 예언된 구원자만이 마실 수 있다는 생명의 물을 마신다. 마치 아더 왕이 성배에 든 물을 마시고 원기를 회복한 후 왕국을 부활시키듯이 스파이스의 물을 마신 폴은 다른 누구도 범접할 수 없는 초월적인 영역을 체험하게 되고 결국 아버지의 원수를 갚고 황제의 자리에 오른다.

〈듄〉처럼 먼 미래의 우주제국을 상정하지 않더라도, 가까운 화성을 배경으로 펼쳐지는 성배신화의 흔적도 찾아볼 수 있다. 필립 K. 딕(Philip K. Dick)의 단편 『도매가로 기억을 팝니다 *We can remember it for you wholesale*』를 바탕으로 제작된 폴 버호벤 감독의 〈토탈리콜 Total Recall〉(1990)은 그 좋은 예라고 할 수 있다. 영화는 단편소설에는 없는 화성에서의 모험 이야기를 통해 〈듄〉과 유사한 성배신화를 얘기하고 있다. 〈듄〉에서의 스파이스에 해당하는 물질이 〈토탈리콜〉에서는 터비늄(turbinium)이라는 귀중한 광물질로 등장한다. 화성의 독재자 코헤이건은 주민들을 혹사시키고 터비늄으로부터 나오는 이익을 독차지한다. 그가 주민들을 통제하기 위해 사용하는 수단은 공기의 공급을 독점하는 것이다. 화성에는 공기가 없으므로 유리로 된 거대한 돔 안에서만 살 수 있고 돈이 없어 화성 대기층에 노출된 일반 주민들은 돌연변이를 낳는 등 황폐한 삶을 살고 있다. 이때 〈듄〉

<table>
<tr><td>〈듄〉의 스파이스</td><td>〈토탈리콜〉의 터비늄</td><td>〈레드플래닛〉의 반딧벌레</td><td>〈2001: 스페이스 오디세이〉의 검은돌</td></tr>
</table>

[그림7] SF영화에 나타나는 성배신화의 창조적 변형

과 마찬가지로 퀘이드라는 주인공 영웅이 등장한다. 퀘이드는 터비늄으로 만들어진 고대 외계 장치를 가동시키면 화성의 심층을 이루고 있는 빙하층이 녹아 수증기가 발생하면서 화성 전체에 숨 쉴 수 있는 공기층이 생겨난다는 사실을 알게 된다. 이런 의미에서 퀘이드는 곧 아더 왕을, 터비늄은 성배의 상징으로 독해될 수 있다.

즉, 자신이 누구인지 모르는 주인공이 자기 정체성을 찾기 위해 다른 세상으로 떠나면서 사랑하는 여인을 얻고 대지를 소생시키는 이야기를 상기시킨다. 결과는? 역시 예상대로 터비늄으로 만들어진 발생기가 작동되면서 땅에서 분리되고 독점되었던 터비늄은 대지로 흡수되고 숨을 쉴 수 있는 푸른 하늘이 나타난다. 이와 거의 유사한 작품이 안토니 호프만 감독의 〈레드 플래닛 Red Planet〉(2000)이다.

〈레드 플래닛〉 역시 화성을 배경으로 황폐한 대지의 회복이라는 주제를 다룬 작품이다. 영화의 배경은 2025년. 환경 파괴로 인해 더 이상 지구에서 살 수 없게 된 인류는 화성을 새로운 삶의 터전으로 삼으려는 사업에 착수한다. 화성에 대기권을 조성하고자 유전자 조작이 된 이끼를 이식했지만 사업은 실패로 돌아간다. 영화의 이야기는 실패의 원인을 찾아내기 위해 구성된 탐사반이 화성에 도착하면서 본격적으로 전개된다. 그러나 실상은 화성에는 이미 산소가 존재하고 있었다. 인간을 비롯한 살아 있는 생물체라면 무엇이든 먹어치우는 초록빛 반딧벌레가 공기를 만들어낸 것이다. 이렇게 영화의 이야기는 매우 단순할 정도로 허술하지만 나름 의미 있는 구조를 가지고 있다. 이번에는 황무지를 회복시킬 열쇠, 즉 성배의 형태가 반딧벌레로 나타났다고 볼 수 있다. 즉, 자격이 되지 않는 사람에게 성배는 곧 죽음을 가져오는 사자(死者)이듯이 반딧벌레는 무엇이든 먹어치우는 파괴자인 동시에 산소를 만들어내는 창조자, 죽음과 삶의 모순을 동시에 내포하는 상징으로 기능한다. 〈레드 플래닛〉이 흥미로운 것은 이야기가 여기서 멈추는 것이 아니라 영화 말미에 진정한 의미의 성배가 또 다른 형태로 나타난다는 것이다. 이번에는 물리적인 의미로서의 성배가 아닌 우주의 영적 의미를 회복시키는 신성의 상징으로서 돌이 등장한다. 우리가 이미 살펴보았듯이 여기서의 돌은 신성이 새겨진 돌, 신이 서명한 돌이라는 성배의 또 다른 형태인 것이다.

〈레드 플래닛〉에 등장한 성배의 또 다른 형태로서 돌이 등장하는 유사한 영화가 있는데 그게 바로 스탠리 큐브릭 감독의 〈2001: 스페이스 오디세이 2001: Space Odyssey〉(1968)에 나오는 검고 네모진 돌이다. 아서 C. 클라크(Arthur C. Clarke)의 동명의 원작 소설을 영화화한 이 작품은 대략 3번의 에피소드를 통해 신비의 검은 돌을 관객에게 보여준다. 첫 장인 '인류의 새벽(The Dawn of Man)'에 나타난 검은 돌은 지상에서 하늘을 향해 곧추 서 있는 검은 비석의 형태를 취하고 있다. 선사시대의 원시인들은 돌 주위를 둘러싸고 짐승의 뼈들을 가지고 이리저리 내리치다가 굵고 튼튼한 뼈가 다른 뼈들을 부술 수 있다는 사실을 발견한다. 인간이 사용한 첫 번째 도구가 탄생한 순간이다. 마침내 이 도구와 함께 인류에게 파괴와 사냥과

살육이 시작된다. 이런 의미에서 영화에 등장한 미지의 검은 돌은 인간에게 지식과 문명의 근원을 준 또 하나의 성배의 출현이라고 볼 수 있다. 두 번째 신비의 검은 돌은 달의 한 분화구에서 발견되고 몇 명의 탐사대가 돌에 접근한다. 그러나 탐사원들은 돌의 꼭대기에서 울려 퍼지기 시작한 고주파의 소리에 모두 귀를 막고 쓰러지는데 이는 마치 무자격한 자들이 성배에 접근하다가 응징을 당하는 대목을 상기시킨다. 마지막으로 검은 돌은 주인공 보우먼의 눈앞에 나타난다. 우주공간에서 부드럽게 유영하던 검은 돌에서는 알 수 없는 문자처럼 보이는 영상들이 분사되기 시작한다. 비석처럼 보이던 검은 돌이 실제로 서판(書板)이었던 것이다. 이처럼 지식의 근원으로서의 성배는 이번에는 책의 형태로 등장한다. 이는 중세 아더 왕 문학에서 성배가 초월적 계시의 책으로 등장했던 것을 상기시킨다.

이상에서 살펴보았듯, 중세 성배신화의 기본서사는 전혀 무관해 보이는 다양한 현대 SF영화들에서 발견된다. 서로 다른 이러한 영화들에서 동일한 중세 신화 이야기의 밑그림이 반복적으로 나타난다는 것은 신화적 원형의 영속성이 그만큼 강력하다는 것을 입증하는 것이다. 다시 말해 중세인들에게 아더 왕의 세계가 그랬듯이 현대인들에게는 미래의 우주 공간과 판타지적 공간이 인간의 내면을 투영할 수 있는 경이로운 신세상이 되고 있는 셈이다. 또한 중세인들에게 있어 세계가 성배에 의해 소생되어야 할 황폐한 땅이었듯이, 현대인들이 처한 상황 역시 유사하다고 볼 수 있다. 기술문명의 발달로 인한 환경파괴, 대량살상무기의 개발, 인간 소외 등 암울한 전망이 인간을 두렵게 하기 때문이다. 중세와 현대 모두 불가해한 세계의 분열된 현상을 치유해 주는 기능을 바로 신화가 담당하고 있는 것이다.

그러나 반드시 신화와 할리우드 영화의 만남이 긍정적인 요소만 갖고 있는 것은 아니다. 우리 시대의 신화 이미지는 그 응용범위가 가히 가공할 정도의 위력을 가지지만, 신화의 정신은 온데간데없고 신화속의 파편적인 이미지 조각들만 끼워 맞춰 우리를 혼미하게 하는 할리우드 영화들도 생각보다 매우 많은 것도 사실이다. 결국 그 옥석을 가려내는 것은 바로 우리 대중들의 몫이다.

할리우드 영화의 정치성과 지배이데올로기로서의 신화

할리우드 영화가 지배이데올로기, 즉 지배적 제도들과 전통 가치들(개인주의, 자본주의, 가부장제, 인종주의 등)을 정당화하는 기능을 수행하고 영화적 관습들은 이데올로기를 주입하는데 기여하고 있다는데 이의를 제기하는 학자는 거의 없다. 그만큼 할리우드 영화는 관객에게 특정 입장이나 시점을 강요하고 영화 형식과 관습은 관객을 이데올로기에 가두는 기능을 담당한다. 물론 할리우드의 모든 영화가 그렇다는 것은 아니지만, 할리우드가 세계 시장을 지배할 수 있는 가장 큰 이유 중 하나가 바로 지배이데올로기를 효과적으로 전파하는 노하우가 풍부하다는데 있다는 것은 부인할 수 없는 사실이다.

비단 할리우드뿐만 아니라 영화라는 매체는 정치의 종속물로 전락할 가능성이 상대적으로 높은 매체라는 의견이 지배적이다. 다시 말해 정치적 요소가 영화의 내러티브 구조나 이미지 조작에 따라 그 안에 얼마든지 숨어들 여지를 확보할 수 있는 것이다. 그렇다면 굳이 영화가 연극, 음악, 미술, 문학 등에 비해서 지배이데올로기를 전달하기에 유용한 매체인 이유는 무엇일까? 우리는 크게 두 가지로 그 이유를 생각해 볼 수 있다.

첫째, 영화는 다른 매체보다 시각적인 힘이 강하다는 점이다. 먼저 영화는 문학과는 달리 문맹자에게도 효과적으로 기능할 수 있는 시각적 매체이자 카메라를 기초로 하는 영상매체라는 점이다. 연극이 무대와 객석이라는 한정된 시공간을 통해 배우의 연기가 전해진다면 영화는 클로즈업이나 편집 기법을 통해 보다 효과적으로 배우의 심리를 관객에게 전달 할 수 있다는 장점이 있다. 여기에 다른 매체와는 달리 다수의 사람들이 동시에 관람할 수 있는 대량복제가 용이하다는 점도 빼놓을 수 없는 특징이다.

둘째, 영화는 다른 매체에 비해 수용과정이 상대적으로 용이하고 문화적 접근의 평등성을 가지고 있다는 점이다. 영화는 계층, 계급, 빈부의 격차와 관계없이 또한 특정 국가나 일정 문화권에 편중되지 않고 시공간의 한계를 쉽게 극복할 수 있는 장점을 가지고 있다. 이러한 점에서 영화는 (굳이 나눈다면) 고급예술과 대중 예술의 특성을 모두 흡수하고 차별성을 녹여버리는 문화적 보편성을 가지고 있다고 볼 수 있다. 이렇게 영화가 가지고 있는 시각성, 수용과정, 문화적 보편성으로 인해 역사적으로 정치권력은 영화에 적극적으로 개입해 왔다. 할리우드도 영화 매체가 가지고 있는 이런 특성을 이용, 미국식 지배이데올로기를 관객에게 직간접적으로 주입하고 있다. 이런 의미에서 관객의 자발적인 복종을 바탕으로 삼는 영화 미디어의 힘은 가히 폭력적이라 할 수 있고 특히 할리우드 영화는 정치적인 요소를 많이 가지고 있다. 신화 분석 방법론은 영화 속에 숨어있는 이러한 정치성과 지배이데올로기를 끄집어내서 비판적으로 영화의 메시지를 해독할 수 있는 일종의 현미경 역할을 수행할 수 있다. 우리가 주목하고자 하는 바가 바로 이것이다.

현대 사회의 세속화된 신화, 그 현대적 의미

영화에 내재해 있는 신화의 현대적 유의미성을 밝혀내는데 있어 반드시 알아두어야 할 3명의 신화학자들이 있다. 폴란드 태생의 영국 인류학자 카스퍼 말리노프스키(Bronisław Kasper Malinowski), 유대계의 독일 철학자

에른스트 캇시러(Ernst Cassirer), 프랑스 구조주의 철학자 롤랑 바르트(Roland Barthes)가 그들이다. 이들의 논의들은 일상생활에는 어떤 신화적 요소가 있는지, 현대사회에서 담당하고 있는 신화의 문화적 사회유지 기능은 무엇인지, 국가의 신화 혹은 정치적 신화란 무엇인지, 끝으로 지배이데올로기로서의 신화가 무엇인지를 우리에게 알려줌으로써 영화를 이해하는 시각과 더 나아가 세상을 바라보는 우리의 시선을 보다 비판적으로 바라보게 해 주는 큰 자양분을 공급해 준다. 지금부터 말리노프스키, 캇시러, 바르트의 신화론을 알아보고 특히 영화의 정치성과 지배이데올로기로서의 신화에 대해 영화 〈왝더독 Wag the Dog〉(1997)의 예를 통해 분석해 보기로 하자.

말리노프스키의 신화론: 문화적 사회유지 기능

말리노프스키는 인류학자답게 『원시 신화론 *Myth in Primitive Psychology*』(1926)에서 신화를 단순히 텍스트 속에서 분석할 것이 아니라 신화가 통용되는 원시 사회 속에 직접 들어가 함께 생활하면서 분석해야지만 본질적인 신화에 접근할 수 있음을 피력하였다. 말리노프스키는 이렇게 신화란 그것이 이야기되고 있는 사회의 일상생활의 맥락 속에서 파악해야 한다는 신화 접근 방식을 통해 현대적 의미로 신화를 해석할 수 있는 많은 단초들을 제공하고 있다.

그는 한 사회의 신성한 신화는 사회 구성원들의 제의적 행동, 도덕적인 행위, 사회조직, 더 나아가 일상적인 행동과 밀접한 관계가 있다고 보면서 신화의 문화적인 힘에 주목한다. 이런 의미에서 말리노프스키가 보았을 때, 신화는 오늘날 소설 등과 같은 문학 작품 속에 나타나는 허구적인 성질이 아니라 살아있는 진실로써 지속적으로 세계와 인간의 운명에 영향을 미

[그림8] 일상생활 속에서의 신화의 기능

치고 있다고 말한다. 특히 사회가 어떤 정당성을 필요로 하는 상황이 닥쳤을 때, 그 위기상황을 봉합하는 작용을 신화가 담당한다고 보았다. 말리노프스키는 이렇게 일상생활 속에서 신화의 기능이 현대 사회 속에서도 변함없는 의미를 지니고 있다는 점을 그리고 그 기능은 사회 유지 기능임을 강조하고 있다.

캇시러의 신화론: 국가의 신화 혹은 정치적 신화

캇시러는 그의 마지막 저서인 『국가의 신화 *The Myth of the State*』(1946)에서 신화를 처음부터 정치적인 측면으로 접근하고 있다. 즉 그는 신화가 단지 원시부족 사회에만 국한된 것으로 보는 것이 아니라 현대 사회에서도 정치적인 신화의 형태로 존재한다고 보고 있는 것이다. 그는 1·2차 세계대전을 거치면서 현대의 정치 생활과 사회생활에 큰 위기가 닥쳐왔으며 그로부터 파생되는 여러 새로운 문제에 인류는 봉착하게 되었다고 진단하면서 이러한 전반적인 변화 속에서 가장 중요하고도 가장 두려운 현상을 신화적 사고의 세력이 출현하는 것이라고 말하고 있다.

그가 경계하는 신화적 사고의 세력은 결국 정치적 신화를 이용하려는 세력의 등장을 의미한다. 여기서 말하는 정치신화라는 개념은 원시 사회에서 신화가 차지했던 기능, 즉 사회 유지 기능을 수행하고 있는 일종의 이데올

[그림9] 정치적 신화

로기로서 파악할 수 있다.

그렇다면 현대 사회에서 이러한 정치적 신화의 등장은 어느 시점에서 발생하게 되는 것인가? 이 의문에 대해 캇시러는 그 사회가 추구하는 일이 위험하고 그 결과가 불확실할 때 정치적 신화가 생긴다고 진단하고 있다. 예를 들어 독일에서 히틀러의 등장은 정치적 신화로서의 파시즘의 탄생이며 소비에트 혁명 이후 레닌과 스탈린의 등장은 마르크스주의의 본격적인 출발을 알린 중요한 정치적 신화가 되는 것이다. 이런 점에서 캇시러는 앞서 살펴본 말리노프스키와 같이 신화를 하나의 사회 유지 기능으로 파악한다. 그는 현대의 정치적 신화들은 어떤 행동을 명령하거나 금지하는 일에서부터 시작하는 것이 아니라 오히려 사람들의 행위를 지배하고 조정할 수 있게 먼저 사람들을 변화시키는 일부터 착수하는 것이라고 본다. 그만큼 예전에 비해 정치신화는 보다 교묘하고 보다 치밀하게 이데올로기를 전파하는 것이다. 캇시러의 표현을 빌리자면, 정치적 신화들은 마치 뱀이 먹이를 공격하기 위해 그것을 마비시켜 굳어지게 하는 것처럼 행동한다. 우리가 살펴본 바와 같이 캇시러는 현대의 정치적 신화를 긍정적으로 평가하는 대신 오히려 여러 가지 억압 수단 중 하나로 인식한다. 이에 대한 보다 자세한 내용은 바르트의 신화론을 통해 이해 될 수 있다.

바르트의 신화분석

특히 바르트의 신화론은 대중문화 텍스트가 어떻게 이데올로기적으로 작용하는지를 밝히는 데 큰 도움을 준다. 바르트는 그의 저서『현대의 신화 *Mythologies*』(1957)에서 대중문화는 한 사회의 신화 혹은 지배 이데올로기를 생산하고 있다고 말한다. 즉, 신화의 기능은 어떤 것을 왜곡시키는 것이라고 말하면서 신화의 의미화 과정 3단계 외연(Denotation) ⇒ 내포(Connotation) ⇒ 신화(Myth)를 그의 신화론의 핵심 개념으로 삼는다. 그는『파리마치 Paris Match』주간지에 실린 한 장의 사진을 통해 자신의 신화론을 설명한다. 어느 날 바르트는 이발소에서 갔다가 우연히『파리마치』잡지를 보게 된다.

잡지 표지에는 프랑스 군복을 입은 한 흑인 병사가 눈을 똑바로 뜨고 (직접적으로 보이지는 않지만)프랑스 국기를 향해 시선을 고정한 채 경례를 하고 있는 모습이 실려 있었다. 이 사진의 의미는 이게 전부였지만 바르트는 이 사진 속에 숨어있는 이데올로기를 간파하게 되고 신화의 의미화 과정 3단계를 착안하게 된다.

'외연'에 해당하는 첫 단계의 의미는 '프랑스 국기에 거수경례하는 흑인 병사'라는 간단한 의미가 만들어진다. 여기 까지는 우리가 흔히 대중문화물을 아무런 생각 없이 즉각적으로 수용하는 단계다. 그러나 '내포'에 해당하는 두 번째 단계로 넘어오게 되면 첫 번째 단계에서 느낄 수 없었던 새로운 의미가 생성된다. 바로 위대한 프랑스 국기에 흑인 병사가 충성을 표시하는 사진을 통해 프랑스 제국주의에 대한 긍정적 이미지가 생성된다는 점이다. 이 새로운 의미는 마지막 단계인 '신화' 과정을 통해 보다 더 깊은 의미로 증폭된다.『파리마치』라는 잡지가 프랑스 제국주의에 대하여 긍정적 이미지를 만들어 내려고 지배이데올로기를 양산해내려는 의도를 파악할

바르트의 신화의 의미화 과정 3단계

외연(Denotation) ⇒ **내포(Connotation)** ⇒ **신화(Myth)**
프랑스 국기에 거수   프랑스 제국주의에 대한   식민지 정책의
경례하는 흑인 병사   긍정적 이미지   정당성

[그림10] 바르트의 신화의 의미화 과정 3단계

수 있는 것이다. 다시 말해, 이 사진을 접한 대중들은 자신도 모르는 사이에 프랑스에 거주하는 모든 국민들은 인종차별 없이 누구라도 나라를 위해 군복무에 임할 수 있다는 사실을 느끼게 되고, 당시 알제리 독립전쟁과 관련해 프랑스의 식민지 정책을 비난하는 자들에게 이 사진은 최선의 반박자료로서 이용될 수 있는 여지를 줄 수 있다는 것이다. 왜냐하면 소위 가해자로 인식되는 프랑스에 이렇게 열심히 봉사하고 있는 흑인 병사가 존재하니까 말이다. 이렇듯 바르트의 외연/내포/신화 과정을 통해 우리는 TV, 신문, 잡지, 영화 속에 숨겨져 있는 신화 즉, 지배 이데올로기를 파악할 수 있다. 여기서 말하는 지배이데올로기란 단순히 계급적 이익만 대변하는 것이 아닌 가부장제적 이데올로기, 과학 이데올로기, 인종적 이데올로기, 지역 이데올로기 등을 포함한다. 예를 들어, 왜 대중문화 속 여성의 신체는 남성들의 관음증적 대상으로 그려지는지, 왜 자연과 야만은 테크놀로지에 의해 정복되는 것으로 묘사되는지, 왜 주인공은 항상 백인이고 흑인은 주변인물로만 머무는지, 왜 아랍인은 항상 머리에 터번을 두른 피도 눈물도 없는 테러리스트로 그려지는지, 왜 조폭들은 전라도 사투리를 말하는 것으로 설정되었을 때 보다 자연스럽게 보이는지에 대한 의문. 신화분석은 그것을 꿰뚫어 볼 수 있는 혜안을 우리에게 줄 수 있고 바로 이 점이 대중문화 분석

에서 바르트의 신화론이 유용하게 사용되는 이유다.

이미지를 통한 상징 조작: 〈왝더독 wag the dog〉

이러한 현대 사회의 세속화된 신화의 모습을 영화적으로 가장 잘 재현해 낸 작품 중 하나가 배리 레빈슨 감독의 〈왝더독〉이다. 대통령의 성추행을 은폐하기 위해 벌이는 권력의 미디어 조작과 통제를 다루고 있는 영화는 신화의 현대적 의미로 영화를 어떻게 분석할 수 있는가를 잘 보여주고 있는 작품이다. 당시 영화가 개봉되었을 때 실제로 클린턴 대통령의 섹스 스캔들에 이어 미국의 수단-아프가니스탄 폭격이 이어지면서 영화의 내용이 실제 사건에 적중되어 뉴스 미디어의 화제를 모으기도 했다.

대통령 선거일을 며칠 앞두고 백악관으로 놀러온 여중생을 성희롱하는 사건이 터진다. 이 일로 재선이 어렵게 되자 백악관은 정치브로커인 브린(로버트 드 니로 扮)을 고용하고 할리우드 유명 영화 제작자 모스(더스틴 호프만 扮)와 함께 언론과 여론의 관심을 다른 데로 돌리기 위해 알바니아와의 가상전쟁을 꾸민다. 결과는? 언제 그랬냐는 듯 성희롱 사건은 대중들의 기억 속에서 말끔히 지워지고 결국 대통령은 재선에 성공한다. 이렇게 권력의 언론에 대한 왜곡과 오용을 압축적으로 담아낸 영화 〈왝더독〉은 이데올로기적 국가기구로서의 대중매체의 허와 실을 풍자하고 있다. 현대인이 언론을 얼마나 무기력하게 비판 없이 받아들이는지, 정치권력은 대중매체를 이용하여 국민들에게 어떻게 혼란을 야기하고 언론 조작(여론조작)과 통제를 하는지 상징 조작과 언론조작이 판치는 미국의 정치현실을 풍자하고 있다.

특히 영화는 바르트의 신화론을 통해 보았던 이미지를 통한 상징 조작이 어떻게 작동하는지 수없이 많은 예를 통해 보여준다. 대통령의 섹스 스캔

[그림11] 〈왝더독〉에서 사용된 이미지를 통한 상징조작

들은 진실이고 알바니아 전쟁은 조작이지만 오히려 조작된 상징이 진실보다 훨씬 강력하다는 점을 보여준다. 이를 위해 배우 지망생의 과자 봉지가 고양이로 둔갑되는 CG 이미지, 알바니아 전쟁포로 이미지 조작, LP판을 이용한 음악 조작, 낡은 구두 캠페인 조작을 통해 영상과 캠페인으로 만들어진 허구 이미지의 힘을 그려내고 있다. 이렇게 이미지는 권력의 노예가 되고 대중매체가 만들어 내는 이미지는 지배이데올로기의 강화에 이용되는 것이다. 〈왝더독〉은 허구보다 더 허구적인 현실과, 현실보다 더 현실적인 허구가 우리 일상세계에 존재함을 역설적으로 보여준다.

할리우드는 이러한 이미지를 통한 상징 조작에 관해 타의 추종을 불허할 만큼 광범위한 노하우를 축적하고 있다. 그 중 가장 많이 사용되는 이미지가 바로 미국인들의 애국심을 상징하는 성조기의 이미지다. 할리우드는 성조기의 이미지를 이용해 미국의 지배에 의해 세계의 평화질서가 유지되어야 한다는 팍스 아메리카나(Pax Americana)를 전 세계 관객들의 머릿속에 부지불식간에 주입시키고 있다. 특히 대규모 자본이 투입되는 할리우드 블

[그림12] 할리우드 영화 속 성조기의 이미지

록버스터는 미국식 영웅주의와 성조기의 이미지를 교묘하게 중첩시켜 '위대한 미국'을 찬양한다. 좀 과장되게 얘기하자면 할리우드 블록버스터들 중에서 성조기가 등장하지 않는 영화는 거의 찾아보기 힘들다.

예를 들어보자. 〈인디펜던스 데이 Independence Day〉(1996)와 〈아마겟돈 Armageddon〉(1998)에 등장하는 성조기와 영웅의 이미지는 미국의 세계 패권주의를 노골적으로 드러내고 있으며, 슈퍼맨과 스파이더맨 같은 슈퍼 히어로들은 성조기를 들고 하늘을 날아다니거나 〈캡틴 아메리카 Captain America〉 시리즈(2011, 2014, 2016)와 〈아이언맨 3 Iron Man 3〉 (2013)에서처럼 아예 성조기 문양이 박힌 의상과 방패를 들고 악의 무리를 응징한다. 특히 최근 전 세계적으로 선풍적인 인기를 끌고 있는 슈퍼히어로 물들은 미국의 팍스 아메리카나를 강화하는데 전면에 나서고 있다. 1963년 동서 냉전이 최고조에 이르렀을 때 만화 주인공으로 탄생한 '아이언 맨'은 소련과 맞서 미국을 수호하는 역할을 수행했으며 냉전이 종식된 후에도 미국과 세계를 대상으로 한 테러와 전쟁에 등장하여 세계제국인 미국을 수호하고 세계 평화를 지킨다는 사명감을 보여준다. 1941년에 처음 등장한 '캡틴 아메리카'는 미국의 성조기를 온몸에 두른 듯한 이미지를 형상화해 마치 미국 그 자체가 영웅인 것 같은 느낌을 강하게 인식시킨다. 2차 세계대전 중 세계 평화를 위협하는 나치 독일과 맞서 싸운 캡틴 아메리카는 1964년 어벤져스팀이 구성되면서 미국과 전 세계를 위협하는 모든 적들로부터 세계를 수호하는 실질적인 리더 역할을 맡는다. 이런 점에서 캡틴 아메리카는 할리우드 슈퍼히어로 중 미국식 애국심을 강조한 대표적인 캐릭터로 미국의 이상을 상징한다고 할 수 있다.

어디 이뿐인가? 미국은 할리우드 영화 속 성조기에 영웅심뿐만 아니라, 사랑, 평화, 정의까지 덧씌워 전시 애국주의 아이콘으로 사용하기도 한다. 〈라이언 일병 구하기 Saving Private Ryan〉(1998)같은 전쟁영화는 '영광스런 성조기'를 향해 거수경례를 붙이는 전·현직 군인들의 모습을 빠지지 않고 보여준다. 미국인들의 눈에 성조기는 그저 바라만보아도 눈물이 고이는 성스러운 자긍심으로 작용하는 것이다. 그런데 문제는 우리 역시 은연 중에 이러한 미국식 이데올로기를 그대로 받아들인다는 것이다. 외계인에 대항하여 지구를 구하는 유일한 나라는 항상 미국이어야 하며 악의 무리에 맞서 세상을 구원하는 이도 항상 미국인이라는 오만함의 극치를 아무런 거부감 없이 받아들일 정도로 우리는 부지불식간에 세뇌당하고 있는 것이다. 이런 맥락에서 할리우드 영화의 영상을 그대로 받아들이는 것은 상당히 위험하며 무서운 일이다. 그렇다면 할리우드 영화의 메시지를 어떻게 비판적으로 독해하며 받아들일 것인가? 지금이라도 늦지 않다. 바로 우리가 앞서 살펴본 말리노프스키, 캇시러, 바르트의 현대 신화론을 통해 할리우드의 숨겨진 실체에 접근해 보는 것이다. 우리가 왜 신화를 통해 영화를 보아야 하는지에 대한 또 하나의 중요한 이유인 셈이다.

* Further Reading

[할리우드 영화와 신화]

- 유재원, 『신화로 읽는 영화 영화로 읽는 신화』, 까치, 2005(〈지옥의 묵시록〉에 대한 주된 내용은 이 책 51~66쪽을 발췌해 재구성하였다. 지면 관계상 주석 표기는 생략).

유재원의 『신화로 읽는 영화 영화로 읽는 신화』는 신화를 통해 영화에 접근하고 있는 책들 중 가장 뛰어난 내용을 담고 있다. 신화와 영화에 처음 관심을 가진 독자라면 꼭 한번 읽어보아야 될 필독서 중 하나다.

- 최애리, 「현대 영화에 나타난 중세 신화의 요소들」, 『문학과 영상』, 2004, 봄, 여름 호, 173~210쪽(SF영화와 성배신화에 대한 주된 내용은 최애리의 논문에서 발췌해 재구성한 것이다. 지면 관계상 정확한 주석 표기는 생략했다).

흔히들 논문하면 왠지 읽기 지루하고 딱딱하다는 선입견을 가지고 있는데, 아더 왕과 성배 이야기에 관심이 있는 독자라면 한번쯤은 꼭 읽어보라고 권하고 싶은 '재미있는' 논문이다. 어떻게 구하는지는 2강 Further reading을 참조하라.

[현대생활 속의 신화]

- 말리노프스키 저, 서영대 역, 『원시 신화론』, 민속원, 1996.
- 캇시러 저, 최명관 역, 『국가의 신화』, 서광사, 1988.
- 롤랑 바르트 저, 이화여대 기호학연구소 역, 『현대의 신화』, 동문선, 1997.
- 원용진 저, 『대중문화의 패러다임』, 한나래, 2000.

말리노프스키, 캇시러, 바르트의 대표적인 책들은 비단 신화 분석을 하는 데만 유익한 책은 아니다. 우리가 매일 접하는 대중문화를 비판적으로 바라보게끔 해줄 수 있는 필독서 중의 필독서라 할 수 있다. 왜 대중문화를 분석하는 데 위의 책들을 읽어야 하는지 궁금한 독자들은 먼저 『대중문화의 패러다임』을 읽어 보시라. 2012년에 『(새로 쓴)대중문화의 패러다임』으로 개정증보판이 발간되었다.

8장 뱀파이어에서 도플갱어까지

호러나 SF 모두 미지의 것이나 초자연적인 현상에 대한 인간의 공포와 두려움에서 시작된 상상이었으므로 이 두 장르의 영화들은 그 뿌리가 같았다. 그러던 것이 과학문명이 발달하고 인간의 상상력이 내부에서 외부로 향하게 되자 호러에서 SF가 갈라져 나오는 역사적 궤적을 보인다.

호러는 영화로 만개하기 이전에 문학에서 오랜 시간 동안 전통적인 하나의 장르를 이루며 발전해 왔다. 그러다가 과학문명이 발달하기 시작하자 우주공간이나 외계인들에 대한 상상력, 기계에 대한 인간적 열망과 두려움을 바탕으로 SF 문학 또한 발전하기 시작했다. 문학으로 소통되던 인간의 공포와 열망에 관한 상상력은 영화의 역사가 시작되면서 그 중심이 문학에서 영화로 옮겨오며 전 세계적으로 빠르게 소통하게 되었다. 대개 호러와 SF영화는 몇 가지 점에서 차이를 보인다.

[표1] 호러와 SF의 차이

horror	비교 항목	SF
인간 내면의 세계 (트라우마, 소외, 원한 등)	관심 세계	외부세계 (외부의 타자, 변화하는 환경 등)
과거	시간	미래
폐쇄된 공간	공간	열린 공간
보수적 경향	정치적 성향	자유주의, 진보적 경향
질서를 교란, 일탈하는 위반적 괴물	해결할 문제	과학이 만들어낸 시스템, 우주로부터 온 외계 생명체, 문명의 비인간화
흡혈귀, 도플갱어, 괴물, 좀비, 정신병자, 악마 등	등장인물	미친 과학자, 로봇, 외계인, 안드로 이드, 사이보그, 외계생명체 등
개인과 사회의 갈등	갈등	사회집단 간 갈등

호러 영화

호러 영화는 일반적으로 초자연적이고 비이성적인 폭력의 분출로 시작
된다. 이는 늘 죽음의 공포와 맞닿아 있는데 호러 영화의 주인공이라 할 수
있는 괴물은 억압된 성적 욕망이거나 은폐된 비밀, 원한과 복수에 관련되
어 있다. 이런 억압된 것들은 늘 현실로 귀환하려고 하고 호러의 괴물은 왜
곡되고 흉측한 아름답지 않은 모습을 드러낸다. 송곳니로 여인의 목에 구
멍을 내고 피를 빨려는 흡혈귀, 지킬박사와 하이드의 이야기나 늑대인간처
럼 통제 불가능의 괴물로 변하는 인간, 심해나 알 수 없는 곳에서 온 괴생
명체, 살아 돌아다니는 시체들, 악마의 현현, 불특정 다수를 해치는 정신병
자가 호러 영화의 진정한 주인공들이다. 내면의 공포가 가져오는 상상력의
세계는 왜곡되고 과장되며 비현실적이다. 하지만 그것처럼 절절하게 몸으
로 느껴지는 공포가 현실적인 영화 장르도 드물 것이다.

드라큘라와 뱀파이어들

흡혈귀 신화는 '피'와 연관된 환상의 산물이라고 할 수 있다. 피는 생명력의 상징이며 피를 잃는 것은 죽음 같은 치명적 위험을 의미했다. 흡혈귀에 대한 신화는 전 세계에 퍼져있다. 특히 서양의 흡혈귀 신화는 헬레니즘과 헤브라이즘의 두 축을 중심으로 구축되었다.

그리스 신화에 등장하는 흡혈귀의 원조는 피에 굶주린 사악한 여신들이다. 엠프사, 라미아, 스트리게는 갓난아기의 피를 빨거나 잠든 남자의 생명력을 취하였다. 또 구약성서의 외전에는 아담의 첫 부인은 이브가 아니라 릴리트라고 기록되어 있다. 아담보다 먼저 흙으로 빚어 숨을 불어넣었으나 성에 어두운 아담을 떠나 악마의 여왕이 되었다는 여인이다. 가부장적인 기독교에서 여성은 낙원에서 쫓겨나게 된 원인을 제공한 불순하고 열등한 존재이다. 뱀의 유혹에 빠진 이브 이래 여성은 인간성을 오염시킨 저주와 결부되었다. 이러한 출산의 고통을 겪는 원죄적 여성의 불순한 상처의 증거는 월경이었다. 이로써 서구사회에서 신의 소관인 피는 생명의 상징인 동시에 불순함의 표시가 되었다. 그러나 이러한 피에 대한 환상은 예수님의 보혈이 인간을 구원하리라는 믿음으로 한층 복잡해진다. 중세 기독교 세계로 들어서면서 피에는 초자연적인 힘이 주어지게 된다. 너무 강력한 이데올로기에 대한 반발로 악마숭배 등이 횡행하였고 이미 예수님의 부활로 죽음 후에 다시 살아난다는 일반적 개념이 존재한 탓에 흡혈귀에 대한 믿음은 힘을 얻게 된다. 특히 전 유럽에 창궐한 페스트의 심각한 피해는 흡혈귀 신화를 더욱 부채질하였다. 엄청난 속도의 전염병 페스트는 죽었는지 채 확인하지 않고 급히 묻은 시체들에 대한 괴괴한 풍문으로 떠돌았고 흡혈귀에 대한 믿음은 사람들의 공포 속에 실체를 갖게 된 것이다. 또 14세기 중부와 동부 유럽에는 우상숭배에 관대한 그리스 정교의 영향과 십자군 전쟁이라는 초유의 학살이 진행되고 있어 흡혈귀의 대표격인 드라큘라에 대한 이야기의 배경이 되었다.

흡혈귀의 실제 모델은 15세기 루마니아의 블라드 테페즈 장군이었는데 그의 별명이 드라큘라였다고 한다. 십자군 전쟁의 민족 영웅인 동시에 이교도들에게 잔인무도한 폭군이었던 그는 산 넘고 물 건너 영국의 고딕 소설의 최고봉이라는 브람 스토커의 『드라큘라』의 모델이 되었다. 또한 귀족 흡혈귀의 원형을 제공한 17세기 초 헝가리의 에르체베트 바토리 여백작은 젊음과 아름다움의 유지를 위해 자신의 장원에 사는 어린 소녀들을 유괴, 납치하여 피를 마시고 목욕했다는 실존 인물이다. 그녀의 전형적인 고딕 양식의 성이 드라큘라성의 모델이 되었다고 한다. 이 밖에도 잔 다르크 휘하의 장군이던 질 드 레는 300명이 넘는 소년들을 극악무도한 방식으로 학대하고 살해하여 푸른 수염 전설의 주인공이 되기도 했다.

18세기는 흡혈귀의 황금시대라고 할 만 했다. 교회는 흡혈귀를 악마가 빚어낸 가상의 존재로 규정하는 자신들의 견해를 책자와 설교로 알리려는 노력을 기울였는데 그들의 노력은 오히려 흡혈귀를 공식적으로 인정한 셈이 되었고 이제 흡혈귀는 일반적인 용어가 된다.

유럽의 산업화로 새로운 생활양식이 소개되고 미신은 점점 시들해지게 되었으나 상상의 세계 속 흡혈귀까지 몰아내지는 못하였다. 산업혁명, 계몽주의, 물질주의에 반동으로 일어난 예술 전반에서 벌어진 낭만주의 운동은 매혹적인 신비에 싸인 과거에 대한 향수를 불러일으키는 흡혈귀를 부활시켜 영감의 원천으로 삼는다.

낭만주의 시인, 화가나 작가들은 흡혈귀 신화를 죽음도 불사할 만큼 달콤한 열정에 대한 은유로 사용하여 흡혈귀 신화를 에로틱한 것으로 왜곡시키게 된다. 전통적인 흡혈귀 전설 속에는 성적인 의미나 뉘앙스가 없었으나 낭만주의의 흡혈귀는 죽음과 쾌락이라는 퇴폐적인 세기 말 정서를 동시에 반영하였다. 더 이상 흡혈귀의 흡혈은 문제시되지 않았고 희생자는 스스로 희생에 동의하는 사도-매저키즘의 경향까지 보이게 된다.

낭만주의 시인 보들레르의 흡혈귀를 에로틱하게 표현하는 시의 일부이다. 당대 낭만주의 흡혈귀의 에로티시즘과 허무주의를 확인할 수 있다.

〈흡혈귀의 변형〉

그사이 여인이 몸부림치는 뱀처럼
몸을 뒤틀고 있다
그리고는 코르셋의 가슴 부분 위로
젖가슴을 꽉 움켜쥔다.
그녀의 입에서 한마디 한마디가
사향처럼 퍼져 나온다.
"내 입술은 촉촉해요.
내 입술로 어떻게 하는지 나는 알지요.
양심도 이불 속 어딘가로 사라지지요.
노인네도 어린아이처럼 웃게 만들고
내 가슴 위에서는 어떤 눈물도 다 말라버리죠.
존경하는 학자님,
내가 열어주는 쾌락의 세계는
달콤하기 짝이 없답니다.
나의 운명적인 포옹을 받은 남자는
수줍은 듯 방탕하고, 부드러운 듯 단단한
내 젖가슴을 이로 물고는
황홀해서 정신을 잃지요.
무력한 천사들은
나를 보면 저주할 거예요!"

(중략)

그녀가 내 뼈에서 골수를 빨아먹었을 때,
나는 기운이 다 빠져 그녀에게 기댔다.
그녀의 사랑에 보답하는
키스를 하려고 할 때 내가 본 것은
고름이 가득 찬 더러운 술 포대 같은
것이었다!
나는 섬뜩한 공포에 눈을 감았다
그리고 한낮의 햇빛에 눈을 떴을 때,
내 옆에는
내 피를 그렇게 깊이 빨아들이던
인형처럼 예쁜 여인 대신
해골 조각이 흩어져 있었다.
바람개비 소리처럼,
겨울 밤 세찬 바람을 맞으며 흔들리는
장대에 매달린 낡은 표지판처럼
삐걱거리고 있었다.

— 보들레르 〈악의 꽃〉 중에서

[그림1] 〈노스페라투〉의 드라큘라 이미지

그런데 상상 속에서 되살아난 낭만주의 흡혈귀들은 거기서 멈추지 않고 영화라는 새로운 매체를 통해 전 세계에 유통되게 된다. 바야흐로 드라큘라 영화의 국제화가 이루어진 셈이다. 20세기의 흡혈귀 영화는 1922년 〈노스페라투 : 공포의 교향곡〉(F.W.무르나우)에서 시작되었다. 최초의 흡혈귀 백작을 연기한 배우 막스 슈레크의 그로테스크하고 끔찍한 공포의 이미지를 보여준다.

이 영화는 고딕 소설의 대표작인 브램 스토커의 『드라큘라』를 원작으로 했으나 판권 문제로 마찰이 있어 원작과는 다른 제목으로 개봉되는 운명에 처했다. 또 이 영화는 영화사 초기의 중요한 독일 표현주의 영화 사조의 대표작이기도 하다. 세계 제1차 대전의 패전국으로 전후의 황폐한 사회상을 표현주의 예술로 표출한 독일 영화인들은 히틀러가 등장하고 독일이 전체주의화하는 상황에서 대거 미국으로 망명길에 오른다. 그래서 독일 표현주의 영화의 주역들이 할리우드로 진출하게 되었으며 그 중 많은 수가 유니버설 스튜디오에서 작업하며 일명 '유니버설 호러'를 이끌었다. 1930년 이후 만들어지는 드라큘라 영화들은 미국에서 하나의 장르를 형성하게 된 것이다. 미국에서 만들어진 최초의 드라큘라 영화는 1931년의 토드 브라우닝 감독의 〈드라큘라〉로 드라큘라 전문배우가 되는 벨라 루고시를 주인공

[그림2] 영화 〈드라큘라〉와 벨라 루고시

으로 발탁한다.

1929년부터 대공황에 휩싸인 미국에서, 드라큘라는 경제위기에 대한 증오와 공포를 집약하면서 세계적으로 대두하던 공산주의나 나찌즘의 은유로 해석되기도 한다. 흥미로운 것은 드라큘라가 검은 망토와 야회복을 입고 귀족적인 품위를 지닌 중부 유럽인의 액센트를 가진 전형적인 유럽 귀족의 매혹적인 이미지를 구축했다는 점이다. 이는 초창기 미국 호러에서 괴물은 늘 외부에서 내부로 즉, 미국 영토 외부에서 내부로 침입하는 특성을 보이는 것과 일맥상통한다. 유럽의 귀족 괴물이 계급 없는 미국 사회로 이민 온 셈이며 미국에 온 괴물 드라큘라는 이후 점점 더 인간화되는 변화를 보이게 된다. 〈흡혈귀〉(1932, 칼 드레이어), 〈흡혈귀의 표시〉(1935, 토드 브라우닝, 벨라 루고시 주연), 〈드라큘라의 딸〉(1936, 램버트 힐라이어), 크리스토퍼 리 주연의 〈드라큘라의 공포〉(1958, 테렌스 피셔), 〈드라큘라의 신부들〉(1960, 테렌스 피셔), 또 미국 이외의 프랑스나 이탈리아 등지에서도 흡혈귀 영화가 제작되었다. 〈그리고 쾌락의 죽음으로〉(로제 바딤), 〈사탄의 가면〉(1960, 마리오 바바)의 작품들이 있었다.

〈드라큘라, 어둠의 왕자〉(1965, 테렌스 피셔)의 영화와 〈두려움 없는 흡혈귀 킬러, 나를 용서하라, 그러나 당신의 이빨은 내 목에 있다〉(1967,

[그림3] 현대영화 속 드라큘라 이미지

로만 폴란스키), 〈드라큘라 여백작〉(1969, 피터 새스디), 크리스토퍼 리
와 클라우스 킨스키 주연의 〈드라큘라 백작〉(1971, 예수스 프랑코), 〈빨
간 입술〉(1974, 해리 쿠멜), 〈앤디 워홀의 드라큘라〉(폴 모리세이), 〈드
라큘라, 아버지와 아들〉(1976, 에두아르 올리네로), 〈드라큘라〉(1979,
존 배드햄), 〈첫 깨물음에 사랑을〉(1979, 스탠 드래고티) 등이 드라큘라
영화의 맥을 이었다. 1979년 독일의 베르너 헤어쪼그 감독이 연출을 하고
클라우스 킨스키와 이자벨 아자니, 브루노 간츠 등이 주연을 맡은 〈흡혈귀
노스페라투〉는 1922년의 〈노스페라투〉를 현대적 감각에 맞춰 만든 아름
다운 드라큘라 영화이다.

　80년대 들어서면서 드라큘라와 흡혈귀를 다루는 포스트모던적 감각들
이 돋보였다. 전통적인 흡혈귀 이야기는 에이즈의 출현과 어울리지 않는다
고 해서 거의 사라졌지만 오히려 그런 흡혈귀 영화들을 비틀고 변주하는
영화들이 등장한다. 〈굶주림〉(1983, 토니 스콧)은 프랑스의 여배우 카트
린 드뇌브와 프로그레시브 록 스타였던 데이비드 보위, 할리우드 연기파
배우 수잔 서랜든을 기용하여 만든 특이한 흡혈귀 영화였다. 1987년에도
죠엘 슈마허 감독의 〈잃어버린 아이들〉과 캐슬린 비글로우 감독의 〈어둠
가까이〉는 새로운 대중적인 흡혈귀 영화였다.

그러다가 1992년 프랜시스 포드 코폴라에 의해 브램 스토커의 『드라큘라』가 제작되어 드라큘라 영화의 현대적 완결편을 만들며 피와 사랑, 구원을 둘러싼 드라큘라 신화를 완성해냈다. 이제 드라큘라는 영원한 사랑의 주인공이 된 것이다. 게리 올드만, 위노나 라이더, 앤소니 홉킨스, 키아누 리브스와 같은 할리우드 스타들을 기용하여 만들어진 이 영화는 전형적인 드라큘라 영화가 얼마나 에로틱하게 매혹적일 수 있는지 보여주었다.

이러한 에로틱한 뱀파이어 영화는 동명의 소설을 영화화한 〈뱀파이어와의 인터뷰〉(1997, 닐 죠단)에서 절정을 이룬다. 매혹적인 꽃미남 뱀파이어들이 등장하고 피를 빨리고 죽는 것은 더 이상 문제가 되지 않았다. 앤 라이스의 베스트셀러 소설을 각색한 이 작품은 뱀파이어 영화가 가지는 에로틱한 동성애적 코드를 전편에 깔고 아름다운 배우들을 내세우며 진화한 새로운 드라큘라 영화이다. 탐 크루즈, 브래드 피트, 크리스찬 슬레이터, 안토니오 반데라스가 등장하였다.

또 1998년 작 〈어딕션〉(아벨 페라라)은 뉴욕에 사는 데카르트 전공의 철학과 대학원 여학생이 뱀파이어가 되면서 겪는 존재론적 고민을 그리고 있는 독특한 뱀파이어 영화다. 또 같은 해 만들어진 〈황혼에서 새벽까지〉(로베르트 로드리게즈)는 좀비적 뱀파이어들의 소굴을 소탕하는 미국 죄수들의 이야기를 다루고 있다. 1999년엔 좀 더 스타일리쉬한 뱀파이어 영화인 〈슬레이어〉, 〈블레이드〉가 등장한다. 2000년을 지나면서 뱀파이어들은 더 이상 십자가를 두려워하지 않고 마늘을 겁내지 않으며 햇빛을 피하지 않는다. 〈트와일라잇〉, 〈뉴문〉, 〈이클립스〉, 〈브레이킹 던〉 시리즈에서는 연인으로서 아름다운 뱀파이어가 등장하고 그의 몸은 햇빛 속에서 다이아몬드로 빛난다. 〈렛미인〉에서 200년을 살면서 할아버지와 소년의 사랑을 받는 12살 천진한 소녀 뱀파이어가 나타난다.

[그림4] 뱀파이어 신화의 현대적 변용

오늘날 뱀파이어는 실재의 존재라기보다는 인간 내부의 가장 깊은 곳의 공포와 욕망을 구체화하는 존재로 해석된다. 뱀파이어 이야기와는 무관해 보이는 한국에서도 〈흡혈형사 나도열〉, 〈박쥐〉와 같은 영화에 뱀파이어가 등장한다. 박찬욱 감독의 〈박쥐〉는 욕망과 구원의 문제를 다루고 있다.

도플갱어 모티프

인간의 이중성이나 정체성의 분열을 보여주는 잘 알려진 신화적 모티프는 도플갱어, 즉 분신(分身, Doppelgänger, second self, alter ego)이다. 도플갱어는 오랜 기원을 갖고 있다. 쌍둥이나 카인과 아벨 같은 형제로 나뉘어 있기도 하고 한 인물의 두 가지 성질로 표현되기도 한다. 지킬박사와 하이드, 늑대인간과 같은 이야기들도 모두 도플갱어 모티프에 속한다. 독일어 Doppelgänger는 1796년 장-폴 리히터(Jean-Paul Richter)가 처음 사용한 말로서 '길을 옆에서 나란히 걸어가는 동반자'라는 뜻으로 도플갱어의 해방은 흔히 불길한 죽음의 사건으로 알려져 있다. 호러 영화는 아니지만 신비한 도플갱어의 이야기를 아름답게 표현한 키에슬롭스키의 〈베로니카의 이중생활〉에서는 한 날 한 시에 태어난 부다페스트의 베로니카와 파리에 사는 베로니끄가 여행 도중 마주치고 자신의 도플갱어 베로니끄를 본

베로니카는 연주회에서 노래를 부르다 심장마비로 죽게 된다. 파리의 베로니끄는 그녀가 죽자 알 수 없는 상실감에 괴로워한다. 이처럼 도플갱어 모티프에는 무엇보다 죽음에 대한 공포와 삶에 대한 욕망이 얽혀 있으며 매료와 혐오의 두 가지 역동적 측면을 가지고 있다. 다음은 소설 로버트 루이스 스티븐슨의 『지킬 박사와 하이드씨』의 일부분이다. 이것을 보고 있으면 이성과 욕망, 착한 노신사와 완전한 악마, 선과 악은 이처럼 완전히 둘로 분리될 수 있는 것이 아닌지도 모른다는 각성에 도달하는 듯하다.

나는 내가 가진 두 가지 면 모두에 충실했다. 존경받는 의사로서 나는 책임을 소홀히 하지 않았으며 오직 착한 일만을 찾아했다. 밤거리에 나서면 나는 똑같이 열심히 즐거움을 좇았다. 날마다 나는 진실에 가까이 다가갔다. 사람이 지닌 본성은 하나가 아니라 둘이라는 진실에. 나이가 들면서 나를 둘로 나누는 방법을 꿈꾸기 시작했다. 나는 생각했다. 내가 제각기 다른 두 존재로 나누어질 수 있다면 살아가기가 훨씬 쉬워질 것이라고……(중략 - 약을 마시고)…… 심한 구토와 함께 마음 속 깊은 곳에서 공포가 치밀었다. 이 모든 과정이 지나간 뒤, 내 안에서 일어나는 변화를 느낄 수 있었다. 나는 젊어지고 더 가벼워졌으며 더 악해졌다. 열 배는 더 악해졌다. 두 손을 뻗어보니 무성하게 털이 뒤덮여 있었다...이제 나는 두 개의 인격과 모습을 가지게 되었다. 하나는 완전한 악마이고, 다른 하나는 착한 노신사 헨리 지킬 박사이다.

도플갱어 모티프에는 지킬박사와 하이드처럼 한 인물이 둘로 분리되거나, 늑대인간이나 헐크처럼 인간이 아닌 존재로 바뀌는 늑대인간 류의 이야기들, 인물의 내부에서 자아가 심한 충격이나 정신병으로 인해 여러 개로 자아 분열되는 이야기들이 있다. 이러한 종류의 이야기들은 동서고금을 막론하고 예전부터 전해져왔는데, 한국 민담으로 전해지는 『옹고집전』이나 오스카 와일드의 소설 『도리언 그레이의 초상』 등도 이런 도플갱어 이야기이다. 영화로는 〈지킬박사와 하이드〉, 〈화이트 클럽〉, 〈무간도〉, 〈페이스 오프〉, 〈써머스비〉(프랑스 영화 〈마틴 기어의 귀환〉의 할리우드 판), 〈울프〉, 〈아이덴티티〉, 〈마스크〉, 한국 영화로는 〈킬리만자로〉 등을 들 수 있을 것이다. 잉마르 베르히만 감독의 예술 영화 〈페르소나〉도 도플갱어 모티프를 가지고 있다.

북유럽이나 게르만 신화에도 도플갱어의 등장은 심심치 않으며 그리스 신화의 프쉬케 신화나 나르키소스 신화 또한 도플갱어 이야기라고 할 수 있다. 프쉬케는 야수의 형상을 한 자신의 남편이 사랑의 신 에로스임을 알아보지 못하고 나르키소스는 연못에 비친 자신의 모습을 사랑하다 수선화가 되는 신화 속 인물이다. 공포스럽다기보다는 애틋하고 연민을 불러일으키는 도플갱어 모티프라 할 수 있다.

심리학이나 심령학에 있어서도 도플갱어의 출현은 사람들의 상상력을 자극한다. 잠자는 동안 영혼과 육신이 분리된다는 유체이탈이나 사람의 몸을 떠나 허공을 떠도는 영혼들은 동물이나 그림자의 형태를 취한다는 섬뜩한 옛이야기들도 어린 시절 심심치 않게 들었던 이야기들이다. 중국 설화인 『이혼기』도 예로 들 수 있다. 이혼기의 주인공 장천랑은 사랑하는 남자를 따라가 한 평생을 살았으나 집에 돌아와 보니 병들어 누워있는 또 다른 자신이 있었다한다. 이 이야기도 영과 육이 분리되는 분신의 이야기이다. 영화의 흥미로운 소재로 다루어지는 다중인격 장애나 자아의 분열, 누구나 한번 씩은 경험하는 데자뷔 현상 등을 다룬 신화나 영화의 예들이나 그런 성격을 지닌 인물의 등장은 문학이나 연극 등 다른 장르에서도 적지 않은 매력을 발산한다.

보름달이 뜰 때마다 늑대로 변하는 저주를 받은 늑대 인간은 그 신화적 연원을 거슬러 올라가면 신 중의 신 제우스를 대접하려고 자신의 아들을 죽여 고기를 굽고 스프를 끓였다는 아르카디아 왕국의 리카온 왕에 이른

[그림5] 〈프랑켄슈타인〉의 주요 장면

다. 제우스는 리카온왕에게 만월이 되면 늑대인간이 되는 저주를 내린다.
신화적으로는 제우스 신앙이 인간을 산 재물로 바치는 인신공회의 행위와
결별한 것으로 해석된다. 인당수에 산 재물이 되는 심청도 인신공회의 같
은 맥락으로 이해된다. 〈반 헬싱〉이나 〈브레이킹 던〉과 같은 영화에 종종
뱀파이어와 늑대인간이 집안 대대로 대립한다는 이야기 구조는 신화적으
로 볼 때 허무맹랑하지만은 않다. 뱀파이어의 선조는 날개달린 사악한 그
리스의 여신들이었고 늑대인간의 조상은 신중의 신에게 자식을 재물로 바
친 리카온 왕이기 때문이다. 그들은 같은 시대의 산물인 듯 보인다. 뱀파이
어나 늑대인간과는 좀 다른 공포의 존재들도 살펴보자.

프랑켄슈타인

공포 영화의 초창기에 등장하는 또 하나의 괴물은 프랑켄슈타인이다.
대개 프랑켄슈타인이라고 하면 우리는 7구의 시체를 잘라 피부를 이어 붙
여 전기 충격을 주어 생명을 부여받은 노동자 계급의 괴물을 떠올린다. 하
지만 그 괴물은 원래 이름이 없다. 프랑켄슈타인은 그 괴물을 만든 창조주
인 미친 과학자의 이름이다. 바로 닥터 프랑켄슈타인이다.

『프랑켄슈타인』의 원작자 매리 셸리는 영국의 계관시인 셸리의 아내이

[그림6] 〈칼리가리 박사의 밀실〉과 〈골렘〉

고 최초의 페미니스트 메리 월스톤크라프트의 딸이다. 아이러니하게 메리 셸리의 어머니 월스톤크라프트는 그녀를 낳으면서 죽었다. 그래서 메리 셸리는 늘 어머니를 죽이고 태어난 딸이라는 죄의식에 사로잡혀 있었다고 한다. 그런 그녀가 만들어낸 괴물은 다름 아닌 어머니의 자궁에서 태어나지 않은, 시체들로 짜 맞춰진 괴물이었다. 그리고 흥미롭게도 한 시대를 함께 풍미한 귀족 괴물 드라큘라와 달리 노동자 괴물이다. 7구의 공동묘지 시체로부터 연원한 자궁을 거부한 괴물이 노동자 계층이라는 점은 흥미롭다. 이 영화 또한 1931년 유니버설 영화사에서 만들어진 작품이다. 드라큘라와 프랑켄슈타인은 대표적인 유니버설의 스타였다.

미치광이 과학자 모티프는 초기 공포 영화에서 이후에는 그 후손이라 할 수 있는 SF로 계승되는 인물로 많이 등장하게 된다. 과학 발전에 대해 비관적 미래를 보여주는 프랑켄슈타인 이야기는 인간 형상의 피조물을 만들고 그에 의해 파멸당하는 인간을 보여주고 있다. 이미 독일 표현주의 영화의 고전인 〈칼리가리 박사의 밀실〉(1919, 로베르트 비네)과 〈골렘〉(1920, 파울 베게너, 칼 뵈제)이 프랑켄슈타인 모티프의 원형적인 작품이라고 할 수 있다.

〈골렘〉에서는 사악한 마음을 품은 랍비가 거대한 진흙 인형인 골렘을

[그림7] 〈메트로폴리스〉의 주요 장면

만들어 도시를 파괴한다. 〈칼리가리 박사의 밀실〉에서는 몽유병자 세자르를 사주하여 연쇄살인을 저지르는 칼리가리 박사가 미친 과학자이며 창조주로 등장한다. 전후 독일의 황폐한 마음 속 풍경이 날카로운 예각과 거대한 덩어리 같은 건물들과 사다리꼴로 일그러진 창문이나 과장된 표현과 연기로 드러난다. 아름다운 사랑이야기가 아니라 전해 내려오는 괴담이나 엽기적인 사건들을 영화화했다. 물론 디스토피아적 SF영화의 직접적인 조상이 되는 영화는 1927년에 만들어진 독일 UFA영화사의 〈메트로폴리스〉이다. 아름다운 마리아 로봇과 미친 과학자 로트왕, 자본주의의 균열과 모순을 혼란스럽게 그려내고 있는 이 영화는 SF영화의 고전이자 걸작으로 꼽힌다.

사진에서 보듯이 미친 과학자 로트왕은 기계화된 지하의 노동자 세계를 완전히 지배하기 위한 자본가의 의뢰로 마리아 로봇을 만들고 그것을 이용해 노동자들을 선동하는데 성공하지만 마리아에 대한 자본가 아들의 지고지순한 사랑으로 두 세계는 화해한다는 내용을 담고 있다. 프랑켄슈타인 주제의 동화적 버전은 팀 버튼 감독의 〈가위손〉이라 할 수 있을 것이다.

이외에도 서구의 호러 영화의 범주에 넣을 수 있는 소재로서 좀비 영화들, 악마주의 영화들, 돌연변이 괴물들의 습격을 다룬 영화들, 지진이나 화산 폭발과 같은 재앙영화들, 사이코패스들이 등장하는 정신병자들이 벌이는 서스펜스 스릴러 영화들이 모두 사회 전반의 집단적 공포와 두려움을 재현한다고 할 수 있다. 가령, 조지 로메로의 좀비 연작은 미국 사회에 대한 절망적인 비전을 시대별로 그려내고 있다. 1968년의 〈살아있는 시체들의 밤〉은 냉전 시대의 과학기술이 낳은 통제할 수 없는 괴물로 좀비들을 그려내고 있으며, 그로부터 10년 뒤인 1978년에 만들어진 〈시체들의 새벽〉에서는 무엇이든 먹어치우는 소비 사회의 탐욕의 대상으로 좀비들을 묘사한다. 다시 10년 뒤에 만들어진 〈시체들의 날〉에서는 종말의 재앙을 과학으로 넘어서려는 인간들의 실험대상으로서 좀비들을 그려내고 있다. 로메로의 좀비 시리즈는 〈시체들의 땅〉, 〈새벽의 저주〉 등으로 이어지고 변종 좀비 영화들의 장르 변주도 지속되고 있다. 좀비 바이러스로 파괴된 인간세상을 그린 〈나는 전설이다〉(2007), 빠르게 달리는 좀비가 등장하는 〈월드워Z〉(2013), 인간적인 감성을 가진 새로운 좀비가 나오는 〈웜바디스〉(2014)를 비롯해서 〈워킹데드〉, 〈트루 블러드〉와 같은 미드로 진화하고 있다.

공포 영화에서 빼놓을 수 없는 것이 악마에 대한 이야기이다. 어린 아이가 악마가 들려서 테러를 자행하는 〈오멘〉, 〈엑소시스트〉를 비롯하여 텔레비전에서 밤마다 유령이 기어나오는 〈폴터가이스트〉와 〈처키〉 시리즈는 호러 영화를 논할 때 필수적으로 언급되어야 하는 영화들이다. 50년대 미국 호러 영화의 주를 이루었던 돌연변이 괴물들을 주인공으로 내세우는 영화들의 선조격이 되는 영화는 〈킹콩〉이다. 거대한 개미, 게, 문어, 거미 같은 곤충이나 동물들이 괴수로 변해 도시를 파괴하는 일련의 영화들은 유전공학이 발달함에 따라 그 부작용이나 두려움을 기반으로 한 〈엘리게이터〉, 〈고질라〉, 〈레릭〉, 〈쥬라기 공원〉에 이르고 있다. 이처럼 인간 문명의 발달이나 자연의 파괴에 대한 경고를 주제로 하는 영화들은 지금도 심심치 않게 만들어지고 있다.

미국 호러의 짧은 역사

영화는 언제나 그 당대 사회를 반영하거나 재현하면서 부침을 거듭한다. 특히 극도의 인간 상상력이 발휘되는 호러나 SF영화는 초현실적이거나 비현실적인 판타지 영화와는 달리 나름의 리얼리즘에 입각해 있다. 그럴 듯한 것, 그럴 수 있는 것, 일어날 수 있는 사건들과 그에 따른 공포와 두려움은 괴물들이나 영화에서 믿어질 만 한 과학적 사실에 기대서 리얼리티를 획득해왔다. 리얼리티를 얻지 못하면 호러 영화가 살 떨리게 두렵지도 않을 것이고 SF영화가 보여준 과학은 한낱 황당한 사기극에 지나지 않을 것이다. 그래서 호러나 SF는 그 당대 사회의 저변을 흐르는 사회의 심리나 집단의 이념들을 두려움이라는 균열과 공포라는 혼란 속에서 드러낸다. 호러나 SF의 사회성이라고 할 수 있는 이러한 성격은 그 영화 장르들이 어떤 특정 사회의 여러 통념들의 바로미터로 기능할 수 있는 가능성을 보여준다. 그래서 미국 할리우드의 호러 영화는 미국의 정치, 사회 변화에 밀접하다고 말할 수 있고, 한국의 호러 영화는 한국적 정치 사회 변화와 깊은 관련이 있다고 말할 수 있다.

앞에서 1910년대 독일에서 만들어진 〈칼리가리 박사의 밀실〉과 20년대 초까지 이어진 독일 표현주의 영화들은 호러의 기본적인 자양분을 제공했다는 점을 설명했다. 1920년대 미국에서는 이미 독자적으로 〈오페라의 유령〉과 최초의 공룡영화인 〈잃어버린 세계〉가 만들어졌다. 그런 할리우드에 독일 표현주의 영화인들이 대거 몰려와 1930년대 〈드라큘라〉, 〈프랑켄슈타인〉,〈지킬박사와 하이드〉같은 영화들을 만들어내기 시작했다. 1932 년〈미이라〉, 1933년의〈킹콩〉, 같은 해〈투명인간〉, 에드가 알랜 포우의 원작을 영화화한〈검은 고양이〉(1934)가 처음으로 모습을 보였고〈프랑 켄슈타인의 신부〉(1935)와 외계에서 포자가 날아와 사람들을 복제하고 장악하는 돈 시겔 감독의〈육체강탈자의 침입〉(1938)이 개봉되었다. 30 년대의 미국은 20년대 말의 대공황 이후 사회적인 공포와 미래에 대한 불 확실함, 겪어본 적 없는 국가적 위기 상황을 타개하려는 노력으로 요약되 는데 여러 종류의 공포 영화들의 등장은 미국인들의 공포가 얼마나 큰 것 이었나 짐작하게 한다. 1939년 제2차 세계대전이 발발하고 미국 호러 영화 들은 기존의 호러 영화들의 속편들과 그들이 진화하며 발전하는 상황을 연 출했다. 참전은 했지만 본토에서 전쟁을 하지 않았던 미국에는〈투명인간 의 귀환〉,〈가면 아래 얼굴〉(1941)과〈투명 여인〉,〈늑대인간〉(1941), 〈프랑켄슈타인의 유령〉,〈드라큘라의 아들〉(1942),〈캣피플〉,〈나는 좀 비와 걸었다〉,〈뱀파이어의 귀환〉,〈프랑켄슈타인이 늑대인간을 만나다〉, 〈죽은 자가 걷는다〉(1943),〈캣피플의 저주〉,〈머미의 저주〉(1944),〈잃 어버린 주말〉,〈죽은 자의 섬〉,〈신체강탈자〉,〈도리언 그레이의 초상〉 (1945),〈좀비의 계곡〉(1946),〈다섯 개의 손가락을 가진 야수〉(1947) 처럼 열거한 제목들에서 볼 수 있듯이 기존의 괴물들을 발전시키고 재활용 하며 소모하는 궤적을 보인다.[2] 이 영화들의 스틸이라도 제시하고 싶지만 그러지 못하는 아쉬움에 제목들을 열거하면서 그 변천을 조금이라도 인식 해보고자 한다.

1950년대 할리우드의 호러는 전통적인 호러에서 벗어나 드디어 자신만

2) 한 해에 제작된 영화들은 연달아 영화들의 제목을 다 적고 맨 마지막 작품에 제작 년도를 제시하였다. 연도가 없는 작품은 그 뒷 작품과 동일한 해에 제작된 것이다.

의 고유한 호러 영화들을 선보이기 시작한다. 이 시기는 할리우드 호러 영화 연구에서 중요한 시기인데 모든 할리우드 호러 영화의 원형들을 찾을 수 있기 때문이다. 당시의 미국은 제2차 세계대전 이후 한국전쟁을 겪으면서 급격히 냉전체제로 진입하고 있었으며 그것은 매카시즘의 광풍으로 이어지고 있었다. 또 현대화(포디즘과 테일러주의)에 따른 인간의 소외, 자기 분열의 상황은 줄어드는 신체, 적대적 외계인, 우주 괴물, 돌연변이 괴물, 초대형의 짐승들로 이미지화하고 있었다. 이들은 모두 공산주의에 대한 공포를 형상화하고 극도의 자본주의 사회에서 개인의 고독과 소외를 재현하는 것이었고 전통적인 호러의 양상이 변주되는 경향과 새롭게 등장하는 미국적 호러 괴물들이 모습을 드러냈다. 이들을 이미지로 다 볼 수 없으므로 제목을 살펴보자. 〈다른 세계로부터 온 괴물〉(1950), 〈지킬박사의 아들〉, 〈지구가 멈춘 날〉(1951), 〈그들! Them!〉, 〈마그네틱 괴물〉, 〈우주에서 그것이 왔다 It came from outer space〉 〈세계전쟁〉(1953), 〈모르그가의 유령〉, 〈이창〉, 〈로봇 몬스터〉, 〈검은 산호초의 괴물Creature from the Black Lagoon〉(1954), 〈디아볼릭〉, 〈심해에서 온 괴물 It came from beneath the sea〉, 〈지구 종말의 날〉, 〈고질라〉(1955), 〈믿을 수 없이 줄어든 남자 The Incredible Shrinking Man〉(1956), 〈나는 틴에이저 늑대인간이었다 I was a Teenage Werewolf〉(1957)등이다. 이런 50년대가 지나가고 미국은 전반적으로 들끓는 에너지와 자유주의의 물결이 넘실대는 60년대를 맞게 된다.

전 세계가 모두 격동의 세월로 기억하는 60년대, 미국에서는 역사상 가장 젊은 케네디 대통령과 마틴 루터 킹 목사가 연이어 암살되었고, 미소의 우주 전쟁의 결과이긴 했지만 1969년의 인류의 달 착륙이라는 역사적 사건이 있었다. 좌파 자유주의 운동, 페미니즘의 대두, 반핵 반전 평화 운동, 말

콤 엑스의 등장으로 과격해지는 흑백 분리주의 운동 등 젠더, 반전, 이데올로기, 인종문제 등 미국 사회 전체가 문제적 상황과 갈등을 연일 표출하였다. 이 시기 미국 호러 영화는 아메리칸 드림이 아닌 아메리칸 나이트메어를 보여주었고 이때 호러를 학자들은 특별히 '모던 호러 필름(Modern Horror Film)'이라 지칭한다. 괴물은 이제 미국의 외부에서 오는 것이 아니라 내부에서 생겨난다. 더 이상 초월적 존재가 아니라 현실적으로 존재 가능한 인물들이 공포의 원천이 되었으며, 급격한 사회 변동에 따른 자기 정체성의 위기와 분열은 정신병자 괴물들을 출현시켰다. 〈싸이코〉, 〈블랙 선데이〉(1960), 〈드라큘라의 신부〉(1961), 〈새〉(1963), 〈로즈마리의 아기〉(1968), 〈살아있는 시체들의 밤〉(1969)과 같은 호러 영화들이 미국인들의 상상의 세계를 뒤덮고 있었다.

용광로처럼 끓어오르던 60년대가 지나고 70년대에 들어서자 미국 사회는 격하게 경직되어 간다. 베트남전 패배의 후유증은 신체를 난도질하는 슬래셔 영화(slasher film)의 급증을 가져왔고, 오일 쇼크과 함께 온 극심한 경기 침체, 워터게이트 사건 같은 정치적 이슈들은 사회적 불안감 고조시켰으며 자유주의에 대한 우파의 반격을 시작하게 만들었다. 보수적인 위기의식이 표출되는 것으로 분석되는 여러 재앙영화(disaster film)들이 붐을 이루었고, 초월적 존재인 악마에 대한 공포와 함께 사회적 폭력의 배후에는 알 수 없는 존재가 있다는 믿음은 음모이론을 바탕으로 하는 영화제작을 부추겼다.

〈엑소시스트〉(1973), 〈오멘〉, 〈캐리〉(1976), 〈서스페리아〉(1977), 〈할로윈〉(1978)과 같은 소년과 소녀들이 악마의 대리인으로 등장한다. 신보수주의가 득세하는 80년대 미국 호러는 저소득층을 겨냥하며 미국 백인 교외의 신화[3]를 깨뜨리는 시리즈 영화들이 등장한다. 단순 유사한 내용의 시리즈물 〈나이트 메어〉, 〈13일의 금요일〉 시리즈가 이런 경향을 대표한다. 이 청소년 학살 영화들은 보수주의의 반격으로서 대중적으로 소통되었으며, 섹스와 마약, 술과 같은 청소년으로서는 해서는 안되는 비정상적 욕망, 죄의식, 환상에 중독된 부도덕한 10대들을 징벌하는 반항적 신세대 경고용 영화들이었다. 그래서 늘 '순결한 그녀'가 문제를 해결하고 심지어 괴물들을 처치하는 결론은 내러티브 공식이 되었다. 괴물 제이슨이 등장하는 〈13일의 금요일〉은 1980년에서 1988년까지 모두 8편, 1984년에 만들어지기 시작한 웨스 크레이븐 감독의 〈나이트메어〉는 그 시리즈가 총 8편이 제작되고 아직까지 리메이크 영화들이 만들어지고 있다. 폭력과 서스펜스의 대가 존 카펜터 감독의 〈할로윈〉 시리즈도 1978년에 시작되어 총 8편이 제작되었다.

호러 영화의 전복성

그러나 호러 영화들이 모두 이렇게 보수적인 성향을 가진 것은 아니었다. 70년대 이후 거친 형태로 나타난 체제 전복적인 호러 영화들도 한편에 존재했다. 전반적으로 보수의 역공이 이루어지던 시절이지만 동시에 베트남 전쟁에서 미군의 잔학 행위가 폭로되던 이 시기의 영화들은 종교나 가족제도의 붕괴에 대한 메타포를 담고 있다. 가장 인상적인 작품인 토브 후퍼의 〈텍사스 전기톱 살인〉(1974)과 이런 흐름을 계승하며 뉴질랜드에서 만들어진 피터 잭슨 감독의 〈데드 얼라이브〉(1992)는 컬트 영화팬들을

---

3) 대도시의 교외에 살고자 하는 백인 중산층들의 욕망을 표현하는 말로, 영화에서는 하얀 목조건물에 성조기를 꽂고 평화롭고 조용하게 살아가는 화목한 가족과 교회나 학교를 중심으로 하는 지역공동체를 시각적으로 표현한다. 여러 영화들에 그런 마을들은 수없이 나오지만 〈트루먼 쇼〉에 나오는 낮은 담장과 아담한 정원, 이웃과 웃으며 인사하는 가족들이 사는 마을을 어렵지 않게 떠올릴 수 있다.

열광시켰다. 이후 1990년대 호러 영화들은 코미디나 SF와 혼성이 이루어지며 잡종 장르화 하는 경향이 강했다. 첨단 과학무기가 속속 등장하고 외계인의 침입이 시각화되며 인간성의 부재와 인간 문명에 대한 공포어린 경고가 두려움의 근원이 되었다.

호러 영화를 연구한 영화학자 로빈 우드(Robin Wood)는 미국의 호러 영화들이 가지는 모티프는 '가족'과 긴밀히 연관되어 있다고 분석한다. 공격은 항상 가족 또는 성적인 긴장과 연계되거나 그것에 의해 촉발된다. 가족 자체가 죄가 있든 없든 정신병자/정신분열증 환자, 반 그리스도, 어린아이-괴물은 모두 가족의 산물로 보인다. 그는 호러가 가족과 연결되어 가는 과정은 괴물이 지속적으로 미국을 향해 지리적으로 근접해 가는 과정에 반영되어있다고 설명한다. 그러면서 호러 영화를 읽는 방식의 키워드로 '정상성(Normality)'의 문제를 제시한다. 인간에게는 심리적으로 기본억압과 과잉억압이 존재하는데 그 중 과잉억압은 우리를 일부일처,이성애주의,부르주아,가부장적 자본주의자가 되도록 요구한다. 양성애의 억압과 동성애의 압박을 받는 사회구조는 성적 에너지, 양성성(bisexuality), 여성성/창조성에 대한 억압, 아동의 성 등을 억압의 대상으로 삼으며 이들은 인간성 발달에 제한과 구속을 하게 되어 잠재력이 성장하는 것을 방해한다는 것이다. 결국 이는 주체와 타자의 관계에서 해답을 찾아야 한다. 호러 영화의 괴물이나 내 안의 두려움과 공포들이 표출되어 나오는 비정상성은 이러한 타자로 존재로 형상화되고 있는 것이다. 타자(the other)는 단순히 문화나 자아의 바깥에 있는 어떤 것으로 기능할 뿐 아니라 자아 안에 억압된 것(결코 파괴될 수 없지만)을 증오하고 단절시키기 위해 외부로 투사되는 것으로도 기능한다. 그러나 억압된 것은 항상 귀환하려고 분투한다. 주체를 위협하는 타자와의 차이에서 오는 공포를 무화시키는 방법은 타자를 동화시키거나 제거하는 두 가지 밖에 없기 때문이다.

'정상성'은 이성애 일부일처 부르주아 가부장적 자본주의자 커플, 가족을 지지하는 사회 제도(경찰, 교회, 군대, 학교, 국가)에 의해 재현되어왔다. 정상성은 기존 권위에 의해 승인된 지배 이데올로기이다. 가부장적 부르주아 사회는 서구 근대 주체가 사는 곳이며 이를 위협하는 타자(일탈된 주변적 존재들인 여성, 동성애자, 프롤레타리아, 다른 인종 집단, 아이들, 신체적 기형들)는 정상성을 위협하는 괴물로 형상화 되는 것이 호러 영화의 이데올로기적 측면이다.

하지만 호러 영화의 전복성은 여기에 숨어 있다. 가장 대중적이면서도 가장 나쁜(?) 장르인 호러 영화는 그저 아무 생각 없는 오락으로 기능한다고 여겨지기 때문에 가장 위험하고 파괴적인 암시를 은폐하거나 위장하고 그 핵심이 탄로 나는 것을 피할 수 있다. 스스로 싸구려 장르임을 인정하고 '난 아무것도 아니야.'라고 말하고 있기 때문에 어떤 의식 있는 사회 비판 영화들보다 급진적으로 전복적일 가능성을 보여준다. 물론 모든 호러 영화가 그렇다고 말하는 것은 아니다. 스스로 억압된 욕망이나 소망이 너무 끔찍하고 역겨워서 부정해야만 하지만 동시에 그 욕망은 너무 강렬하고 매혹적이기 때문에 꿈으로 존재하는 것이다. 그래서 호러 영화는 집단적 악몽이기도 하지만 그만큼 중독적 매력을 발산한다. 더구나 호러 영화들은 그 전복적 저의를 채 알아차리기도 전에 저속하고 유치하게 끝남으로써 진정한 독해를 방해한다. 여기에 바로 호러 영화의 게릴라성이 존재하는 것이고 진정한 전복성이 잠복해 있는 것이다.

* Further Reading

- 로빈 우드, 『베트남에서 레이건까지』, 이순진 역, 시각과 언어

이 책은 호러 영화를 공부하는 사람이면 누구나 읽는 필독서이다. 할리우드 영화를 섹슈얼리티 측면에서 정치적으로 독해한 책.

- 마이클 라이언, 더글라스 켈너, 『카메라 폴리티카, 下』, 백문임, 조만영 역, 시각과 언어, 1996년

현대 호러 영화의 핵심을 여성에 대한 폭력으로 규정하는 이 책도 공포영화를 이해하는 데 중요한 저작이다. 특히 영화 텍스트들에 대한 자세한 분석이 돋보인다.

- 바바라 크리드, 『여성괴물』, 손희정 역, 여이연, 2008년

1993년에 씌여진 책이 15년이 넘어서 늦은 번역으로 출간되었다. 여성이 테러의 대상으로 뿐 아니라 테러의 주체가 되는 측면에서 저술된 흥미로운 책. 페미니즘과 정신분석학의 줄을 균형있게 타면서 흥미로운 호러 텍스트들을 분석하고 있다.

- 장 마리니, 『흡혈귀, 잠들지 않는 전설』, 장동현 역, 시공사, 1996년

시공디스커버리 총서 중 한 권으로 비록 문고판의 작은 책이지만 그 덩치와 걸맞지 않는 풍부한 내용을 담고 있다.

9장 디즈니 왕국의 흥망성쇠

'백설공주', '신데렐라', '잠자는 미녀', '인어공주', '미녀와 야수'의 공통
점은 뭘까? 미녀가 등장한다? 옛날이야기다? 우리는 어디서 이들을 보았
는가? 그렇다. 정답은 디즈니 애니메이션이다. 물론 디즈니 애니메이션 이
전에도 이들은 존재했다. 동화책으로, 더 오래된 옛날이야기, 민담 속에서.

옛날이야기(說話, tranditional story)는 대개 신화(神話, myth), 전설
(傳說, legend), 민담(民譚, falk tale)의 세 가지로 유형화되는 경향이 있
다. 이 분류법은 다분히 유럽적인 것이다. 옛날이야기가 최초로 진지한 학
문의 대상이 되었던 유럽에서 해당 연구의 초점은 그리스·로마 신화와 중
세의 여러 영웅 및 성인 전설, 그리고 요정담 또는 마법담이라고도 불리는
민담의 각기 다른 부류에 집중되었기 때문이다. 이 이야기들은 서술 주체
와 시대가 엄격히 구분되어 혼동의 여지가 적은 편이었으므로, 유럽에서
옛날이야기의 유형과 체계는 분명하고 엄정한 것이었다. 그러나 아시아와

다른 대륙들에서는 사실 이와 전혀 다른 양상들이 존재한다. 아시아, 아메리카, 아프리카, 오세아니아 등지에서 전해지는 옛날이야기는 오히려 두 가지 부류로 나뉘는 경향이 있다. 사실과 허구, 미더운 이야기와 믿을 수 없는 이야기, 성스러운 이야기와 세속적 이야기의 구분처럼.

디즈니의 클래식 애니메이션 시리즈는 바로 저 유럽의 옛날이야기, 구체적으로는 대개 그림(Grimm) 형제의 민담집에 실린 민담들을 줄거리로 삼는다. 언어학과 문헌학 연구자였던 그림 형제는 독일 낭만주의의 영향 하에 해당 지역의 민담들을 수집했다. 당시 유럽의 여러 지역에서는 이미 민담들을 수집하는 작업이 상당히 진척되고 있었다. 이 분야에서 독일은 상대적으로 늦게 연구가 시작된 셈이다. 그림 형제가 수집한 민담들을 각색하고 '아이들을 위한 이야기(童話)'의 형태로 편찬한 것이 바로 '그림 동화'이다. 이러한 작업을 통해 그림 형제는 프랑스의 샤를 페로가 진행한 작업에 필적하는 성과를 이루었다.

떠오르는 질문 하나, 그렇다면 디즈니 애니메이션은 왜 그림 동화를 좋아할까?

여기서 우리는 그림 형제의 동화집이 단순한 민담집이 아니라 각색된 이야기라는 사실에 주목할 필요가 있다. 필립 아리에스가 『아동의 탄생』에서 지적했듯이, 봉건적인 유럽의 가족 구조는 상공업 중심의 자본주의로 이행하면서 근대적인 핵가족 형태로 변화를 일으켰다. 자녀의 수가 눈에 띄게 줄어드는 이런 형태의 가정에서 어린이는 가족의 미래를 위한 중요한 투자 대상이었다. 이전까지 작은 사람으로 밖에 여겨지지 않던 어린이들은 생의 주기에서 가장 기본적인 단계로 자리매김했다. 여기서 어린이 교육의 중요성이 대두한다.

그림 형제의 동화는 이러한 사회적 배경 하에서 어린이 교육에 대한 어른들의 강력한 의지의 소산으로 탄생했다. 그런 까닭에 동화는 단순한 옛날이야기일 수 없었다. 어린이를 위한 각색을 절실하게 필요로 했던 전래동화는 일종의 '다시 쓰기(rewriting)' 장르인 것이다. 예를 들어, 「개미와 베짱이」의 이야기는 다시 쓰는 사람에 따라 얼마든지 변형이 가능하다. 우리가 익히 알고 있는 이솝우화 속에서 개미는 베짱이를 문전박대하고 베짱이는 한겨울에 얼어 죽는다. 개미처럼 부지런히 일해야 겨울을 잘 날 수 있다는 전통적인 교훈이다. 휴머니스트 동화작가의 입장으로 다시 쓰기를 해보자. 불쌍한 베짱이는 개미의 도움을 받을 것이며, 개미의 적선이 지속적이라면, 운 좋게 한 겨울을 넘길 것이다. 마르크시스트 동화작가가 다시 쓰기를 한다고 가정해보자. 개미가 땀 흘려 일하는 생산노동자라면 베짱이는 옆에서 깽깽이를 켜고 노래하는 예술노동자다. 모두 함께 생산성 향상에 기여했으므로, 그들은 사이좋게 음식을 나눠먹고 함께 겨울을 날 것이다. 만약 이야기의 배경을 우리의 현재, 경쟁이 치열한 고도 자본주의 사회이자 대중문화 지배의 이 사회로 옮긴다면? 누구나 일만하다 죽는 개미노동자보다는 베짱이처럼 연예인으로 사는 것이 부러움의 대상이겠다. 그런 베짱이가 인기를 누리고 행복하게 사는 이야기를 쓸 수도 있지 않겠나? 누구나 베짱이처럼 살 수는 없지만, 개미처럼 살기는 싫어하지 않는가 말이다. 이처럼 동화는 아이들을 가르치고 교정해서 올바르게 키워야한다는 생각에 바탕을 두고 있다. 디즈니 클래식들은 명작동화의 '디즈니식 다시 쓰기'라는 점에 주목해야한다.

　비유와 상징을 통해서이기는 하지만, 신화나 전설과 마찬가지로 민담에서도 성이나 폭력 같은 인간 삶의 원초적인 측면은 가감 없이 드러난다. 옛날이야기의 세계는 우리가 사는 이 현실만큼이나 험악하다. 「헨젤과 그레텔」도 기아에 시달리던 부모들이 자식을 숲에 내다 버리는 이야기이다. 아이들의 굶주림은 과자로 만든 집을 뜯어먹는 환상으로 이어진다. 과자로 만든 집의 주인인 마귀할멈의 목적도 두 아이들을 잡아먹는 것이다. 집으로 돌아오는 길을 표시한 빵 쪼가리마저 새들이 쪼아 먹고 만다. 배고픔으로 점철된 이야기라 아니할 수가 없다. 아이들은 살아남기 위해 살인을 저지르고 집 주인이 숨겨놓은 보물을 훔쳐서 도망친다. 청교도이며 계몽주의자였던 그림 형제는 세계와 인간의 이 잔혹한 측면이 어린아이들에게는 해로운 것이라고 믿었다. 또한 새로운 세대의 아이들에게 인간의 어두운 측면을 가르치지 않는다면 세상이 좀 더 바람직한 방향으로 나아가리라는 믿음을 가진 낙관적 계몽주의자이기도 했다. 그들은 아이들에게 순진하고 아름답고 밝은 세상만 보여주어야 한다는 신념의 소유자들이었다.

그림 형제가 이러한 믿음으로 걸러 쓴 것이 『그림 동화』이다. 이러한 원칙은 서문에서 바로 확인된다. 초판에서 그림 형제는 민담집에 대해 "어떤 것도 덧붙이지 않았고, 전설의 내용과 특징조차도 미화하지 않았고, 우리가 받아들인 내용을 그대로 기록했다"라는 연구자로서의 입장을 견지했다. 그러나 이야기의 대상이 아이들이라는 점이 분명해지자, 이들의 입장은 아이들을 훈육의 대상으로 삼는 교훈적인 동화 작가로 서서히 변모한다. '어린이와 가정을 위한 옛날이야기(Kinder und Haus märchen)'라는 부제를 단 『그림 동화』 제2판의 서문에서 "우리는 어린이 나이에 맞지 않는 모든 표현을 신판에서 신경 써서 삭제했다"는 입장의 변화를 전면에 내세운다.

그림 형제는 수집한 민담에서 어린이 나이에 맞지 않는 표현들을 삭제하고 수정함으로써, 즉 구두(口頭)로 전승되는 민담을 '다시 쓰기' 함으로써 동화라는 새로운 장르를 개척했다. 그리고 디즈니 애니메이션은 바로 이 새로운 장르인 동화에 주목한다. 그림 동화야말로 아이들을 위한 영화인 디즈니 애니메이션이 꼭 필요로 하는 스토리텔링이었던 것이다.

아이들을 위한 영화, 디즈니 애니메이션

장르영화의 황금시대를 열었던 할리우드에서 초창기 애니메이션은 명백히 부수적인 문화장르였다. 사진이 발명되고 영화의 역사가 시작되자 대중적 인기를 끌던 애니메이션은 영화에게 자리를 내주게 된다. 죽어있는 그림이 움직이는 허깨비 영상인 애니메이션보다 살아있는 배우들이 등장하고 너무 사실적이어서 그럴듯한 움직이는 사진, 영화의 환영에 사람들이 마음을 빼앗긴 것이다. 그래서 애니메이션은 영화와의 이길 수 없는 경쟁에서 정면대결을 피하고 우회하게 된다. 스스로 어린이들을 위한 오락임을 선언한 것이다. 할리우드에서 애니메이션은 이러한 방식을 통해 살아남았고 산업적 돌파구를 마련했다. 아이들은 성인들이 즐기는 것과는 분명히 '다른' 오락을 즐길 필요가 있었다. 누구보다 디즈니는 그런 대중들의 욕구를 알아채고 그에 맞는 방식들을 선도적으로 개발하면서 어린이 산업의 탄탄대로를 걸어가게 된 것이다.

하지만 디즈니에게도 고민은 있었다. 금욕적인 프로테스탄트 윤리를 고수하는 미국 연방정부의 검열과 성적인 것을 보기 원하는 대중들의 욕망 사이에서 어린이들에게 무엇을, 어떻게 보여줘야 할 것인가 즉, 금기에 대한 표현의 수위를 조절하는 것이 필요했다.

1930년에 할리우드는 연방정부의 규제를 피하고 어린이들의 도덕 교육에 관심이 있다는 사실을 증명하기 위해 자체 검열을 위한 영화제작규정(Production Code)을 채택했다. 이 규정은 특히 성과 폭력의 표현을 엄격히 제한하는 세부 사항들을 포함하고 있었다. "실사 영화에서 로버트 테일러는 가르보에게 키스를 해도 된다. 그러나 만화영화에서 포키가 페튜니아 피그에게 키스하는 것은 그리 좋지 않다. 검열은 그냥 손만 잡는 유형의 로맨스를 좋아한다"라는 1939년의 기사 내용은 이 자체 검열이 어떤 원칙을 지니고 있는지 보여준다. 어른들의 장르인 실사 영화에서는 키스신이 등장해도 괜찮지만, 아이들의 장르인 만화영화에는 키스신이 등장하면 안 된다. 어린이에게 폭력과 마찬가지로 성은 완전한 금기였다. 검열은 피하되 흥행성을 포기할 수 없었던 월트 디즈니가 강구한 방안은 가장 미국적인 가치를 숭상하고 그에 따른 윤리관을 설파하는 것이었다. 그는 대중의 문화의식과 이성애적 규범 같은 중산층 가정의 가치관을 대변함으로써 이 문제를 해결했다. 디즈니의 첫 번째 극장용 장편 애니메이션 〈백설공주〉(1938)는 연방정부와 대중사회의 요구에 적극적으로 호응함으로써 검열 규정을 넘어선 모범적인 본보기라 할 수 있다.

디즈니가 어떻게 동화를 다시 썼는지 살펴보자. 디즈니의 〈백설공주〉에서, 허영심 많은 왕비 ― 매일 거울만 들여다보면서 아름다움을 추구하는 왕비의 태도는 아내와 어머니로서 책임을 다하지 않는 것과 동일시된다. 그녀는 아침마다 거울에게 묻는다. '거울아, 거울아 이 세상에서 누가 제일 예쁘지?' ― 에게 쫓겨난 백설공주는 동물 친구들의 인도로 숲 속의 일곱 난쟁이 집을 찾게 된다. 처음 난쟁이네 집에 도착한 소녀는 난장판으로 어질러진 집 안을 보고 이렇게 말한다. "이들에게는 어머니가 없나 봐!" 그래서 그녀는 그들의 어머니이자 안주인으로서의 역할을 스스로 도맡아 집 안을 청소하고 빨래를 빨며 음식을 만든다. 그렇게 하면 집주인들이 자신을 "이 집에서 살게 해 줄는지도 몰라"라고 생각하기 때문이다. 반면, 숲 속의 일곱 난쟁이들은 오후 다섯 시가 될 때까지 탄광에서 일을 하는 남자들이다. 남자들은 해가 지기 전에는 집으로 돌아오지 않는다. 그들의 남자다움은 집안일에는 손도 대지 않는 것이다. 그들은 제대로 씻지도 않고, 청소를 하지도 않으며, 설거지도 하지 않는다. 그 일은 남성들의 영역에 속하지 않는 까닭이다. 그리고 그 부분의 묘사를 슬랩스틱 코미디와 뮤지컬적 춤과 노래로 얼버무린다. 여자는 집안일을 도맡고 남자는 바깥일을 주관한다. 〈백설공주〉가 제시하는 사회적 성(gender)의 규범은 이처럼 명확하다. 그러나 원작 동화의 「백설공주」를 읽어보면 이러한 젠더 규범이 매우 미국적이라는 사실을 확인하게 된다.

> 집 안의 모든 것은 조그마했지만, 말할 수 없을 정도로 예쁘장하고 풍성했습니다. 방 안에는 흰 식탁보 위의 일곱 개의 접시에 음식이 차려져 있는 탁자가 있었습니다. 모든 접시에는 숟가락이 있었고, 그 밖에도 일곱 개의 칼과 포크, 그리고 일곱 개의 침대가 나란히 세워져 있었고, 모두 하얀 시트로 덮여 있었습니다. 백설공주는 몹시 배가 고프고 목이 말랐기 때문에 모든 접시에서 빵과 야채를 조금씩 먹고, 모든 잔에서 포도주를 한 모금씩 마셨습니다.

동화에서 묘사된 숲 속 난쟁이네 집은 작아도 모든 것이 예쁘장하고 풍성하다. 침대는 하얀 시트가 덮여 말끔하다. 백설공주가 도착하기 전에도 ―여자나 엄마 없이도― 집 안의 모든 것이 완벽하게 정리되어 있는 것이다. 오히려 이 집 안의 질서를 어지럽히는 것은 백설공주다. 그녀는 "몹시 배가 고프고 목이 말랐기 때문에" 주인도 없는 집에서 접시의 빵과 야채를 먹고 포도주를 마신다. 그러나 디즈니의 〈백설공주〉가 제시하는 명확한 젠더 규범은 현상 유지를 위한 사회의 요구에 더할 나위 없이 적합했다. 이런 방식을 통해 디즈니는 다른 애니메이션들이 직면한 위험들을 피해갈 수 있었다. 〈백설공주〉는 후반부의 키스 씬에도 불구하고 미학적 가치나 도덕적인 수준의 측면에서 어떠한 공격도 받지 않았다. 심지어 이러한 키스 씬은 디즈니 애니메이션의 해피엔딩을 장식하는 일종의 클리셰(cliché)로 정착했다. 왕자와 공주의 키스는 모든 문제가 해결되고 영원히 행복하게 사는 것을 약속한다.

[그림1] 〈백설공주〉〈신데렐라〉〈잠자는 미녀〉〈인어공주〉〈미녀와 야수〉의 키스씬

여기서 월트 디즈니가 생전에 한 말을 상기할 필요가 있다. 그가 상상하고 있는 어린이들이 속해야하는 세계는 "어린이들의 환상이 실현되고, 행복만이 존재하며, 요정의 마술을 통해 순수함이 안전하게 존속되는 원시의 세계 그러나 결코 실재할 수 없는 세계"이다. 말하자면 완전한 무균질의 허구 세계, 누구나 공주이고 왕자인 세계, 선과 악은 바뀔 수 없이 분명하고, 영웅은 영원한 영웅이며 악당은 영원히 악당인 세계. 이것이 디즈니 왕국이고, 왕국의 법이다.

그는 또 이렇게 말했다. "나는 아이들의 마음은 마치 백지와도 같다고 생각한다. 태어나서 처음 몇 년 동안에 많은 것들이 백지 위에 기록될 것이다. 기록될 내용의 질적 측면은 아이의 인생에 절대적인 영향을 주게 된다." 여기서 기록될 내용의 질적 측면은 디즈니가 표방하는 세계가 지시하는 믿음이다. 공주는 왕자의 키스가 아니면 깨어나지 못하고, 여자는 집안일을, 남자는 바깥일을 해야 한다는 남녀의 성역할을 고정시킨다. 예쁜 여자는 좋은 사람이고 못생기고 뚱뚱한 여자는 나쁜 여자이다. 말로 표현하지 않지만 이미지는 훨씬 힘이 세다. 〈인어공주〉의 뚱뚱하고 검은 마녀 우르술라를 기억해보면 그것이 얼마나 강력한 이미지 코드인지 그리고 그 이미지가 얼마나 강력한 메시지를 발신하는지 알 수 있다. 백지와 같은 아이들이 처음 보는 이미지와 듣는 이야기가 계급적, 인종적, 성적 편견에 빠져 있다면? 이 얼마나 위험천만한 일인가! 더구나 그 편견들은 아름답고 너무나 재미있게 포장이 되어 있다. 디즈니의 전 세계적 성공은 수많은 아이들이 태어나서 처음으로 보고 듣는 이야기였던 그림 동화를 빠른 속도로 대체했다.

동화를 받아들이는 과정이 곧 아이들이 상상적으로 사회를 체험하고, 자아와 타자 간의 상호 인격적 관계를 간접적으로 배우는 과정임을 염두에 둔다면, 앞서 말한 디즈니식의 필터링은 꽤 심각한 문제가 될 수 있다. 다른 측면에서 거대 프로젝트인 '디즈니식 동화 다시 쓰기'가 어떤 각색을 진행 중인지 좀 더 살펴보자.

〈미녀와 야수〉(1992)를 보자. 원작의 여러 판본과 달리 가족관계가 단순화되어 주인공 벨은 형제자매가 없는 무남독녀 외동딸이다. 원작에서 중시되었던 자식들의 도덕적인 차별성과 교훈이 사라졌을 뿐 아니라 이야기의 중심도 바뀐다. 극적 긴장감을 위해 등장한 새로운 인물 가스통은 전체 줄거리를 야수와 미녀, 가스통의 삼각관계로 이끈다. 이에 따라, 〈미녀와 야수〉는 한 편의 연애담이 되어버린다. 고전동화의 할리우드적 로망스화라고 말할 수 있을 것이다.

〈인어공주〉(1991)는 더 심하다. 디즈니는 완전히 결말을 바꾼다. 원래 인어공주의 이야기는 인어공주의 희생적 죽음이라는 비극으로 끝난다. 하지만 디즈니의 〈인어공주〉는 춤추고 노래하는 해피엔딩이다. 원작은 사랑하는 사람을 위한 인어의 자기희생과 그 사랑이라는 주제를 슬프지만 아름답게 보여준다. 그러나 무도회와 결혼피로연을 강조하면서 원작의 미덕은 온 데 간 데 없이 사라지고 뮤지컬과 같은 할리우드 장르로 변형되고 만다. 마치 결혼이 인생의 목표인 듯 말이다. 아이들은 인어아가씨가 걸을 때마다 칼날에 에는 것 같은 고통을 당하는 것을 알지 못하고, 사랑을 위해 스스로를 희생하는 정서를 보지 못한다. 단지 뮤지컬적인 화려함과 스펙타클, 춤추고 노래하는 신나는 한판 축제만을 본다.

디즈니 클래식의 각색은 다만 그림 동화에 그치지 않는다. 그림 형제가 미처 다 수습하지 못한 신화, 전설까지 거슬러 올라간다. 그리스 신화 속의 영웅 〈헤라클레스〉도 예외는 아니다. 제우스의 외방 자식이었던 헤라클레스는 올림포스의 왕과 여왕 사이에서 태어난 정통 후계자가 된다. 물론 형제 없는 외동아들이다. 형제는 마치 모든 문제의 시작인 것처럼 보인다. 제우스의 아우이자 헤라클레스의 숙부인 하데스는 올림포스 제패에 대한 욕심으로 조카와 형을 해치려 든다. 〈라이언 킹〉과 마찬가지로 「햄릿」스러운 골육상잔을 되풀이하는 것이다. 디즈니의 '외동' 아이에 대한 강박은 유별나다. 그리고 보니 디즈니의 왕자와 공주는 하나같이 형제가 없다.

인디언 아가씨 〈포카혼타스〉는 다를까? 천만의 말씀이다. 유럽 외 지역의 신화나 전설을 다룰 경우 문제는 더 심각하다. 이 애니메이션이 미국에서 개봉할 때 인디언들은 영화관 앞에서 피켓 시위를 벌였다. 네이티브 아메리칸들의 관점에서 디즈니의 〈포카혼타스〉는 자기네 신화에 대한 모욕이었기 때문이다. 인디언들은 남자 주인공 존 스미스가 포카혼타스를 강간한 범죄자라고 주장하면서 상영금지를 요구했다. 그들에게 범죄자인 백인 남자를 애니메이션은 토착 인디언과 이주민 백인 사이의 화해를 이끌어낸 인간적인 영웅으로 묘사한다. 위대한 추장의 딸 포카혼타스는 그 백인 남자와 사랑에 빠진다. 그러나 이 또한 사실은 아니다. 추장의 딸로 유럽에 간 '야만인 공주' 포카혼타스는 백인 사교계의 구경거리가 되어 이국땅에서 어린 나이로 병들어 죽었다고 한다.

중국의 옛 이야기를 애니메이션화한 〈뮬란〉은 어떤가? 〈뮬란〉은 중국의 고전서사시 「목란사」와 그에 얽힌 전설들을 원작으로 삼는다. 늙은 아버지와 어린 동생들 대신 남장으로 12년 동안 전쟁터를 누빈 목란이 벼슬자리와 부상을 마다하고 고향으로 돌아간다는 이 이야기는 '충효'라는 전통적인 미덕을 강조한다. 그녀의 업적을 노래하는 서사시는 여기서 끝나지만, 또 다른 이야기에서 목란이 여자임을 알게 된 황제가 후궁으로 삼겠다고 하자 그녀는 목을 매 자살한다. 이러한 지조와 절개는 중국 문인들이 우러르는 칭송의 대상이 되었다. 이처럼 동양 미덕의 화신이었던 화목란의 이야기도 디즈니에 와서는 역시 낭만적인 연애와 결혼의 해피엔딩으로 막을 내린다.

어린 관객과 부모들을 유인하는 디즈니의 노하우는 슬랩스틱 코미디 요소가 자아내는 대소동, 보는 사람들이 잠시도 눈을 뗄 수 없게 만드는 춤추고 노래하는 뮤지컬의 광범위한 도입이라고 할 수 있다. 여기에 실사영화보다 더 매끈한 영상을 만들어내는 풀 애니메이션 방식, 영화적 촬영 기법이 맞물려 관객도 함께 춤추고 노래하고 싶을 만큼 대단히 매혹적인 스펙터클을 만든다. 고전적인 동화가 구축한 헤게모니를 충분히 활용하면서 할리우드적 변형을 통해 가장 미국적인 문화를 전 세계에 대규모로 수출하는 것이 디즈니다. 이러한 문화적 영향력은 재미있고 흥겨운 애니메이션을 통해 극대화된다. 디즈니는 고전 동화에서 시련과 노력, 슬픔과 기쁨, 교훈 등을 걷어내면서 행복 강박증의 도취 공간을 구축한다. 내면을 가진 자아는 없으며, 흑백의 극단적인 대치만이 존재한다. 그러니 이야기가 빈곤할 수밖에 없다. 그래서 디즈니는 아직까지 자신들의 성 안에 사는 공주 이야기를 포기하지 못한다. 원래는 가난한 농부의 딸이었던 라푼젤은 디즈니 왕국에서는 탑 속에 갇힌 공주가 된다.

[그림2] 착한 동화의 반전을 통해 재미를 주는 〈슈렉〉

디즈니를 넘어서, 드림웍스와 픽사

'잘 알려진 이야기들'과 '완벽한 셀 애니메이션'으로 영원히 지속될 것 같던 디즈니 왕국은 드림웍스와 픽사의 거센 도전에 세계 최강의 자리를 위협받았다. 아니 더 정확히 말하자면, 그 힘의 중심이 이들에게 넘어가고 말았다. 〈인어공주〉, 〈알라딘〉, 〈라이언 킹〉 등으로 디즈니 애니메이션의 부활을 이끌었던 제프리 카젠버그가 디즈니와 결별한 뒤, '생각하는 개미'를 주인공으로 내세운 〈개미〉(1998)를 통해 디즈니와는 다른 애니메이션의 영역을 개척하기 시작한다. 카젠버그와 스티븐 스필버그, 데이비드 게펀이 설립한 드림웍스는 그로부터 3년 뒤, 디즈니 애니메이션의 동화적인 상상력을 뒤엎는 〈슈렉〉(2001)의 대성공으로 애니메이션이 더 이상 단순한 '아이들의 오락'이 아님을 입증했다. 이후 〈슈렉〉 시리즈, 〈마다가스카르〉 시리즈, 〈드래곤 길들이기〉 시리즈 등을 성공시켰다. 〈장화신은 고양이〉, 〈마다가스카르의 펭귄〉처럼 성공한 각 시리즈의 개성 있는 캐릭터로 다음 시리즈를 이어나가는 전략을 보인다. 드림웍스의 반디즈니 성향은 애니메이션의 스토리텔링에 많은 지각변동을 가져왔다. 〈슈렉〉, 〈쿵푸 팬더〉, 〈드래곤 길들이기〉의 주인공들이 그 예이다.

〈슈렉〉에는 더 이상 잘 생기고 멋진 주인공이 등장하지 않는다. 공주를

[그림3] 〈쿵푸 팬더〉에서 포와 그의 친구들, 스타워즈의 요나 같은 스승

구해야 할 매력적인 왕자님 대신 주인공은 못 생긴데다 성미도 괴팍한 괴물이다. 그러나 이 추한 외모를 가진 주인공은 사실 숨겨진 상냥함을 지니고 있다. 아름다운 꿈처럼 마법에 걸린 공주는 알고 보면 못 말리는 말괄량이인데다 밤낮이 다른 이중인격자다. 성격적인 변이에 따라 외모도 달라진다. 그러고 보니 이 공주는 연인에 못지않은 괴물이다. 이상한 주인공들이 등장하는 이 이상한 동화는 그래서 더 이상 디즈니식의 해피엔딩을 꿈꾸지 않는다. 슈렉과 피오나의 해피엔딩은 아름다운 동화 속의 궁전 안이 아니라 저 멀리 떨어진 숲 속의 더러운 늪지대에 있다. 그들에게는 그들만의 행복한 삶이 있는 것이다. 〈슈렉〉의 스토리텔링은 순수함을 꿈꾸는 디즈니의 착한 동화를 비꼬는 방식으로 새로운 세대의 동화를 제시한다.

이처럼 공주나 왕자의 이야기를 비틀거나 뒤집고 서민적인 주인공들을 내세우며 반(反)디즈니 성향의 스토리텔링을 보여주는 드림웍스는 〈쿵푸팬더〉와 〈드래곤 길들이기〉 시리즈를 내놓으며 자신들의 입지를 강화했다. 디즈니가 광범위하게 도입하고 있는 뮤지컬의 관습과 가부장적 로맨스의 이야기를 들어내면서 빠른 액션을 통해 화려한 스펙터클을 구사하는 노선을 견지했다. 〈쿵푸 팬더〉의 주인공 포와 그의 친구들은 인간 배우가 구사하는 무술 장면을 능가하는 현란한 쿵푸 액션을 유감없이 보여준다. 마

[그림4] 〈드래곤 길들이기〉의 주인공 히컵과 투스리스의 비행(좌)과 첫 만남(우)

치 움직임을 표현함에 있어 애니메이션의 한계를 완전히 넘어섰다고 선언을 하는 것 같다.

이러한 캐릭터의 움직임은 〈드래곤 길들이기〉에서 한 단계 더 업그레이드된다. 용들이 유려하게 나는 장면들은 실제 관객이 하늘을 나는 듯한 강렬한 느낌을 만들어내면서 드림웍스의 3D 애니메이팅 능력의 최고를 구가한다. 바이킹들이 용과의 전쟁에 나설 때 배들이 안개 속에서 출항하는 장면도 3D 입체 컴퓨터그래픽이 찔리는 듯한 돌출의 느낌 뿐 아니라 화면의 깊이감을 표현에도 유용하다는 점을 인식시켜준다. [그림4]의 비행 장면에서 그 깊이감을 조금 짐작할 수 있다. 특히 〈드래곤 길들이기〉의 결말은 공주와 왕자가 영원히 행복하게 잘 살았다는 공식을 뛰어넘다 못해 충격적이다. 부상당한 투스리스의 인공 꼬리 날개를 만들어주고 그와 함께 하늘을 날게 된 히컵은 수많은 용들을 억압하고 있는 거대한 나쁜 용과의 일전을 벌이다가 부상을 당한다. 대개의 이야기들은 그 부상의 상처가 치료되는 것이지만 히컵은 인공 꼬리날개를 단 투스리스처럼 의족을 달게 된다. 물론 히컵은 자신의 장애를 부끄러운 것이나 고통스러운 것으로 생각하지 않는다. 성적, 인종적, 계급적 편견에 사로잡혀 평범한 소녀도 왕자를 사랑하여 공주가 된다는 디즈니적 스토리텔링과 정반대의 이야기를 구사하는 것이 드림웍스의 스토리텔링이다.

드림웍스가 스토리텔링의 변화와 반전을 통해 디즈니와 다른 정체성을 주장한다면, 픽사는 셀을 통한 실사 영화의 충실한 재현이라는 디즈니의 전통에 반기를 들면서 시작했다. 카젠버그처럼 존 라세터는 2D와 3D의 합성 작품을 만들고자 했으나 디즈니 스튜디오는 그의 제안을 지속적으로 거절한다. 그래서 애드 캣멀, 스티브 잡스, 존 라세터 세 사람은 루카스 필름의 단편 애니메이션 부서이던 픽사를 독립된 애니메이션 스튜디오로 재탄생시킨다. 픽사는 〈토이 스토리〉(1995)를 만들어내며 애니메이션 산업의 핵심으로 떠오른다. 드림웍스의 〈개미〉와 같은 해 만들어진 〈벅스라이프〉(1998)를 시작으로 〈토이 스토리2〉(1999), 〈몬스터 주식회사〉(2001), 〈니모를 찾아서〉(2003), 〈인크레더블〉(2004), 〈카〉(2006), 〈라따뚜이〉(2007), 〈월-E〉(2008), 〈업〉(2009), 〈토이 스토리3〉(2010), 〈카2〉(2011), 〈메리다와 마법의 숲〉(2012), 〈몬스터 대학교〉(2013) 등 이야기와 상상력에 있어 타의 추종을 불허하는 애니메이션들은 만들어냈다. 픽사는 첨단의 컴퓨터 그래픽 기술과 가장 어울리는 이야기를 창조함으로써 할리우드 애니메이션의 또 다른 신기원이 되면서, 잘 만들어진 이야기야말로 기술적인 부족함을 보완할 수 있는 원천이라는 점, 그리고 새로운 기술에는 그에 적합한 새로운 이야기의 창조가 필요하다는 사실을 증명해냈다. 드림웍스가 반-디즈니 스토리텔링을 표방하지만 픽사는 그들만의 독특한 상상력의 이야기를 자유롭게 풀어놓고 있다. 그 결과 더욱 기발하고 감성을 중시하는 애니메이션 걸작들이 탄생했다.

디즈니 이후 애니메이션 업계의 양대 산맥이라고 할 만 한 드림웍스와 픽사는 종종 비교의 대상이 된다. 상상력이나 창의력에 있어서는 픽사가 더 감성을 중시하는 기발한 이야기들을 만들어냈던 반면, 움직임이나 캐릭터의 다양한 얼굴 표정을 표현하는데 있어서는 드림웍스가 앞섰다. 이런

PIXAR

장난감에 대한 영화는 어때? 예를 들면 오려된 카우보이 인형이 최신형 우주경찰 장난감에게 아이의 인기를 뺏길까봐 걱정하는 영화 말이야!

고급 레스토랑에 요리사가 되고 싶은 쥐 이야기는 어때? 그래서 거기서 일하는 꼬마랑 팀을 이루는 거지!

어떤 노인이 집에다가 수천개의 풍선을 달고 집을 하늘로 띄우는 거야 그리고 죽은 아내의 소원을 들어주러 남아메리카로 가는 거지!

버려진 지구를 청소하는 오려된 로봇이 있는데 어느날 멋진 여성로봇이 나타나서 그녀와 사랑에 빠지는 거지!

슈퍼히어로로 가족이 세상 모든 사람을 슈퍼히어로로 만들고 싶은 낙담한 옛 팬과 싸우는 이야기는 어때?

벽장 속 괴물들이 알고 보니까 아이들의 비명을 힘의 원천으로 쓰는 괴물회사 직원인 거지!

DREAMWORKS

음...... 말하는 동물이 있고......

뭔가 .... 동물이 좀 이상한짓을 하는거야......

그리고 이런 표정은 어떠세요?

천잰데?

[그림5] 드림웍스와 픽사의 차이

특징을 재밌게 보여주고 있는 그림과 설명이 인터넷에 있어 퍼다 놓아보았다. 이론적으로 설명하지는 않지만 드림웍스와 픽사의 차이를 일반 관객들이 어찌 느끼는지 한 눈에 보기에는 유쾌하다. 원래 해외 사이트에 올라온 것을 번역해 놓은 버전을 옮겨 본다.[4]

포스트 디즈니 시대와 새로운 스튜디오들의 등장

2006년 디즈니는 픽사와 합병을 선언하고 월트 디즈니 애니메이션 스튜디오로 이름을 바꾼다. 그러나 제작 라인을 통합하지는 않았다. 전통적인 2D 애니메이션을 고집하던 디즈니가 몇 편의 흥행 참패와 구조조정을 거치며 컴퓨터 그래픽을 이용한 애니메이션들을 만들기 시작한다. 그런 노력은 〈라푼젤〉(2010), 〈겨울왕국〉(2013)에 이어 〈빅 히어로〉(2014)로 이어지고 있다. 특히 〈빅 히어로〉에 이르면 디즈니는 더 이상 왕자, 공주의 강박에서 벗어나 새로운 길을 모색하는 듯하다.

디즈니에서 출발한 이야기가 드림웍스와 픽사로 이어졌지만 현재 애니메이션계에는 이들만이 존재하는 것이 아니다. 컴퓨터 그래픽의 발달로 실사보다 표현력이 월등하게 뛰어나고 시간이 지날수록 그 외연이 넓어지는 애니메이션에 여러 할리우드 스튜디오들의 관심이 쏠리는 것은 어찌 보면 당연하다.

유니버설 스튜디오의 '일루미네이션 엔터테인먼트'는 2007년 설립된 회사로 '슈퍼배드' 시리즈로 유명하다. 〈미니언스〉가 올여름 개봉했다. 20세기 폭스사의 애니메이션 스튜디오인 '블루스카이'는 〈아이스 에이지〉 시리즈로 관객층을 확보했다. 스누피를 주인공으로 하는 애니메이션을 준비

---

4) http://blog.naver.com/neo1807/40127913715 최초의 출처를 밝히고 싶었으나 여의치 않았다.

중이다. 전쟁 영화 〈퓨리〉를 마지막으로 실사 영화 제작을 중단한 소니 픽처스는 〈몬스터 호텔〉, 〈아더 크리스마스〉, 〈하늘에서 음식이 내린다면〉 시리즈를 내놨다. 〈몬스터 호텔 2〉가 현재 제작 중이다. 드림웍스는 외계인 애니메이션 〈홈〉을 만들었다. 디즈니의 〈주토피아〉는 아직 개봉을 하지 않았고, 픽사는 〈인사이드-아웃〉을 만들어 올여름 흥행에 성공했다. 〈월레스와 그로밋〉의 아드만 스튜디오는 신작 〈숀더쉽〉을 개봉했다. 전 세계 애니메이션계는 점차 더 치열한 군웅할거 시대로 접어드는 양상이다.

이 장에서는 디즈니를 중심으로 이후의 미국의 애니메이션의 역사와 문제점들을 살펴보았다. 어른은 가르쳐야하고 어린이는 배워야하지만 그것이 다양성을 무시하고 어떤 잘못된 편견을 지시하고 또 그런 편견들을 재생산하는 것이라면 경계해야 마땅할 것이다. 용기와 정의를 비롯한 삶의 지혜들을 가르치고 그것을 즐겁게 배우게 만드는 디즈니의 미덕까지 비판하려는 것이 아니다. 하지만 다양성과 차이를 인정하고 누구나 평등하고 누구나 행복할 권리가 있다는 것을 배우는 것, 치우치지 않고 균형 잡힌 시각을 갖는 어른으로 자라는 것은 어린이의 권리이기도 하다. 그리고 그 어린이들이 세상의 주역이 된다. 정치적으로 올바른 애니메이션은 그런 어린이들에게 즐거운 재미와 함께 바른 생각을 갖게 하는 중요한 매체 중 하나이다. 그래서 다양한 애니메이션들이 나오는 것은 환영할 만한 매체적 변화로 여겨진다.

* Further Reading

- 김종엽, 『우리는 다시 디즈니의 주문에 걸리고』, 한나래, 2004.

디즈니 애니메이션을 비판적 시각으로 다룬 책으로 이 장을 집필하는데 많은 빚을 지고 있는 책. 대중문화에 대한 미학적 분석이 아닌 이데올로기적 작용과 문화 정치적 의미들을 분석해낸 책으로 대중문화 연구를 한다면 꼭 봐야할 책이다.

- 헨리 지루, 『디즈니 순수함과 거짓말』, 아침이슬, 2003.

월트디즈니의 정치적인 성향에 대한 비판이 시작된 것은 꽤 오래 전의 일이다. 그러나 그러한 제작자의 정치적인 성향이 애니메이션 작품과 캐릭터에 어떤 영향을 주었는지, 아직 어린 나이에 이 애니메이션을 접하는 아이들에게 어떤 영향을 주게 될는지에 대한 중점적인 연구는 드문 편이다. 저자인 헨리 지루는 비판적 교육자로서 주류의 문화장르가 성장하는 아이들에게 끼칠 수 있는 영향에 대해 고민하며 디즈니 애니메이션과 디즈니랜드의 문제점을 파고든다. 아직 어린 시절 디즈니 애니메이션을 즐기던 동심의 순수성을 지키고 싶은 독자라면, 읽는 날을 조금 뒤로 미루는 것도 괜찮다. 그러나 아픈 만큼 성숙해지는 법이라니 용기를 한 번 내 보자. 그러나 오래 전 책이라 내용상의 한계가 있다.

- 에릭 스무딘, 『할리우드 만화영화: 고전 유성영화시대 만화영화의 문화연구』, 열화당, 1998.

할리우드 장르 영화의 서브 장르로 시작된 할리우드 만화영화의 역사를 꼼꼼히 짚어주는 사회연구서이다. 헨리 지루의 위의 책이 디즈니 애니메이션과 디즈니랜드의 문제점에 천착해 미국 애니메이션 자체에 대한 검토는 소홀히 하고 있는 반면, 에릭 스무딘의 이 책은 미국 애니메이션의 초창기 역사부터 그 발전과정을 당시 미국 사회의 콘텍스트와 함께 꼼꼼하게 짚어준다. 애니메이션을 아직 만화영화라고 칭하던 시절의 책이지만 참고할 만한 책이다.

- 김윤아, 『예술로서의 애니메이션』, 일지사, 2010. 상업적 애니메이션만이 아니라 예술로서의 애니메이션이 어떤 식으로 전개되었고 어떤 작가들이 있는지 깊이 있는 독서를 원하는 사람이라면 추천한다. 여러 가지 예술적 기법을 구사하는 익히 알지 못하던 애니메이션 예술가들의 장인성을 추적한다.

- 데이비드 A. 프라이스, 『픽사 이야기』, 이경식 역, 흐름, 2010.

- 빌 캐포더글리, 린 잭슨, 『픽사 웨이』, 장상필 역, 쌤앤파커스, 2010.

위 두 권의 책은 픽사의 역사와 그들의 스토리를 중시하는 경영전략과 성공 스토리들을 종합적으로 다루고 있다. 존 라세터, 애드 캣멀, 스티브 잡스와 그들이 어떻게 만나고 어떤 생각을 가지고 픽사를 만들고 이끌어왔는지 관심이 있는 사람들은 일독을 권한다.

10장 천하 대 강호, 중국 신화의 세계

신화 속의 사건들은 종종 하늘과 땅이 시작되기 전부터 시작되지만, 신화에 대한 연구는 상대적으로 역사가 그리 길지 않다. 신화학이라는 학문이 새롭게 주목받기 시작했던 20세기 초 서양의 신화학자들은 중국처럼 오래된 역사와 문화적 전통을 지닌 나라에 '신화(myth)'가 존재하지 않는다는 사실에 놀라움을 금치 못했다. 이 시기에 학자들이 문헌을 통해 발견할 수 있었던 신화는 '반고가 하늘과 땅을 열었다(盤古開天闢地)'와 '여와가 하늘을 메꿨다(女媧補天)'이라는 두 가지 사례뿐이었다. 중국에는 정말 '신화(神話)'가 존재하지 않는 것일까?

이 질문에 대답하기 위해서는 먼저 고대 중국 사람들이 생각한 '신(神)'의 존재에 대해 알아볼 필요가 있다. '신'은 원래 하늘이 번개를 쳐서 보인다는 뜻을 나타내는 글자였다. 다시 말해, 하늘의 뜻을 번개(屯)를 통해 펼쳐 보인다(示)는 의미로서 무시무시한 자연현상을 나타내는 동시에 죽은 조상들의 영혼이 보여주는 계시와 연관되었다. 인간의 한계를 넘어서는 자연의 위력이나 죽은 뒤에도 먼 곳에서 자손들을 보우하는 조상의 영혼을 가리키는 글자가 '신'이었던 셈이다. 이처럼 중국에서 신은 인간과 불가분의 관계에 있었다. 죽은 조상은 후손들에게 신이 된다. 인간이 죽어서 신이 되는 것이다. 따라서 중국에서 신의 이야기는 '신화'로 남지 않았다. 신의 이야기를 가장 먼저 기록한 것은 인간의 이야기인 '역사'였다.

황제, 역사가 된 신

황제(黃帝)는 소전(少典)의 아들로 성은 공손(公孫)이요, 이름은 헌원(軒轅)이다. 나서부터 신통력과 영험함이 있었고, 갓난아이 때부터 말을 할 수 있었으며, 어려서도 이가 다 나서 가지런했고(어른과 같은 지혜가 있었고), 자라면서 매사에 믿음직하며 재빨랐고, 다 자라서는 남의 말을 잘 듣고 밝게 볼 줄 알았다. 헌원 때에는 신농씨(神農氏)의 세계가 쇠락하여 제후들이 서로 침범하고 싸우며 백성들을 학대하는데도 이를 정벌하지 못했다. 이에 헌원이 방패와 창를 사용하는 전쟁의 기술을 익히고 이로써 정벌하니 형통하지 않는 바가 없으므로 제후들이 모두 와서 손님이 되고 그를 따랐다.

그런데 치우는 그 가운데 가장 난폭하였으므로 능히 정벌할 수 없었다. 염제(炎帝)가 또한 제후들을 침략하고 욕보이므로 제후들이 모두 헌원에게 왔다. 그래서 헌원은 덕을 닦고 병사들을 일으켰다. 다섯 가지 기후를 다스리고, 다섯 가지 곡식을 심으며, 만민을 어루만지고 사방을 정했다. 곰과 큰곰과 비휴, 호랑이 따위를 길들여 염제와 판천(阪泉)의 들판에서 싸웠는데, 세 차례나 전투를 치른 뒤에야 그 뜻을 얻었다. 치우가 난을 일으키고 황제의 명령을 듣지 않았다. 황제는 이에 여러 제후의 군사를 일으켜 정벌하기로 했다. 치우와 탁록(涿鹿)의 들판에서 싸워 드디어 치우를 붙잡았다. 그리하여 제후들이 모두 헌원을 받들어 천자로 세우고 신농씨를 쳐서 그를 대신하게 하였으므로 황제(皇帝)가 되었다.

동쪽으로는 발해에 이르고 환산에 올랐으며 대종에 미쳤다. 서쪽으로는 공동에 이르며 계두산에 올랐다. 남쪽으로는 장강에 이르러 웅산과 상산에 올랐다. 북으로는 훈죽에 미쳤으며 부산

[그림1] 현존하는 세계 최고(最高) 석상으로 알려진 염제(우) 황제(좌) 상. 중화민족의 통합을 위해 건립된 것으로 알려진 이 석상은 20여 년 동안의 설계 및 제작과정을 거쳐 2007년 4월 제막식을 가졌다.

에 닿고 탁록의 언덕에 도읍을 정했다. 이리저리 옮기며 일정한 거처를 짓지 않았고 군사들을 이끌고 병영에 머물렀다. 관명은 모두 구름의 이름을 따서 운사라고 했다. 좌우에 대감을 두어 만국(萬國)을 감찰하도록 했다. 만국과 귀신산천에 봉선하는 일이 많았다. 보정을 얻어 길일을 정해 나라의 방책을 구했다. 풍우, 역목, 상선, 대홍으로 백성을 다스렸다. 천지의 기강과 유명의 점복, 생사의 언술과 재난의 존망에 따랐다. 때맞추어 백곡과 초목의 씨를 뿌리고, 들짐승과 곤충을 길들이며, 일월성신(日月星辰)과 수토석옥(水土石玉)을 망라했다. 눈과 귀와 마음을 다해 노력하며 물과 불과 재물을 아껴 썼다. 토덕(土德)의 길조가 있었으므로 황제라 한다. —『사기(史記)』「오제본기(五帝本紀)」

하늘과 땅을 열었다는 반고나 구멍 난 하늘을 메꿨다는 여와보다 중국에서 더 유명한 신은 바로 황제(黃帝, Yellow Emperor)이다. 황제는 중원을 통일하고 화하(華夏)의 민족들을 통합한 통치자이자, 문자, 의복, 지남차, 배, 수레, 문자, 의학, 음악, 법률, 의례 등 중국 문화 속의 거의 모든 위대한 발명을 이룩한 발명가이고, 신선이 되어 용을 타고 승천했다는 도교의 신이기도 하다. 아직 땅 위에서 살고 있을 때 인간세상을 위해 참으로 많은 일들을 했기에, 황제가 행한 일들은 지극히 당연하게도 역사서에 기록되었다. 고대 중국의 역사서『사기』의 첫 페이지를 장식하는 인물이 바로 '황

[그림2] 월드컵 열기와 서포터즈 붉은 악마, 그를 상징하는 치우천왕기(蚩尤天王旗)

제'이다. 그러나 위에 적힌 『사기』의 어느 구석을 보아도 황제가 신처럼 보이지는 않는다. 「오제본기」에 적힌 황제는 총명하고 지혜로우며 전술에 능하고 나라를 잘 다스린 위대한 통치자처럼 보이지 불멸하는 신처럼 보이지 않는다. 중국의 신 황제는 이렇게 역사 속의 인물이 되었다.

황제를 이야기하면 떼려야 뗄 수 없이 등장하는 또 다른 신이 있다. 바로 치우(蚩尤)이다. 중국 고전 백과전서(百科全書)의 백미(白眉)로 일컬어지는 『태평어람(太平御覽)』에 이런 기록이 있다. "황제(黃帝)와 치우(蚩尤)는 아홉 번 다투었으나 아홉 번 모두 승부가 나지 않았다(九戰九不勝)." 중국 신화에 별다른 관심이 없는 사람이라도 치우라는 이름에 대해서는 한 번쯤 들어 본 일이 있을 것이다. 월드컵 열기가 뜨거웠던 2002년 여름, 시청 앞 광장을 가득 메우고 출렁이던 붉은 물결과 가슴 터질 듯 우렁찬 함성의 한가운데 자리했던 상징, 치우천왕기(蚩尤天王旗). 대한민국 국가대표 축구팀 서포터즈의 상징인 그 붉은 깃발 한 가운데서 퉁방울 눈을 빛내며 흰 어금니를 드러내고 웃는 주인공이 바로 치우다. 신화적인 전승들 속에서 치우는 종종 "구리 머리에 무쇠 이마(銅頭鐵額)"라고 일컬어진다. '마징가 Z'에 필적하는 비범한 외모다. 이보다 더한 묘사도 있다. "사람의 몸에 소의 발굽을 지녔으며, 네 개의 눈과 여섯 개의 손을 가졌다……치우의 이빨은 길이가 두 치 정도 되는데 절대로 부서지지 않는다." 펄럭이는 치우천왕기 속의 치우는 이러한 신화적 기록을 충실히 반영한다.

이 신화적 존재는 붉은 악마를 통해 대한민국에 널리 알려진 상징이 되었지만, 사실 그에 대한 신화가 우리에게는 거의 남아 있지 않다. 치우의 이야기는 『태평어람』이 알려주는 것처럼 중국 백과전서에, 『사기』나 『산해경』 같은 중국의 역사서와 지리지에 실려 있다.

이 중국 고대 문헌들의 기록에 따르면, 황제가 다스리던 중원의 동쪽 지역은 구려(九黎)의 땅이며 이 사람들을 다스리던 지도자가 바로 치우이다. 치우는 처음으로 쇠를 녹여 무기를 만들고, 가죽을 잘라 갑옷을 짓는 등 전쟁의 역사에서 중요한 역할을 수행했다. 그래서 그는 중원의 지배자에게 대항할 힘을 키우고 탁록의 언덕(涿鹿之阿)과 판천의 들판(阪泉之野)에서 황제와 싸움을 벌인다. 황제와 치우의 군사적 역량은 막상막하, 『태평광기』는 이들이 아홉 번씩이나 싸웠는데도 승부가 나지 않았다고 전한다. 전통적인 상징체계에서 '아홉(九)'은 수의 끝을 의미했다. 그러니까 이들이 정말 몇 번을 싸웠는지는 아무도 모른다. 사람들이 셀 수 없을 만큼 무지하게 많이 싸웠으리라는 사실만 분명하다. 그러나 결국에는 황제가 치우를 이기고 그를 죽인다. 중원의 기록이니까 중원의 지배자의 입장에서 이야기는 계속된다. 결국 치우는 주제파악도 못 하고 힘으로 중원의 질서를 어지럽히다가 황제의 손에 죽은 역적이 된다. 그러나 치우가 죽은 뒤에도 이야기는 끝나지 않는다. 치우는 죽어서 전쟁의 신이 되고 치우기(蚩尤旗)라는 별이 되니까. 밤하늘에 끌리는 붉은 깃발 같은 이 별이 나타나면 세상에는 큰 전쟁이 났다고 한다. 자연과학적으로 설명하자면, 별무리라거나 혜성의 일종으로 풀이될 수 있겠지만, 지고도 살아남은 사람들에게 그 별은 희망의 상징이었을 것이다.

치우의 신화는 이처럼 오늘날 우리가 중국이라 부르는 땅에서 전하는 아

[그림3] 눈의 나라와 야만의 땅 사이, 자유왕국이 있는 〈무극〉 세계

주 오래된 옛 일(故事), 그 속의 사람들, 그들이 살았던 세계의 모습을 전해준다. 중원이 있었고 중원의 동쪽에는 구려 ─ 그 기록에 따르면 동쪽 오랑캐(東夷)인 ─ 가 사는 땅이 있었고, 황제가 있었고 또한 치우가 있었다는 사실을. 세계에는 처음부터 '나'만이 아니라 '너'도 있었다는 사실을. 그래서 이 고대의 신화 세계는 여러 방향으로 뻗어 있었다는 사실을.

중화(中華)와 천하(天下)의 세계관

우리가 살고 있는 이 세계가 아직 젊었을 적에는, 사람과 신이 함께 살았다. 그 때 하늘 바다와 눈의 나라 사이에 자유의 나라가 있었다. 그 나라에는 사람들의 사랑을 받는, 언제나 승리하는 장군이 살았는데, 그의 이름은 광명(光明)이었다. 그를 질투하는 공작의 이름은 무환(無歡)이었다. 그들 사이의 원한은 끝이 없었다. 운명의 사자인 만신(滿身)은 모든 것의 위에 군림했다. 그녀는 모든 사람들에게 자기 손바닥 안에 놓인 그들의 운명을 선택하도록 기회를 주었다. 그러나 그 선택이 옳은지 그른지에 대해서는 알려주지 않았다. 이 이야기는 이십년 전 해당화 나무 아래 한 어린 소녀 경성(傾城)으로부터 시작한다……

중국 제5세대 영화의 대표 감독 천카이거(陳凱歌)의 영화 〈무극〉 (2005)은 위와 같은 내레이션으로 시작한다. 영화 속의 세계는 아득한 옛날, 인간과 신이 아직 함께 살고 있었던 시절이다. 왕국은 북쪽에 있는 '눈

[그림4] 영화 〈무극〉에서의 문명과 야만의 대비

의 나라(雪國)'와 남쪽에 있는 '오랑캐의 땅(蠻人之地)' 사이에 위치하고 있었다. 무패를 자랑하는 장군은 오랑캐의 땅을 점령하고, 그를 질투하는 공작은 눈의 나라를 멸망시킨다. 중국의 역사 속에는 존재한 적 없는 이 세계는 오히려 그 문화 전통 속에 면면히 이어져 내려오는 신화적 관념들을 반영한다. 말하자면, '중화(中華)와 사이(四夷)의 천하(天下)'라는 세계관 같은 것. 가운데서 찬란히 빛나는 문명의 왕성과 사방에서 그를 둘러싼 야만의 오랑캐(東夷西戎南蠻北狄)가 하늘 아래(天下) 존재한다는 개념이다. 여기서 세계는 '천하'라는 이름으로 불린다.

천하는 문명화된 인간의 세계이다. 이들은 노예나 짐승들과 달리 두 발로 걷고, 붉은 비단과 황금으로 장식된 옷을 입으며, 병법과 지략으로 불학무식한 오랑캐를 무찌른다. 그래서 2만의 오랑캐 무리에 속하느니 왕국의 3천 정예병이 되는 편이 행운이다. '한 사람의 기사는 천 명의 일반 병사를 이긴다(一騎當千)'고 하는데, 백 명의 오랑캐쯤이야 문제가 되지 않는다.

왕국에는 아홉 개의 붉은 담장에 황금기와를 얹은 화려한 왕성(九重宮闕)이 있다. 무패의 장군이 이끄는 군사들은 모두 붉은 갑옷에 황금장식을 단 군복을 입었다. 이들 3천 정예는 133(132+1)명의 노예를 이끌고 2만의 야만족과 대결해 피 한 방울 흘리지 않고 승리한다. 일당백(一當百)의 전

[그림5] 『산해경』의 설명에 따라 그린 정령국 삽화

설은 이렇게 영화로 시각적으로 부활한다. 왕국의 군대는 꽃처럼 찬란한 문명이지만, 야만족의 병사들은 소떼와 다름없이 미개하다.

한류 스타 장동건은 이 영화에서 설국 출신의 노예 곤륜(昆侖)을 맡아 뜨거운 관심을 받았다. 설국인의 특징은 '바람처럼 빨리 달리는 것'이다. 이들은 아주 빨리 달려서 시간의 흐름을 거스를 수도 있다. 믿을 수 없을 만큼 초인적인 능력이다. 그러나 고대의 신화를 가장 많이 담고 있다고 알려진 중국 고전 『산해경(山海經)』에는 이와 같이 아주 빨리 달리는 사람들에 대한 이야기가 등장한다. 이 책에 실린 문헌 가운데 가장 오래된 것이라고도 알려진 독편(獨篇) 「해내경(海內經)」에는 북해(北海)의 정령국(釘靈國)에 대한 다음과 같은 기록이 있다. "정령국이 있는데 그 백성들은 무릎 아래에 털이 나 있고 말의 발굽이라 잘 달린다."

영화 〈무극〉에서 설국 사람들은 왕국 사람들과 생김새가 다르지 않다. 그러나 공작에게 항복해서 어둠 속의 자객으로 살고 있는 귀랑(鬼狼)은 검은 깃털로 된 옷을 입고 있는데, 이 옷을 벗으면 그는 사라지게 된다. 털로 된 옷과 사람은 하나라서 서로 떨어져 존재할 수 없는 것이다. 이처럼 '내가 살고 있는 곳'이 아닌 곳에 살고 있는 존재가 사람과 다른 모습을 지니고 있다는 믿음은 사실 전 세계에 모든 신화에서 보편적이다. 서부극의 인디언이나 〈반지의 제왕〉에서 모르도르의 군대들이 그런 것처럼 '나의 이쪽'은 언제나 문명화된 사회의 인간에 가깝고, '너의 저쪽'은 미개한 동물의 왕국에 가깝게 상상되는 법이다. 중국 신화에서 이 믿음은 '가운데서 빛나는 문명'인 중화(中華)와 '문명화되지 못한 사방의 오랑캐'라는 사이(四夷)의 관념으로 자리 잡았다. 『산해경』은 중심과 사방의 이 같은 관념을 여실히 반영한다.

다시 북쪽으로 420리를 가면 밀산이라는 곳이다. 산 위에서는 단목(丹木)이 많이 자라는데 잎이 둥글고 줄기가 붉으며 노란 꽃에 붉은 열매를 맺는다. 그 맛이 엿과 같고 이것을 먹으면 배가 고프지 않다. 단수가 여기에서 나와 서쪽으로 직택에 흘러든다. 그 속에는 백옥이 많고 옥고(玉膏)가 산출되는데 그 샘에서 펑펑 솟아나오며 황제가 이것을 먹고 마셨다. 옥고 속에는 또 검은 옥도 생겨 나온다. 흘러나온 옥고로 단목에 물을 대주는데 5년 뒤면 오색찬란한 꽃이 피고 다섯 가지 맛이 있는 향그러운 열매를 맺는다. 황제가 이에 밀산의 옥꽃을 취하여 종산의 남쪽에 그 씨를 뿌렸다. (옥 중에서는) 근유옥(瑾瑜玉)이 가장 훌륭하여 여문 밤처럼 결이 치밀하고 반짝반짝 빛이 나는데 거기서 피어나는 다섯 가지 빛깔은 강폭함과 부드러움을 조화시킨다. 온 천지의 귀신들이 이것을 먹고 마신다. 군자가 이 옥을 차고 다니면 상서롭지 못한 일을 막을 수 있다. 밀산에서 종산까지는 460리로 그 사이는 전부 늪이다. 여기에는 기이한 새와 괴상한 짐승, 기이한 물고기가 많이 사는데 모두가 흔히 볼 수 없는 것들이다.

—『산해경(山海經)』「서산경(西山經)」

신선이 된 황제와 연관되는 위의 예문은 『산해경』이라는 책의 성격을 짐작하게 해 준다. 고대의 신화 자료가 많이 담겨 있기는 하지만 『산해경』 자체가 신화집은 아니다. 이 책은 중국을 둘러싼 현실 세계에 대한 사실의 기록(document)이었다. 고대 중국인들은 이 책에 실린 모든 신화적인 내용이 모두 실재한다고 믿었다. 공식적으로 이 책은 지리서나 박물지였다.

엄밀한 의미에서 오늘날 우리가 신화집이라고 부를 만한 문헌이 중국의 문화 전통에는 존재하지 않는다. 그러한 기록은 모두 역사의 일부이거나 풍토, 지리에 대한 기록이다. 사실 동아시아 전통에서 신화적인 기록들은 모두 이러한 사실 기록의 일부에 포함된다. 가까운 일본에서도 신화, 전설을 풍부하게 전하고 있는 『풍토기(風土記)』는 신화집이 아니라 지방 지리서이다. 한국의 건국신화는 모두 역사서인 『삼국사기(三國史記)』, 『삼국유사(三國遺事)』 등에 실려 있다.

이처럼 사실의 기록 속에 뿔뿔이 흩어져 있기 때문에, 중국의 신화는 다음과 같은 3가지 특징으로 요약되기도 한다. '빈약성', '단편성', '산재성'. 완전한 형태의 신화가 거의 없고, 있다 해도 모두 도막난 자료이며, 그나마 여러 문헌에 뿔뿔이 흩어져 있다는 뜻이다. 그래서 근대 서구의 어떤 신화학자는 "중국에는 신화가 없다"라는 극단적인 발언조차 주저하지 않았다. 그러나 세상의 어떤 민족이든, 특정한 역사·문화 공동체는 모두 고유한 원형적 이야기를 지니고 있다. 이 원형적 이야기는 해당 공동체의 존립에 대한 정보와 지식, 관념 체계를 전달하기 때문에 필요불가결하다. 그 이야기가 바로 신화이다.

신화, 천지(天地)와 우주(宇宙)에 대한 이야기

엘리아데는 모든 신화들 가운데 창조신화가 가장 전형적이고 진실하다고 단언했다. 신화는 고대인들이 그들 자신과 자신을 둘러싼 세계에 대해 던진 최초의 존재론적 질문이자, 가장 근원적인 인문학적 질문에 대한 첫 번째 대답의 방식이기 때문이다. 그래서 모든 신화는 어떤 식으로든 세계와 인간의 창조에 대해 이야기한다. 한족(漢族)을 포함한 56개 민족으로 구성된 다민족국가 중국의 신화에 나타나는 태초의 모습은 다음과 같다.

먼 옛날, 하늘과 땅은 혼돈하여 분명하지 않았다.

먼 옛날에는 하늘도 없고 땅도 없었으며 오직 끝없이 펼쳐진 큰물뿐이었다.

먼 옛날에는 땅이 없고 하늘만 있었는데, 하늘은 마치 떠다니는 구름처럼 흔들흔들하였다.

유난히 다양한 민족의 서사시가 전하는 중국 서남 지역에서 이족(彝族), 타이족(傣族), 리쑤족(傈僳族)의 신화는 세상의 처음을 이렇게 묘사한다. 우리가 아는 이 세계가 아직 태어나기 전에, 하늘과 땅을 비롯한 모든 것은 뒤엉켜 아직 나뉘지 않고(未分離), 모양을 갖추지 못했으며(不定形), 그래서 어디가 어디인지 구분되지 않았다(無分別). 『장자(莊子)』는 이를 '혼돈(混沌)'이라 일컬었다. 혼돈이란, 물이 흔들려 바닥의 흙과 뒤섞여 아무것도 보이지 않는 상태를 형용하는 말이다. 한족(漢族)의 신화「반고왕이 하늘을 열다」에서 이 태초의 혼돈세계는 하나의 알로 그려진다.

아주 오래 아주 오래 전에는 하늘도 없었고 땅도 없었다. 낮도 없었고 밤도 없었다. 온 세계가 마치 무지무지하게 큰 달걀과 같았다. 큰 달걀의 안쪽에는 노른자가 있고, 중간에는 흰자가 있었으며, 겉을 싸고 있는 것은 돌처럼 단단한 달걀 껍질이었다. 또 무슨 일인지 알 수 없는 까닭으로, 이 달걀노른자 속에서 반고가 부화되어 나왔다. 반고는 닭 머리에 용의 몸을 하고 있었으며, 온몸을 알 속에 든 병아리처럼 똬리를 틀고 양다리를 쪼그린 채 앉아 있었으므로, 반고라고 불렀다. 반고는 서서히 커졌고, 하늘도 땅도 낮도 밤도 없는 생활은 답답해서 그를 견딜 수 없게 만들었다. 그래서 그는 곧 똬리를 틀었던 몸을 펴 보기도 하고 쪼그리고 있던 다리를 차보기도 하면서 반듯하게 쭉 펴고 일어섰다. 그리고 또 주먹으로 때리고 발로 찼으며, 부리로 쪼고 어깨로 밀면서 사방을 되는 대로 치고받았다. 때리고 차고 쪼고 밀고 한바탕 법석을 떨며 7·7 49일이 지나자, 달걀껍질은 부딪쳐서 산산조각이 났고, 달걀흰자와 달걀노른자는 모두 (밖으로) 흘러 나왔다. 달걀흰자는 가벼워서 위로 떠올랐고 하늘로 변하였다. 달걀노른자는 무거워서 아래로 가라앉았고 땅으로 변하였다. 달걀껍질은, 반고에게 부딪쳐 조각조각 부서져서는 모두 달걀흰자와 노른자에 섞였다. 노른자 속으로 섞여 들어간 것은 바위가 되었고, 흰자 속으로 섞여 들어간 것은 별이 되었다. 흰자에 섞여 들어간 것 중에 조금 큰 조각이 두 개 있었는데, 하나는 해가 되고, 하나는 달이 되었다. 이때부터, 하늘이 있었고 땅이 있었으며, 낮이 있었고 또한 밤이 있었다.

맨 처음 세계는 뒤죽박죽 앞도 뒤도 아래도 위도 없는 알과 같았다. 상술한 신화 속에서는 이 일이 '반고(盤古)'라는 존재에 의해 진행된다. 반고는 원래 '똬리를 틀고 있는 모습'을 형용하는 말이다. 그래서 이 신화적 존재는 종종 머리는 부리를 가진 새로, 몸은 똬리를 튼 뱀의 형상으로 그려지기도 한다. 이 알 속의 존재가 각성함으로써 알은 깨어지고 무거운 달걀노른자는 아래로 가라앉으며 가벼운 달걀흰자는 위로 떠오른다. 중국 철학의 전통 속에서 이 무거운 달걀노른자는 음(陰)이라 불린다. 가벼운 달걀흰자를 가리키는 말은 양(陽)이다. 창조는 한 덩어리로 넘실대던 노른자와 흰자가 나뉘어 아래로 갈 것은 아래로, 위로 갈 것은 위로 가는 순간 이루어진다. 그것이 우주(宇宙, cosmos)이다. '집 우(宇)'라는 글자가 지붕과 서까래로서 집 안을 가로지르는 시간을 상징한다면, '집 주(宙)'라는 글자는 사방의 기둥이 만들어내는 공간을 상징한다. 혼돈은 창조를 통해 시간과 공간의 질서로 재편성된다.

중국 철학은 이 과정을 "혼돈이 곧 세계다(無極而太極)"라는 명제로 함축한다. 『도덕경(道德經)』과 더불어 도가 철학의 2대 경전으로 꼽히는 『장자』는 이 섭리를 혼돈의 죽음이라는 우화로 전한다.

남해(南海)의 임금을 숙(儵)이라 하고, 북해(北海)의 임금을 홀(忽), 중앙의 임금을 혼돈(渾沌)이라 했다. 숙과 홀은 가끔씩 더불어 혼돈의 땅에서 만났다. 혼돈이 대접을 매우 잘했으므로 숙과 홀은 혼돈의 덕을 갚기로 하였다. "사람은 다 일곱 개의 구멍이 있어 보고 듣고 먹고

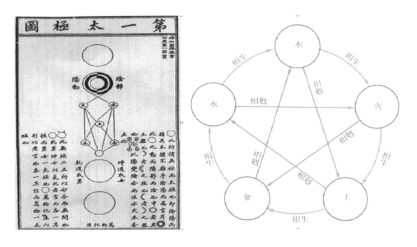

[그림6] 송대 주돈이의 『태극도설(太極圖說)』에 실린 태극도와 오행상극상생도

숨 쉬고 하는데, 혼돈만이 갖지 않았다. 시험 삼아 그것을 뚫어주자." 하루에 하나씩 구멍을 뚫었는데, 이레가 되자 혼돈은 죽고 말았다.

혼돈은 세상의 한 가운데 위치하며 모든 것을 포용한다. 그러나 그것은 '사람다움'의 표지인 일곱 개의 구멍(눈, 코, 입, 귀)를 지니지 못했다. 그래서 혼돈의 은혜를 입은 숙과 홀(이 이름은 찰나적인 빛을 의미한다)은 그에게 사람다움(인간 세계의 질서)을 선물하기로 한다. 완전한 질서가 이루어진 마지막 순간, 혼돈은 죽음에 이른다. 질서(Cosmos)가 언제나 혼돈(Chaos)의 죽음 위에 세워지는 이치를 중국의 우화는 이렇게 전한다.

무극은 곧 태극이다. 무극과 태극은 다른 것처럼 보이지만, 원래 하나의 존재이고 상태만 다른 것이기 때문이다. 빛과 시간의 빠른 속도에 의해 일곱 개의 구멍이 난 '혼돈'은 죽지만, 일곱 개의 구멍이 나서 더 이상 혼돈이 아닌 세계는 여전히 살아있다. 이처럼 한 세계의 끝은 다른 세계의 끝과 연결된다. 중국 전통의 순환론적 역사관은 여기에서 그 근거를 얻는다.

우주(宇宙), 공간과 시간의 질서

이 순환 사관 속에서 세계는 다섯 가지 기본 요소(五行)의 순서에 따라 극복되거나(相克) 계승(相生)되는 것으로 이해되기도 한다. 불과 물, 흙과 나무, 쇠로 이루어진 세계는 이 물질들의 경쟁과 계승 관계에 따라 변화를 일으키는 것이다. 예를 들어, 물로는 불을 끌 수 있고(水克火), 흙으로는 물을 막을 수 있다(土克水)는 식이다. 나무는 흙을 뚫고 나오며(木克土), 쇠는 나무를 벨 수 있지만(金克木), 결국 불에 녹고 만다(火克金). 이렇게 해서 다섯 가지 기본 요소의 경쟁 관계는 완전한 하나의 순환 주기를 형성한다.

한(漢) 왕조의 정통론(五德論)은 바로 이러한 체계에 따른다. 한은 진(秦)의 멸망 이후에 세워진 왕조이다. 전한(前漢) 시기의 정통론에 따르면, 한 왕조는 흙의 덕(土德)을 숭상하기 때문에 물의 덕(水德)을 주창한 진을 압도할 수 있었다. 또 진은 물의 덕으로 주 왕조의 불의 덕(火德)을 멸하고 새로운 통일 왕조가 되었다. 주 왕조의 특징은 공자(孔子)가 숭상했던 인문 정신이다. 진 왕조는 부국강병(富國强兵)의 실용 정신을 내세워 무력으로 중원 지역을 통일할 수 있었다. 이러한 정통 관념은 천카이거와 함께 중국 제5세대 대표 감독으로 손꼽히는 장이머우(張藝謀)의 영화 〈영웅〉(2001)에도 그대로 반영된다.

[그림7]은 영화 〈영웅〉에서 진이 중원을 통일하기 위해 동주(東周)의 제후국 가운데 하나인 조(趙)나라를 공격하는 장면과 빗발치는 진의 화살 속에서도 꿋꿋이 글을 쓰는 조나라 학자의 모습을 대비시킨 것이다. 붉은 옷을 입은 이 늙은 학자는 "진나라의 활이 제아무리 강하더라도, 우리를 죽이고 우리나라를 멸할 수 있을지라도, 우리의 글자와 문화는 사라지게 할 수 없다"라고 비장하게 외친 뒤 서슬 퍼런 화살이 빗발치는 대청마루에 앉

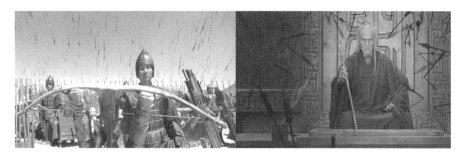

[그림7] 영화 〈영웅〉에서의 무력과 문화의 대비

아 조나라 문화의 정수를 써 내려간다. 주 왕조의 문화를 나타내는 붓과 진 왕조의 무력을 상징하는 화살, 주의 덕을 상징하는 붉은 색과 진 수덕을 나타내는 검은 색이 뚜렷한 대조가 인상적이다. 이 색채상징은 영화 〈무극〉에서 보여준 문명과 야만의 대조에서도 동일하게 나타났던 것이다. 또 이 영화에서 조나라 출신 자객인 비설(飛雪)은 자기 시종에게 역시 조나라 출신인 자객 무명(無名)의 진시황(秦始皇) 암살이 성공하면 붉은 색 천을, 실패하면 노란 색 천을 흔들라고 명령한다. 붉은 색 천은 주 왕조 덕을, 노란 색 천은 한 왕조의 덕을 나타내는 것으로 해석가능하다. 암살은 실패하고 [그림8]에서 보이듯이 그녀의 시종은 노란 천을 흔든다. 노란 천은 결국 한 왕조가 새로 일어나고 진 왕조는 멸망하리라는 역사를 예언한다.

장이머우 감독은 특히 새로운 세기에 제작한 이른바 '3대 무협' 작품에서 이와 같은 중국 문화 전통의 역사 및 세계 관념을 재현하기 위해 골몰한다. 국내에서 〈연인〉(2004)이라는 제목으로 개봉했던 장이머우의 〈십면매복(十面埋伏)〉은 중국의 전통적인 방위 관념을 바탕으로 한 구성을 보인다. 왕조에 반역하는 세력인 강호(江湖) 집단 '비도문(飛刀門)'의 전인(傳人)과 신분을 속이고 그녀와 함께 도망치는 포두(捕頭)는 서로가 적이라는 사실을 알면서도 사랑하는 사이가 된다. 그래서 이 비극의 연인들은

[그림8] 조나라 자객의 진시황 암살 실패를 알리며 휘날리는 노란 천

영화가 본격적으로 전개되는 순간부터 내내 추격자들로부터 쫓기며 도망간다. 처음에 그들은 뒤쫓아 오는 적들만 의식한다. 그러나 적은 뒤와 앞에서, 오른쪽과 왼쪽(四方)에서, 사방 두 명씩 팔방(八方)에서 그들을 위협한다. 안개 낀 대나무 숲에서 추격전은 극에 달한다. 위에서 내리꽂히는 죽창과 아래서 올라오는 죽창의 덫 사이(上下)에서 추격전은 끝이 나는 것이다. 적은 어디에나 있다. 수평의 모든 방위(八方)와 수직 방위인 아래 위(上下)를 더해 모든 곳(十面)에 매복 중인 것이다.

이 방위 관념은 중국적인 세계와 우주의 공간 개념을 여실히 반영한다. 중심의 좌우(左右)가 가장 중요하다. 태양은 동쪽에서 뜨고 서쪽으로 진다. 동쪽은 한 주기의 시작이고 서쪽은 한 주기의 끝이다. 좌우 다음은 앞과 뒤다. 앞과 뒤가 있음으로 해서 공간은 시간과 만난다. 해가 지나는 길과 그 좌우, 공간과 시간이 만나는 지점에서 사방(四方)의 개념이 생겨난다. 사방에 아래 위를 더하면 육합(六合)이 되는데, 이것이 우리가 사는 세계의 기본 도형이다. 사방이 이원화(正/間)되면 팔방으로 분화한다. 정방향은 양에 속하고, 사이방향은 음에 속한다. 여기에 아래 위가 더해진 것이 십면이다. 모든 것은 정확하게 태극의 구도, 즉 음양의 도식에 부합한다.

[그림9] 영화 〈십면매복〉에서 구현된 전통적인 중국 세계의 공간 질서

천원지방(天圓地方), 자연의 섭리와 사람의 질서

공간의 구성은 시간의 순환 고리에 따라 이어진다. 일 년의 시작인 봄은 동쪽과 연관된다. 봄은 만물의 싹과 같은 푸른 색(靑)에 연결된다. 푸른 봄(靑春)의 개념이 자연스럽게 성립한다. 그래서 먼 미래에 왕이 될 세자는 동쪽 궁전(東宮)에 산다.

[그림10]은 장이머우의 또 다른 무협영화 〈황후화〉(2006)의 한 장면이다. 그림 속에서 황제의 큰 아들인 태자는 황제의 왼쪽에 앉아 있다. 전통적인 관념에 따라 황제는 북쪽에 앉아 있다. 하늘의 아들(天子)로서 황제는 북두성과 같이 움직이지 않는 존재이기 때문이다. 사실 이러한 방위 관념은 중국 뿐 아니라 동아시아의 전통 사회에서 일반적이었다. 그래서 우리는 예전에 왕성이 있었고, 임금님이 사시던 서울로 간다고 할 때 항상 '올라간다'는 표현을 쓴다. 수도 서울의 북쪽인 의정부에 사는 사람도 '상경'하지 '하경'하지 않는다. 황제가 북쪽에 위치하므로 그의 왼쪽은 바로 동쪽이다. 황후는 오른쪽인 서쪽에 위치하고 태자가 아닌 두 아들은 신하로써 남쪽에 위치한다. 그들이 마주앉은 식탁은 반듯한 정사각형(正方形)이다. 하늘은 모난 데 없이 둥글지만, 땅은 평평하고 네모반듯하다(天圓地方). 영화 속에서 천원지방의 세계 모형은 이렇게 재현되고 있다. 땅 가운

[그림10] 영화 〈황후화〉의 한 장면   [그림11] 국화대, 천원지방의 재현

데 둥그런 하늘이 있고, 하늘 가운데 네모반듯한 식탁이 있다. [그림10]에 이어 [그림11]은 이 순환하는 세계 모형을 다시 한 번 확인 시켜준다.

이 영화에서 황제는 끊임없이 자연의 섭리에 부합하는 사람의 질서(規矩)를 강조한다. 여기서 인간 세계의 질서를 의미하는 단어인 '규구'는 '각이 진 자=곱자'를 의미하는 '구(矩)'와 '원을 그리는 도구=콤파스'를 의미하는 '규(規)'의 합성어이다. 전통적인 해설에 따르면, 이 도구들은 각각 땅의 원리와 하늘의 원리를 반영해서 만들어졌으며, 이 도구를 만든 신화적 인물은 여와(女媧)와 복희(伏羲)라고 한다. 한 왕조 시기의 화상석 등에서는 서로 마주보고 있는 인수사신(人首蛇身)의 여와와 복희가 각각 규와 구를 손에 들고 있는 모습이 자주 보인다.

사람의 얼굴에 뱀의 몸을 하고 있으며 하루에 70번이나 변화를 일으켜 그 내장이 열 명의 신인으로 바뀐 『산해경』의 신이한 존재 여와는 한 왕조에 이르러 복희와 남매이자 부부로 인식되기 시작했다. 복희는 『사기(史記)』나 『백호통고(白虎通考)』와 같이 한 왕조 시기의 문헌에 자주 등장하는 전설적인 제왕 가운데 하나로서 팔괘(八卦)와 문자(文字)를 창안하고 농사, 목축, 어렵의 기술을 전파한 문화 영웅이다. 민간에 전설에서 이 부부는 세상이 모두 잠기는 대홍수에서 살아남은 유일한 인간으로 모든 인류

[그림12] 투르판에서 출토된 여와복희도(女媧伏羲圖), 전체(좌)와 부분 확대(우)

의 조상이 된다. 또한 이들은 물에 잠긴 세상을 구하기 위해 하늘을 고치고 땅을 세우기도 한다.

부주산이 있었는데 원래 이것은 하늘을 받치는 기둥으로서 그 위쪽의 하늘 강을 받치고 있었다. 부주산이 쓰러지자 하늘은 무너져 구멍이 나고 하늘 강의 물이 바로 '쏴아' 하니 땅으로 쏟아져, 세상에는 하늘이 뒤집어진 듯 많은 비가 쏟아지고 넘실대는 홍수로 곳곳이 넘쳐나서 재해를 입었다.

그때 중원 일대에는 회이 부족이 살고 있었는데, 부족의 우두머리는 복희씨였다. 복희씨 아내는 이름이 여와였는데 그녀는 총명하고 빼어나게 생겼을 뿐만 아니라 능력이 매우 출중하여 무엇이든 할 수 있었으므로, 하늘에서 내려온 여신이라고도 하였다. 여와는 하늘이 무너져 구멍 났는데 메우지 않으면 하늘의 물이 모두 끊임없이 땅으로 떨어져 내릴 것이니 어쩔 것인가, 하고 생각하였다. 그녀는 강과 바다와 호수에서 많은 오색석을 건져다가 불로 달구었다. 9일 밤낮을 계속 달구자 돌들은 녹아 끈적끈적해졌다. 여와는 손을 뻗어 이 잘 달구어진 돌 풀을 한 덩어리씩 집어 하늘의 구멍을 기웠다. 하늘이 기워지자 큰물이 곧 멈추었다. 해가 나니 하늘에는 오색의 아름다운 노을이 나타났는데, 이 아름다운 노을들이 바로 오색석을 달구어 만든 것이다.

여와는 하늘을 다 메우고 부족 사람들을 이끌고 땅의 홍수를 다스리러 갔다. 그녀는 매일 곱자

(矩)를 가지고 홍수의 높낮이를 측량하였다. 그녀는 사람들에게 높은 곳의 홍수를 낮은 곳으로 이끌도록 하고, 낮은 곳의 홍수를 강으로 이끌고 강의 물길을 동해로 흐르도록 했다. 이로부터, 중원에는 한 줄기 큰 강이 생겨났는데, 회이 부족 사람들이 튼 것이기 때문에, 사람들이 그것을 회하라고 불렀다.

민간에 전승되는 이 신화 속에서 여와는 곱자를 들고 홍수에 잠신 세계를 구원하고 수리하는 여신의 모습으로 그려진다. 그녀는 하늘을 기우고 사방의 기둥을 세움으로써 부주산과 함께 무너진 세계의 공간 질서를 다시 구축하고 회하의 물길을 터 시간의 흐름을 회복한다. 무너진 질서의 재건은 곧 새로운 세계의 창조이다. 하늘 위에서 그런 것처럼 하늘 아래서도 우주는 끊임없이 재건되어야 한다.

아홉 개의 해를 쏜 영웅, 예(羿)

세계와 인간을 하나의 우주로 통합하는 데 중점을 두는 중국의 신화 속에도 남다른 면모를 지닌 인간들은 존재한다. 바로 영웅(英雄)이다. 영웅은 보통의 인간과는 달리 신에 가까운 뛰어난 능력을 지닌 존재다. 고대 중국의 신화 세계에 등장하는 가장 유명한 영웅의 이름은 예(羿), 동쪽 하늘을 주인이자 해와 달의 어버이인 제준(祭遵)을 모시는 천상의 존재였다. 『사기』라는 역사서가 황제를 가장 위대한 제왕으로 기록하는 것과 달리, 『산해경』에서 가장 위대한 제왕은 제준이다. 『산해경』은 수레와 배와 거문고 등 문명의 이기를 발명한 것이 제준이거나 그의 자손이라고 적고 있다. 무엇보다 제준에게는 신궁(神弓)인 예가 있었다. 세상에 존재하는 모든 것을 쏘아 맞출 수 있는 능력을 지닌 백발백중의 명사수 예. 예가 백발백중의 명사수라는 사실은 그의 이름만 보아도 알 수 있다. 예라는 글자를 곰곰이 바라보고 있으면 깃털 달린 화살이 떠오른다. 표의문자인 한자의 묘미는 이처럼 보는 것만으로도 그 뜻이 유추된다는 데 있다. 예는 동쪽 하늘을 다스리는 천제(天帝) 제준의 명을 받고 땅 위의 인간들을 괴롭히는 수많은 괴물들을 처치했다. 끌과 같이 긴 이빨을 지닌 괴물 착치, 사람을 잡아먹는 식인 돼지 병봉, 커다란 짐승은 물론 산까지도 한 입에 집어삼키는 거대한 뱀 파사, …… 땅 위의 모든 사람들이 이 무시무시한 괴물들에게 시달리지 않게 된 것은 모두 예의 뛰어난 궁술 덕분이었다. 그러나 무엇보다 뛰어난 예의 업적은 바로 아홉 개의 해를 쏘아 떨어뜨린 일이었다. 우주의 질서는 하루에 하나의 해가 나타나는 것이다.

『산해경』에 따르면, 아침에 동쪽 하늘에서 떠올라 저녁에 서쪽 하늘로 저무는 해는 모두 제준의 아들들이었고, 하늘에서 해의 움직임을 관장하는 것은 제준의 아내인 여신 희화(羲和)였다. 원래 희화는 매일 아침 황금 수레를 몰고 동쪽 하늘을 출발하며 서쪽 하늘까지 날아다녔다. 나중에 그녀는 제준에게서 열 아들을 낳았는데, 이들이 바로 하늘과 땅을 관통하는 부상수(扶桑樹) 위에서 찬란히 빛나는 열 개의 해였다. 예의 신화와 관련된 도상 속에서 이 열 개의 해는 불타오르는 황금 굴레 속에 박힌 검은 새(玄鳥)의 형상을 하고 있다. 해 어머니 희화는 아침마다 동쪽 바다 끝 끓어오르는 해의 골짜기(陽谷)에서 부상수 위에 앉은 아들들을 날아오르게 했다. 희화의 가르침 속에서 열 개의 해는 변함없이 하나씩 하늘로 떠오르며 우주의 질서를 구현했다. 그런데 홀로 외로운 경주를 하던 끝에 지루해진 해 아들들에게 못된 꾀가 생겨났다. 어느 날, 그들은 어머니가 한눈을 파는 사이에 다 같이 동쪽 하늘로 날아오르기로 약속했다. 형제들과 함께 세상으로 나아가 한바탕 신나게 놀아보려고 한 것이다. 사람이 장난으로 던진 돌에도 개구리는 맞아 죽는 것처럼 신의 장난으로 인간을 고난의 구렁텅이로 밀어 넣는다. 해 아들들의 장난으로 세상은 불바다가 되었다. 산이 녹고 강이 마르고 대지는 쩍쩍 갈라졌다. 사람은 물론이고 동물과 식물, 곤충을 가릴 것 없이 모든 생명체가 타 들어가 죽음을 맞았다. 다급해진 천제 제준은 예를 불렀다. 제준은 예에게 빛보다 더 빠른 하얀 화살(素箭)과 무엇으로도 부러뜨릴 수 없는 붉은 활(丹弓)을 내주었다. 말썽꾸러기 아들들을 혼내 주라는 뜻이었다. 그는 예가 아들들을 가볍게 혼내서 집으로 돌려보내기를 바랐다. 그러나 예의 생각은 달랐다. 그는 땅 위로 내려와 도탄에 빠진 백성들을 보았다. 어린아이의 장난이라고 넘기기에는 그 대가가 너무 참혹했다. 그래서 그는 화살을 뽑았고 활시위를 당겼다. 하나, 둘, 셋, 넷, 다섯, 여섯, 일곱, 여덟, 아홉, …… 세상에 없어서는 안 될 단 하나의 해가 남을 때까지, 신궁 예는 활시위를 당겼다. 제준과 희화의 아홉 아들은 아버지가 내린 활과 화살에 맞아 목숨을 잃고 땅 위로 떨어졌다.

세상은 평화를 되찾았다. 그러나 천제 제준의 마음 속 평화는 돌아오지 않았다. 그는 아들들을 거의 모두 잃은 슬픔을 참을 수가 없었다. 자신이 내린 소전과 단궁, 그리고 그 활을 매고 화살을 든 예의 모습도 차마 볼 수 없었다. 그래서 그는 예에게 다시는 하늘로 돌아오지 말라는 명령을 내렸다. 하늘의 명궁 예는 이렇게 신의 지위를 잃고 이 땅에 남겨졌다. 우주의 질서를 지키기 위해 최선을 다했을 뿐인데, 그는 주어진 모든 권리를 잃고 말았다. 그 자신 뿐 아니라 그의 사랑하는 아내 항아(姮娥) 또한 신의 지위를 잃고 지상으로 추락했다. 여신이었던 항아는 끊임없이 하늘 세계를 그리워했다. 예는 슬퍼하는 아내를 위해 온갖 고난을 무릅쓰고 서쪽 대지의 끝 곤륜산에 사는 서왕모(西王母)를 찾아갔다. 서왕모는 삶과 죽음을 결정하는 권능을 지닌 여신이었다. 『산해경』 속의 그녀는 호랑이의 얼굴에 사람의 얼굴을 한 다소 무시무시한 형상이지만, 나중에 한(漢) 이후의 문학 작품 속에서는 서른 안팎의 농익은 아름다움을 지인 미인으로 그려진다. 아무튼 예는 서왕모에게서 두 사람 몫의 불사약(不死藥)을 받아서 돌아온다. 하늘로 돌아갈 수는 없지만 영원한 생명은 얻게 된 것이다. 그러나 신의 지위를 포기할 수 없었던 항아는 남편인 예 몰래 불사약을 마시고 혼자서 하늘로 돌아갔다. 중국에서 쏘아올린 최초의 인공위성에 '항아'라는 이름이 붙은 것도 우연은 아니다. 안타깝게도, 남편을 버리고 인류를 저버린 항아는 하늘로 돌아가서도 다른 신들과 어울릴 수 없었다. 그녀는 오늘날까지 아무도 없는 달에서 홀로 외로운 눈물을 흘리고 있다고 전해진다.

동서양을 막론하고 영웅들의 최후는 비극적인 경우가 많다. 프로메테우스처럼 신보다 인간을 더 사랑한 영웅들의 최후는 더욱 슬프다. 신궁인 예 또한 이와 같이 비극적인 영웅이 되어 지상에 남겨졌다. 영웅의 길은 고통스러울 뿐 아니다 뼈저리게 외로운 법이다. 중국의 문화 전통 속에서 영웅의 이미지는 '협객(俠客)'이라는 새로운 인간형으로 구체화된다.

천하와 강호, 신화적인 중국 무협 세계

새로운 세기의 막이 오른 2000년 겨울, 영화 〈와호장룡〉의 성공은 희미해져가던 '무협(武俠)'의 존재를 우리에게 새삼 일깨웠다. 무협의 주인공인 협객들은 모두 강호(江湖)에서 산다. 강호는 어디에 있는가? 우리가 알고 있는 강호는 무수한 협객들이 피비린내 나는 숱한 쟁패 끝에 최고 고수인 무림지존의 자리에 오르는 그런 곳이다. 철부지 소년이 어느 날 출생의 비밀을 알고 진정한 자기를 찾아 나서는 파란만장한 모험 끝에 강호를 제패하여 무림지존의 자리에 오르는 곳. 그러나 우리가 지금 알고 있는 이 강호의 존재는 수많은 무협 이야기들의 결과로 이루어진 것이다. 강호의 기원은 좀 더 멀리 있다.

[그림13] 〈와호장룡〉의 첫 장면을 촬영한 화산시 홍춘촌의 다리

영화 〈와호장룡〉이 시작되는 곳은 중국 남쪽 지역이 풍광이 고스란히
살아있는 어느 마을이다. 아련한 물안개가 피어오르는 강과 호수를 배경으
로, 말고삐를 잡은 장년의 남자가 느긋한 걸음걸이로 둑 위를 걷고 있다.
하늘은 푸르고, 희게 바른 벽 위로는 검은 기와가 선명하다. 이것이 바로
감독 리안(李安)이 그리는 강호의 풍경이다. 강호를 글자 그대로 인식하
면 '강과 호수'라는 뜻이다. 〈와호장룡〉의 첫 장면은 무협의 공간적 배경
을 이렇게 시각화한다.

[그림13]는 중국의 강남 지역에서 쉽게 볼 수 있는 수로와 거의 물 위에
뜬 것처럼 보이는 사람들의 마을을 포착한다. 그러나 강호는 사실 실재하
는 공간 이상의 의미를 지닌다. 중국은 거대한 대륙이다. 땅이 워낙 크다
보니 험한 산도 몇 배는 많고 높기도 몇 배씩 높다. 자동차도 기차도 비행
기도 아니고 기껏해야 말을 타거나 수레를 끌어서 움직이던 시절, 땅 위에
는 가로막는 장애물이 너무 많았다. 그에 비해 강과 호수의 물길은 서북의
산꼭대기부터 동남의 바닷가 모래밭에 이르기까지 막힘없이 이어져 그 편
리함이 육로에 비할 바가 아니었다. 수(隋) 왕조가 나라의 멸망을 무릅쓰
고 대운하(大運河)를 건설했던 이유가 여기에 있다. 급류의 위험을 감수
하더라도 물길이 훨씬 빠르고 편했다. 강의 지류가 거미줄처럼 어지럽게

펼쳐져 있는 창 강(長江) 하류의 강남 지역에서는 더더욱 그랬다. 고대 중국에서 강과 호수는 바로 길이었다. 길은 사람과 사람의 관계를 맺어주는 전제가 된다. 사방팔방으로 퍼져나간 이 강과 호수의 길을 따라 사람들은 이어졌다. 그것이 바로 강호다. 강호가 없다면, 사람들이 없다면, 무협의 이야기도 없다.

〈와호장룡〉의 성공 이후, 무협은 중국 대중문화의 대세가 되었다. 현실의 문제에 천착했던 중국 대륙의 감독들 또한 앞을 다투어 무협 영화를 찍었다. 〈무극〉, 〈영웅〉, 〈십면매복〉, 〈황후화〉, …… 우리가 앞서 보았던 중국 신화의 영화들은 모두 '무협'을 표방한다. 그러나 이 영화들은 한편으로 "더 이상 무협이 아니다"라는 평가도 듣는다.

영화 〈영웅〉은 어떤 이름 없는 사내의 내레이션으로 시작한다. 그는 이렇게 말한다. "나는 어려서 고아가 되었고 이름조차 없어서 사람들이 무명(無名)이라 불렀다. 사람이 이름조차 없다니. 곧 온 힘을 다해 검술을 연마했고, 십 년 만에 독특한 검법을 완성했다." 세상에 떳떳하게 이름을 날리고자(立身揚名) 하는 것은 학문을 숭상하는 선비(학문이 뛰어난 선비를 '유'儒라 한다) 뿐 아니라 무예를 숭상하는 선비(의협심이 넘치는 선비를 '협'俠이라 한다) 또한 마찬가지다. 다른 점이 있다면 협은 유와 달리 말이 아니라 행동으로, 붓이 아니라 칼로 그 존재가치를 증명한다는 점이다. 무예로 세상에 이름을 날린 협객이 등장하기 때문에 이 영화는 '무협'이라 불린다.

영화의 주인공은 십 년 동안 검법을 연마하고 당시 세상에서 가장 유명한 세 사람의 협객과 싸워 이긴 증거를 얻는다. 덕분에 그는 중원을 통일하려는 진왕 영정을 가까이서 만날 수 있었다. 사실 그는 진시황에게 상을 받고자 왕궁에 들어가는 것이 아니다. 진왕을 죽이기 위해 간다. 그가 연마한 검법은 '열 발짝 안에서 백발백중(十步一殺)'이다. 정확하긴 하지만 사정거리가 짧다. 그래서 그는 다른 협객들을 죽였다는 증거를 가져가야 한다. 진왕에게 가까이가려면 그에 합당한 공을 세워야 하기 때문이다. 그런데 천신만고 끝에 입궁한 그는 왕을 만난 뒤 암살을 포기한다. 그 이유는 진왕이 검술의 최고 경지인 '칼을 쓰지 않고 이기는 법'을 터득했기 때문이다.

사실 진왕의 '칼을 쓰지 않고 이기는 법'은 엄밀히 말하면 검술이 아니다. 그것은 나라를 다스리는 치도(治道)에 가깝다. 진왕은 무명에게 중원을 통일하려는 목적은 작은 나라들끼리의 무력 충돌을 없애려는 데 있다고 말한다. 일찍이 무명을 도왔던 자객 파검(殘劍)도 같은 말을 했다. 세상이 하나의 천하가 되면 더 이상 서로 싸우며 피 흘리는 일이 없을 거라고. 천하를 위해서는 통일을 꿈꾸는 진왕을 살려두는 편이 더 낫다고. 결국 무명은 그들에게 설득 당한다. 그는 평화를 위해 통일된 하나의 세계를 개척하려는 진왕에게 이 세계를 양보한다. 약육강식과 유혈박투가 그치지 않는 강호를 진왕이 개척할 평화로운 하늘 아래(天下) 바친 것이다. 그러나 천하에 속해 버린 강호는 더 이상 강호가 아니다. 관계의 망은 한 사람의 힘으로 이루어지지 않는다. 일곱 구멍이 난 혼돈을 더 이상 혼돈이라 부르지 않는 것처럼, 한 사람의 강호는 더 이상 강호로 불리지 않는다. 천하의 질서 속에 포섭되면 강호의 혼돈은 죽는다. 대운하는 한 사람을 위해 존재하지만, 강호는 모든 사람을 위해 존재하기 때문이다.

* Further Reading

- 정재서,『중국 신화의 세계: 상상력, 이미지, 스토리』, 돌베개, 2011.

서양 신화와는 다른 중국 신화만의 상상 세계를 이미지와 스토리를 통해 풀어나간 재미 있는 학술서이다. 고대의 신화적 제의로부터 역사, 지괴, 전기, 백화에 이르는 고전문학의 세계에 나타난 중국 신화의 상징들을 찬찬히 짚어나가면서 우리문화와의 비교까지, 지적 대화를 위한 넓은 지식을 확보하기 위해 반드시 일람해야 할 필독서이다.

- 정재서,『중국 신화 라이브러리』01-08(e-book), 21세기북스, 2013.

문헌 신화에서 구술 신화까지, 중국 내 56개 민족의 신화를 망라하는 한편, 중국 신화의 주요한 상징들을 분석하였기에 중국 신화를 일람하기 위해서는 한 번쯤 읽어 볼 필요가 있는 책이다. 풍부한 도판 또한 중국 신화에 대한 이해를 높여준다.

- 위엔커,『중국 신화전설 1』, 민음사, 1999.

  위엔커,『중국 신화전설 2』, 민음사, 1998.

중국 신화는 신화학 연구 초기부터 '빈약성, 단편성, 산재성'을 지적받으며, 이러한 특징들을 극복하려는 노력을 지속해왔다. 신화 자료가 적은데다 단편적으로 여러 저서에 흩어져 있는 만큼 인정받지 못하는 중국의 신화적 이야기(mytholgy)들을 구원하는 일은 모든 중국 신화학자들의 지상과제였다. 위엔커는 그러한 과제를 수행하는 데 평생을 바친 중국 신화학계의 태두(泰斗)이다. 위엔커는 이 책을 통해 결핍된 중국 신화 자료를 모으고 엮음으로써, 토마스 불핀치(Thomas Bulfinch)가『그리스 로마 신화』를 통해 이룩한 것과 동일한 신화의 체계화를 시도하고자 한다. 말하자면, 중국 신화 자료의 중앙집권화 작업인 셈이다. 따라서 재미있는 이 이야기책을 읽을 때에는 중국 신화의 원형에 대해 비판적 시선을 유지할 필요가 있다.

- 문현선, 『무협』, 살림, 2004.

한국적인 판타지로서 무협의 상상 세계가 아니라, 중국 대중문화의 핵심 코드인 무협을 탐색하는 아주 슬림한 입문서. 무협의 기원과 문화적 의미에 관심이 있다면, 가볍게 들어서 단숨에, 한 번쯤 읽어 볼만하다.

- 김선자, 『중국 소수민족 신화 기행』, 안티쿠스, 2009.

저자가 직접 중국 서북, 서남 지역의 소수민족 자치구를 돌아다니며 현지에서 채록한 신화적인 내용들과 함께 현재 그들이 처한 문화에 대한 감상을 적은 에세이다. 다양한 이미지 자료가 미지의 세계로 남아있는 중국 소수민족 신화에 대한 호기심을 만족시켜 준다. 관점이라든지 해석의 깊이 등에서 학술서로는 아쉬운 부분이 적지 않지만, 직접 오지를 다니며 느낀 진솔한 경험에 동참할 수 있는 계기를 제공한다.

11장 일본 신도와 미야자키 하야오

일본은 인간과 신이 뒤죽박죽 한데 어울려 사는 나라다. 그들의 삶은 유령이나 귀신, 요괴뿐 아니라 외계인과 로봇까지 한 집에 기거하고 친구가 되기도 하고 자유자재로 변신을 하기도 한다. 인간이 아닌 이런 존재들은 신앙의 대상인 동시에 공포의 원천이기도 하지만 특이하게도 예로부터 일본에는 그런 이형의 것들에 대한 기담이나 괴담을 즐기는 문화가 존재해왔다. 또 일본은 메이지 유신 이후 '화혼양재'[1]라는 근대화 이데올로기를 들어 서양과 동양이 혼재하는 나라로 발전해 온 까닭에 특이한 정신세계를

---

1) 화혼양재(和魂洋才)는 일본이 메이지유신에 근대화 논리로 내세웠던 개념으로 일본 정신과 서양문물의 결합을 말하고자 한 것이다. 나는 일본의 로봇메커닉 애니메이션이 이 화혼양재를 시각적으로 재현하는 이미지로 본다. 아무리 서양이 되고자하나 버릴 수 없는 일본의 정신을 구현하는 어린 소년의 몸에 서양의 문명, 즉 철갑옷이나 건드레스를 걸치는 것이 로봇의 기본적인 메커니즘이기 때문이다.

가지며 발달해 온 역사를 가지고 있는 나라기도 하다. 그래서 그런지 그들의 정신세계는 신화와 영화, 애니메이션에서 독특하게 표현되고 흥미롭게 드러난다. 이 장에서는 그런 일본 신도와 국보급 대표 감독이라고 하는 미야자키 하야오의 장편 애니메이션을 통해 일본인들의 마음 속 세계를 좀 더 심층적으로 들여다보고자 한다.

8백만 신의 나라

일본의 신화 세계는 크게 '신도'와 '원령사상'으로 구분해볼 수 있다. 그리고 그 바탕에는 애니미즘적 사고가 도도히 흐르고 있다. 애니미즘은 모든 것에 혼이 깃들어 있다는 '만물유령사상'이라고 할 수 있는데, 모든 원시종교는 애니미즘적 사고 속에서 형성되었다 해도 과언이 아니다. 문명의 초창기부터 인간들은 생명이 없는 것과 생명이 있는 것, 동물이나 식물, 돌이나 쇠붙이에까지 영혼이 숨 쉬고 있다고 생각하여 그들을 신앙의 대상으로 삼거나 인간을 위협하는 두려운 존재라고 여겨왔다. 이러한 보편적인 관념을 기반으로 일본은 특유의 신도라는 종교를 가지게 되었다.

신도(神道)는 고유의 '가미(神)'라는 개념에 바탕을 두고 발생한 일본의 전통 종교이다. 가미는 자연신이나 탁월한 사람, 신격화된 조상을 포함하여 어떤 이상을 받들거나 추상적인 힘을 상징하는 신격까지 포함하는, 말하자면 온갖 종류의 초자연적인 힘이나 신을 나타내는 용어로 신도의 핵심이라고 할 수 있다. 일본에는 8백만이 넘는 가미가 존재한다고 하며 신도는 일본인의 생활양식과 일상을 지배하는 민족 종교인 것이다. 이러한 신도는 『일본서기』에 처음 기록되었는데, 제 31대 요메이 천황이 '불법을 믿고 신도를 존숭했다'고 전해진다. 이를 '신불습합(神佛褶合)'이라고 말한다. 뚜렷한 종교체계를 갖지 못한 채 전해지던 원시종교 신도가 종교로

[그림1] 〈센과치히로의 행방불명〉의 주요 장면

서의 체계를 가지고 있는 불교와 융합되면서 스스로 체계화되었음을 의미한다. 즉 신도와 불교의 융합은 6세기 중엽 불교가 일본에 전래되면서 시작되었으며 현재 일본인의 종교 생활을 지배한다. 일본 가정에서는 흔히 신도의 가미다나와 불교의 부쓰단을 모시고 있으며 결혼식은 신도식, 장례식은 불교식으로 치른다.

〈센과 치히로의 행방불명〉에 등장하는 유바바의 목욕탕에는 [그림1]에서 보듯이, 수많은 일본의 가미들이 와서 목욕을 한다. 일본에는 전통적으로 '시욕'이라 하여 다른 사람을 위해 목욕을 시켜주는 것이 크게 덕을 쌓는 행위였기 때문에 그 가미들을 씻겨주는 목욕탕은 갱신과 원기회복의 장소로 설정되어 있다. 센은 엄청난 오물신인 줄 알았던 강의 신에게 목욕을 시켜주고 신비의 영약을 받는다.

또 〈이웃의 토토로〉에 등장하는 토토로는 마을의 큰 녹나무의 정령으로 어린 사츠키와 메이를 보호하는 수호신의 역할을 한다. 사츠키의 가족은 이사를 왔다며 그 녹나무에 가서 잘 부탁한다고 빌기도 하고 비 오는 하굣길에 비를 피하게 해준 사당의 묘석에 대고 고맙다고 절을 하기도 한다. 토토로에게 우산을 빌려 준 아이들이 나중에 도토리 열매를 받아 커다란 나무를 키워내는 것도 은혜를 갚는 토토로의 모습이다. 이처럼 일본 사람들의 생활 속에 신도는 특별한 종교라기보다 오히려 삶의 방식이나 태도에 녹아 있는 고유한 생활양식이라고 할 수 있다.

원령사상

신도적 애니미즘과 함께 일본의 고유한 마음의 풍경을 만들어주는 것은 '원령사상'이다. 중세 이래 일본에는 생전에 원한을 품고 죽은 귀족이나 왕족이 사후에 탈, 재앙을 일으키는 것을 막기 위해 사령을 신으로 모시는 관습이 있었다. 정치적 분란, 전란, 사고, 자연 재해, 역병 등 생전에 한을 품고 죽은 자의 영혼이 산 사람을 괴롭히고 여러 재앙을 불러온다며 두려워한 민간 신앙인 원령사상은 기타노 신사, 야스쿠니 신사와 가부키나 노 등의 전통 예능과 깊이 관련 있다. 원령은 일본어로 '모노노케'인데 이는 산 사람에게 들러붙어 괴롭히는 사령, 생령을 포함한다. 일본 공포 영화에 등장하는 귀신들은 모두 원령이다.

〈원령공주〉에서도 이 원령사상은 작품 전체를 관통하는 문화적 코드라고 보인다. 첫 장면에 등장하는 지렁이 같이 검은 유동체의 집합인 다타리가미(재앙신)는 주인공 아시타카의 화살에 맞아 죽어가면서 인간을 저주한다. 그러자 마을의 무녀 히이사마가 달려와 그 재앙신에게 두 손 모아 빌며 '당신의 제사를 후하게 잘 지낼 터이니 우리를 해코지하지 말아 달라'고 부탁한다. 이렇게 죽은 사령이 자신들을 해코지하는 것을 피하고자 하여 제사 드리는 것은 일본인들의 원령사상을 엿볼 수 있는 대목이다. 숲의 신 시시가미가 에보시 두령에 의해 머리를 잃자 숲은 죽음의 유동체로 흘러넘치게 되고 생명 있는 모든 것은 죽어가게 된다. 그러나 아시타카와 산이 그

[그림2] 〈원령공주〉의 주요 장면

의 목을 돌려주자 숲은 다시 생명의 푸르름을 되찾는다. 신에게 원한을 사는 것은 목숨을 잃는 일인 것이다.

　애니메이션 뿐 만이 아니라 일본의 전통 연희 양식들에서도 이러한 원령 사상을 찾아보는 것은 어려운 일이 아니다. 전통 가면극인 노의 경우, 주인공은 사무라이, 신령, 사령, 정령, 노인인데 이들이 세상에 남긴 원한과 생존 시의 활동상을 연기하다 사라지는 패턴으로 진행된다. 주인공들은 살아생전의 원한 맺힌 감정을 마음껏 토로한다. 일본 근세 전통극 가부키 〈츄신구라〉는 분하게 죽은 주군의 원한을 풀어주려 그 수하의 사무라이 47명이 주인의 복수를 한 역사적 사건을 배경으로 한다. 가부키는 그 47명의 사무라이들이 차례대로 등장해 주군의 복수를 위해 자신들이 한 일을 재현한다. 이는 전통 연희에서 엿볼 수 있는 원령신앙이다.

시각적이고 육체적인 일본 신화

　일본 신화의 특징 중 두드러지는 것은 무엇보다도 무척 시각적이고 육체적이라는 점이다. 보이는 것이 그들에게는 중요하다. 형체가 없는 것이 무서운 것이 아니라 형체, 이미지가 있는 것을 두려워한다. 형체가 없는 것은 믿으려고도 하지 않는 듯하다. 또 우주 기원 신화나 인간 기원 신화와 같이 근원에 대한 신화들은 나타나지 않는 대신, 국토 기원에 대한 서술이 강조되어 있다. 아마도 바다에 둘러싸인 한정적인 땅, 섬나라라는 점이 그런 특유의 신화들을 만들어낸 것이 아닐까 조심스럽게 추측해보게 한다. 시각적인 강한 특성을 보이는 것과 관련 있겠지만 조금 더 언급하고 싶은 것은 일본 신화에는 유난히 성적 상징이나 몸 담론이 풍부하다. 일본 국토와 여러 신들을 낳은 이자나기와 이자나미 신의 이야기는 흥미롭다.

일본 최고의 역사서라 할 수 있는 『고사기』에 따르면, 이자나기와 이자나미는 천신들의 명을 받고 하늘에서 내려온다. 아무것도 없는 세상에 내려온 이자나기는 자신의 몸 중 한 곳의 남는 곳을 이자나미 몸의 완전히 이루어지지 않은 곳에 끼워 넣어 국토를 낳고자 한다고 말한다. 이자나기와 이자나미는 모두 14개의 섬들과 35명의 신들을 낳는다. 그러나 이자나미는 불의 신을 낳다가 음부가 타버리는 바람에 죽어 황천에 간다. 이자나기는 동생이자 아내인 이자나미가 보고 싶어 명계로 내려가지만 이자나미는 이미 자신은 황천국의 음식을 먹어 돌아갈 수 없다고 한다. 하지만 이자나미는 자신이 돌아가는 것을 황천국의 신과 의논하겠다고 하며 이자나기에게 기다리라고 한다. 이자나미는 남편에게 결코 자신의 모습을 보아서는 안된다는 금기를 주고 간다. 그러나 아무리 기다려도 여신이 나타나지 않자 이자나기는 문을 열고 안으로 들어가 보았다. 그때 여신의 신체에는 구더기가 소리를 내며 들끓고 있었고 온 몸에서는 8종의 뇌신이 생겨나고 있는 중이었다. 이를 본 이자나기가 두려워 도망을 치자 여신은 자신에게 치욕을 주었다며 이자나기의 뒤를 쫓아왔다. 이자나기와 이자나미가 천인석을 사이에 두고 이별의 말을 주고받는데, 이자나미가 '사랑하는 나의 남편

께서 이와 같은 짓을 하시면, 당신 나라 사람들을 하루에 천 명을 죽일 것입니다.'라고 하자 이자나기는 '사랑하는 나의 아내여, 네가 정녕 그렇게 한다면 나는 하루에 천 오백 개의 산실을 짓겠다.'고 하였다. 이리하여 하루에 반드시 천명이 죽고 반드시 천 오백 명이 태어나게 된 것이다. 그래서 지상에는 매일 5백 명씩 산 인간이 더 남게 된 것이다. 인간의 삶과 죽음을 일본 신화를 이렇게 설명한다.

황천을 다녀온 이자나기는 부정 탄 것을 씻기 위해 목욕재계를 하게 된다. 그가 몸을 씻자 여러 신들이 태어났는데 특히 왼쪽 눈을 씻었을 때 태어난 신은 태양의 여신 아마테라스, 오른 쪽 눈을 씻었을 때 태어난 신은 달의 여신 츠쿠요미, 코를 씻었을 때는 바다와 폭풍의 신 스사노오가 태어났다. 일본의 중요한 삼귀자(三貴者) 신들이다. 그 중 태양신 아마테라스는 천황의 직계 조상이라고 한다.

이러한 일본 신화의 여러 설정과 모습들은 〈센과 치히로의 행방불명〉에서 찾아볼 수 있다. 앞에서 언급한 '시욕'의 전통이 그러하고, 지옥의 음식을 먹으면 몸이 썩어가는 설정이 그렇다. 치히로는 유바바의 목욕탕이 있는 다른 세상에서 돼지로 변한 엄마와 아빠를 보고 놀라 강가로 달려 나오지만 물이 불어 건널 수가 없다. 온갖 가미들이 목욕을 하러 몰려오는 가운데 치히로는 자신의 몸이 투명하게 변하는 것을 알게 된다. 두려움에 떨고 있는 치히로에게 하쿠가 와서 빨간 알약을 내민다. 그것을 먹어야 몸이 사라지지 않게 될 것이라고 말하며 그것을 삼키게 한다. 그러자 치히로의 몸은 다시 원상복귀 되고 가미들의 세상에서 센으로 살아가게 된다. 이는 지옥의 음식을 먹어 몸이 썩어가는 이자나미 여신의 신화 이야기를 변형한 설정이라 할 수 있다. 또 해서는 안되는 금기를 위반하는 것도 신화의 일반적인 모티프에 속한다. 남신의 남는 곳을 여신의 부족한 곳에 끼워 넣어 여러 섬들을 낳는다는 이야기도 일본 특유의 시각적이고 육체적인 신화의 독특함을 보여주고 있다.

현대 일본 신화, 미야자키 하야오

일본 신화에 관련해 언급하는 영화들은 대개 미야자키 하야오의 애니메이션들이다. 퇴마사 세이메이의 일대기를 그린 〈음양사〉도 신도와 관련한 영화지만 미야자키의 작품 세계에 미치지 못한다. 일본의 영화산업은 70년대 핑크 영화시대를 지나면서 사적인 세계의 소소한 일상들을 그리는 내용들이 대세를 차지하는 흐름을 보였다. 사소설의 유행과 80년대 경제 활황을 거친 뒤 90년대 들어서면서 버블경제에 거품이 빠지게 된다. '잃어버린 10년'이라 부르는 90년대 경제 불황기를 오래 거치면서 일본 문화는 자기 속으로 침잠하는 모습을 보이게 된다. 물론 역사적 사건이나 신화의 이야기를 다루는 영화들이 없지는 않았지만 조용하고 개인적인 사적 이야기들이 문화의 대세를 이루게 된다. 그러나 한편으로 국가적인 경제 침체기에 통합 이데올로기로 작동하는 신화의 등장과 부활은 두드러졌다. 특히 어려운 시기를 통과하고 90년대 후반기 이후 만들어진 스튜디오 지브리의 장편 애니메이션들이 흥행 톱을 갱신하며 그런 경향을 대표했다. 참고로 일본 역대 흥행 순위 1, 2, 3위는 모두 지브리의 것이다. 흥행 1위는 〈센과 치히로의 행방불명〉, 2위는 〈하울의 움직이는 성〉, 3위는 〈원령공주〉이다. 그 중 〈원령공주〉, 〈센과 치히로의 행방불명〉은 일본 신화가 그 중심 서사를 이루며 엄청난 대중적인 반향을 불러 일으켰다.

1997년에 제작된 〈원령공주〉는 20억 엔의 제작비와 13년의 제작 기간, 작화장수 14억 4천장, 일본 내 관객 1천 4백 30만만 명을 기록했고 〈센과 치히로의 행방불명〉은 304억엔의 역대 최고 흥행기록과 함께 일본 내 2천

3백만 이상의 인구가 보는 대기록을 달성했다. 일본 인구 4명 중 1명이 본 셈이다. 경제적 위기로 움츠리고 위축되어 있던 일본인들의 마음에 고대 신화의 스펙터클한 이미지들과 저주에도 불구하고 무엇보다 '살아야한다' 는 생존의 메시지를 지닌 역동적 장면들은 유례없는 성공을 가져왔다. 또 수많은 일본의 가미들이 살아 움직이고 철없는 어린 소녀가 그 세계에서 역경을 딛고 부모를 구하고 모험을 겪으며 자신의 세계로 돌아오는 성장담 은 일본의 마음을 움직였다고 볼 수 있다.

하지만 미야자키 하야오도 처음부터 일본적인 애니메이션들을 만든 것 은 아니다. 그 전에도 〈바람계곡의 나우시카〉, 〈천공의 성 라퓨타〉와 같은 스케일이 큰 작품들을 선보였지만 일본적인 것과는 거리가 있었다. 일본인 으로서의 정체성마저 의심받던 미야자키 하야오 감독은 1988년 〈이웃의 토토로〉를 기점으로 일본적인 것들에 집중하는 작품 세계를 그리기 시작 한다. 인간에 대한 애정과 자연에 대한 사랑, 미래의 희망을 그리는 낙관주 의적 세계관 등이 그의 작품을 다른 상업 애니메이션들과 구분 짓게 했으 며 배경 디테일들의 섬세한 표현 등에서 보이는 완벽주의와 장인 정신은 일본 대중들을 열광하게 하였다. 그의 작품들에는 공통적으로 큰 규모의 숲과 그 안의 다양한 수종의 오래된 나무들, 인간들의 공동체, 여러 상상력 을 자극하는 비행정이나 용이나 큰 새 같은 날아다니는 짐승들, 강인한 정 신과 순수함을 지닌 여성 주인공 등이 등장한다. 그 각각의 신화적인 의미 들을 살펴보자.

우선 〈바람계곡의 나우시카〉, 〈원령공주〉, 〈이웃의 토토로〉에 나오는 숲과 나무들은 미야자키 하야오 작품의 신화적 배경이자 그 자체가 신화로 기능한다. 극도의 세밀한 묘사를 통해 얻어지는 원시의 숲, 시원의 숲이라 할 수 있는 '풍경'은 리얼한 것으로 여겨지고 현실이라고 느껴지지만, 사실 일본의 어느 곳에도 존재하지 않는 상상 속의 숲이다. 이러한 풍경의 이미지화는 비이론적으로 감성화된 낭만의 결과이며 내적 풍경 그 자체인 동시에 자의식과 같은 것이다. 그 숲들은 일본인의 내면 풍경으로 구성되는 것이다. 이러한 숲의 묘사는 신화의 세계를 풍경으로 재현하면서 일본적 자의식이 깊어지는 과정을 짐작하게 한다. 그에 비해 〈이웃의 토토로〉의 동네 뒷산으로 재현되는 숲은 순화되고 질서정연한 인간적 숲으로 묘사된다.

두 번째로 주목해야하는 것은 그의 작품에 등장하는 공동체이다. 〈원령공주〉에서 보이는 타타라 성은 일본의 '무라(邨)'라는 문화의 원형이다. 이는 일본 특유의 집단성을 표현하는 단어로 험한 산을 개간하고 치수를 하며 농경사회로의 정착에 필수적인 공동체였다고 한다. 〈미래소년 코난〉 하이하바, 〈바람계곡의 나우시카〉의 바람계곡, 〈천공의 성 라퓨타〉의 광산촌, 〈이웃의 토토로〉의 농촌 마을, 〈붉은 돼지〉에 등장하는 여성노동자들만 일하는 비행기 공장 등이 이에 속하는데 미야자키 하야오의 사회주의적 성향과 무정부주의를 드러내는 공동체들이다.

세 번째 특징은 그의 대다수 작품에는 비행과 비행정이 중요한 모티프로 등장한다는 점이다. 이는 하늘에 대한 꿈이라 할 수 있는데, 아마 제2차 세계대전 당시 전투기의 방향타를 제작하는 군수 공장에서 보낸 미야자키의 어린 시절에서 기인하는 것으로 분석된다. 하늘을 나는 장면들은 누구에게나 일종의 해방감과 초월의 느낌을 주는 동시에 억압과 긴장으로부터의 도피를 시각화하는 장면들이다. 〈천공의 성 라퓨타〉에서도 여러 비행정들이 출현하고 작은 비행선에 의지해 주인공들은 마치 스카이다이빙을 하듯이 하늘을 난다. 〈바람계곡의 나우시카〉에서도 나우시카는 하얀 제비 같은 비행정을 몰고 원시의 숲을 유영하듯 날아다닌다. 〈이웃의 토토로〉에서는 육중한 몸매의 토토로가 바람을 일으키며 하늘을 날고, 〈원령공주〉에서는 산이 흰 개를 타고 날듯이 숲을 누빈다. 〈붉은 돼지〉의 포르코 롯소는 아예 직업이 비행사다. 실종된 수많은 비행기들이 군집을 이루어 하늘을 가득 채워 날아가는 상상적 장면은 슬프지만 낭만적이고 환상적이기까지 하다. 〈센과 치히로의 행방불명〉에서 용으로 변한 하쿠를 타고 센은 멋진 비행을 한다. 〈하울의 움직이는 성〉에는 화려하게 빛나는 전투비행정이 등장하고 주인공 소피는 왈츠의 선율에 맞춰 하울과 하늘을 걷는다. 또 밤마다 하울은 크고 아름다운 검은 새로 변해 누구와 싸우는지 모를 전쟁을 치루고 들어온다. 〈벼랑위의 포뇨〉에서는 하늘이 바다로만 바뀌었을 뿐 다리가 생긴 아기 물고기 포뇨는 넘실대는 파도를 타고 바다 위를 날듯이 달린다.

　마지막으로 주목할 지점은 여성 주인공의 특성이다. 미야자키 하야오는 한 인터뷰에서 "내가 여자를 주인공으로 삼는 이유는 남자 중심의 사회가 이제 한계에 다다랐기 때문이다. 여성은 남성보다 유연하다. 이 점이 이 시대에 여성의 관점으로 세상을 바라봐야하는 충분한 이유인 것이다."라고 말한 바 있다. 그의 여성주인공들이 처음부터 강인한 모습이었던 것은 아니다. 하지만 그의 작품 속 여주인공들은 시간이 지날수록 능동적이고 강한 모습으로 진화한다. 오무 떼들을 진정시키는 여전사 나우시카, 자연의 수호신인 원령공주 산, 씩씩하고 현명한 소녀가 되어가는 센, 갑자기 할머니로 변한 저주에 맞서 능동적으로 운명을 만들어가는 소피는 모두 강인하지만 긍정적인 마인드와 착한 심성을 잃지 않는 미야자키 하야오의 불굴의 여성 주인공들이다. 하지만 〈벼랑 위의 포뇨〉에 오면 이제 그의 시선은 어른스러운 여성으로 변해가는 주인공이라기보다는 천진난만하고 생기발랄한 여자아이를 주인공으로 내세운다. 대신 스튜디오 지브리의 다른 감독의 작품 중 〈마루 밑 아리에티〉는 모습은 소녀이나 자신의 삶을 개척하고자 조용히 길을 떠나는 여성 주인공을 잔잔하게 그려낸다. 더 이상 신화적인 스펙터클은 보이지 않지만 자신만의 길을 찾아가는 주인공 아리에티는 미야자키의 능동적이고 어른스러운 여성 주인공을 계승하고 있다.

흥미로운 것은 이와는 정반대의 여성상을 보이는 애니메이션들도 존재한다는 점이다. 신카이 마코토의 작품들에도 여성주인공이 등장한다. 하지만 그녀들은 능동적이라기보다는 의지를 가진 식물 같은 다른 차원의 캐릭터를 보여준다. 〈그녀와 그녀의 고양이〉, 〈초속 5cm〉, 〈별의 목소리〉 등에는 자기 자신과 우주만이 존재하는 세계관이 있다. 아주 사적이고 심지어 자폐적인 그 세계는 가족이나 사회, 학교와 직장 같은 배경이 존재하지 않고 오롯이 자기만의 세계인 자신의 방과 그 안의 고양이, 천천히 떨어지는 사쿠라와 같은 마음, 돌아오지 않고 멀리 사라져가는 우주선과 같은 공간으로 구성된다. 탈역사적이고 탈공간적인 세계관은 현재 젊은 일본사람들의 정신세계를 다양한 시각으로 재현한다고 할 수 있다.

미야자키 하야오의 작품들은 전세계 애니메이션 관객들을 열광하게 했으며 많은 매니아층을 만들어냈다. 그러나 그의 마지막 작품인 〈바람이 분다〉는 실존 인물이던 일본 제국의 제로센 전투기 설계자를 미화하는 내용을 다루었다. 많은 사람들이 좋아하던 이전의 판타지적 세계관을 벗어나면서 그 내면에 제국주의 일본에 대한 향수의 정서를 진하게 그려냈다. 그는 제국주의 일본의 전범으로 다루어질 인물을 자신의 꿈을 위해 노력하는 삶을 살아간 평범한 청년으로 묘사하며 존경을 표한 마지막 작품으로 제국주의 논란의 중심에 서기도 했다. 차세대 애니메이션 감독 요네바야시 히로마사의 〈추억의 마니〉 개봉을 마지막으로 스튜디오 지브리는 문을 닫고 미야자키 하야오 감독은 은퇴를 선언했다.

주머니 괴물과 사이보그

[그림3] 게게게노 기타로와 요괴워치의 캐릭터들

일본 애니메이션에는 신화세계를 다루는 것 뿐 아니라 신도에 나오는 가미들과는 다른 '요괴(妖怪)'들을 다루는 애니메이션이 다수 존재한다. 일본 요괴 애니메이션의 원조라 할 수 있는 〈게게게노 기타로〉의 캐릭터 대부분은 전통적인 일본 요괴들의 애니메이션적 변형이다. 신앙의 대상이 되는 가미들보다는 하위에 위치하지만, 요괴들도 일본 사람들의 일상 속에 함께 살아가는 빼놓을 수 없는 존재들이다. 또 최근 인기리에 텔레비전 방영되는 〈요괴워치〉는 이러한 요괴 문화를 활용한 영리한 어린이용 애니메이션이다. 세상에서 벌어지는 이상한 일은 모두 요괴의 장난이라는 설정을 이용해 완구산업과 시너지 효과를 일으키며 인기를 끌고 있다. 이런 요괴 문화는 연원을 따지면 문화적으로 꽤나 오래된 역사의 결과물이다.

헤이안 시대부터 일본에는 요괴담을 즐기는 문화가 있었는데 이를 '햐쿠모노가타리(百物語)'라 하였다. 햐쿠모노가타리의 영향으로 헤이안 시대 이후 일본에는 많은 요괴담이나 요괴 그림들이 인기리에 제작, 판매되었다. 아직도 일본의 고문서들 중에는 여러 개의 '백귀야행도(百鬼夜行圖)'를 찾아볼 수 있다. 백귀야행이란, 일상의 도구들이 오랜 세월 자신들을 이용하기만 하고 대우를 잘 해주지 않는 인간들에게 한을 품어 요괴가 된다. 솥이나 빗자루, 거문고나 책상 같은 물건들이 요괴가 되는 것을 쓰쿠모가

[그림4] 백귀야행회권의 요괴 행진과 〈헤이세이 너구리 전쟁 폼포코〉의 요괴 퍼레이드

미라고 한다. 그리고 이런 쓰쿠모가미들과 여러 요괴들이 초저녁 봉마각에 열을 지어 행진하는 퍼레이드를 그린 그림을 백귀야행도라 칭한다. 여기에 등장하는 다양한 모습의 여러 요괴들은 애니메이션에 활용되고 이야기의 원천으로 쓰인다.

다카하타 이사오 감독의 〈헤이세이 너구리 전쟁 폼포코〉에 이 백귀야행도를 활용한 장면들이 등장한다. 또한 유메마쿠라 바쿠의 소설 『음양사』, 히타케나카 메구미의 소설 『샤바케』 등은 현재에도 일본 서점가를 휩쓰는 요괴들의 이야기를 담은 판타지 소설들이다.

그러면 요괴들의 나라 일본이 이러한 자신들의 전통을 자양분으로 하여 현대 대중문화의 고부가가치 콘텐츠로 바꾸는 방식은 어떤 것이 있을까? 대표적인 것이 〈포켓몬〉과 〈디지몬〉이라고 할 수 있을 것이다. 원래 게임으로 시작한 포켓몬과 그 후속 작품이던 디지몬은 수많은 캐릭터들로 인기

| 이상해씨 | 이상해풀 | 이상해꽃 | 꼬부기 | 어니부기 | 거북왕 |

[그림5] 포켓몬 하이브리드 캐릭터

를 끌었다. 이름처럼 그들은 주머니 괴물이고 디지털 몬스터이다. 요괴들의 현대적 변형이라고 할 수 있을 것이다.

이들 인기절정의 요괴 캐릭터들을 만들어내는 생성의 원리는 하이브리드(hybrid)와 뮤턴트(mutant)의 두 방식이다. 하이브리드는 이상해씨나 꼬부기의 예에서 보듯이 두꺼비와 씨앗의 잡종이거나 거북이와 대포의 결합처럼, 동물과 식물 혹은 동물과 기계가 혼종의 결합 방식을 보여준다. 즉, 두 가지 이상의 요소들이 한데 합쳐져서 하나의 캐릭터를 이룬다. 그들은 시간이 지나고 계기가 생기면 진화하는 속성을 부여받았는데 이들이 진화하는 방식도 몇 개의 원칙이 있다.

일단 진화의 방향은 어른이 되는 것이고 능력이 향상되는 것이다. 그래서 이상해씨와 꼬부기는 어린 아이의 동글동글한 모습을 보이는 반면, 이상해풀과 어니부기는 반항적인 사춘기 청소년의 표정을 하고 있다. 그리고 마지막 최종 진화한 이상해꽃이나 거북왕은 그 모습이나 소리가 어른으로 다 자란 이미지를 보여준다. 최종 진화한 캐릭터들이 게임에서는 가장 전투력이 좋다. 거북왕은 대포와 한 몸이다.

뮤턴트의 생성원리는 중첩의 방식이 두드러진다. 눈이나 꼬리, 머리가 여러 개 달린 모습을 보여주는데 아래 그림의 식스 테일은 꼬리가 여섯 개이고 진화하면 꼬리 아홉 개의 나인 테일이 된다. 이런 이미지의 기원을 중국의 신화지리지『산해경』에서 찾을 수 있다. 구미호의 이미지에서 여섯

식스테일　　　나인테일　　　두두　　　두트리오

[그림6] 포켓몬 뮤턴트 캐릭터

개의 꼬리를 가진 식스테일을 생각해내지 않았나 추측된다. 이미 그 책에는 나인 테일 구미호의 이미지가 수천 년 전부터 존재해왔다. 두두나 두트리오도 마찬가지로 머리가 두 개 달린 새에서 머리 세 개 달린 모습으로 진화하고 역시 어른이 된다. 오래 전『산해경』에는 기여나 창부, 촉조나 만만과 같은 머리가 여러 개 달린 새들이 이미 있었다.

이러한 원칙들에 입각하여 만들어지는 요괴 캐릭터들의 숫자는 거의 무한대라고 할 수 있을 것이다. 포켓몬 시리즈의 첫 번째 버전에서 만들어진 캐릭터의 수는 1백 51개였다. 그리고 다른 버전들이 만들어지고 그 버전 각각마다 캐릭터의 숫자는 백단위로 증가한다. 이에 비해 디지몬은 조금 다르게 진화한다.

디지몬 캐릭터들은 기본적으로 동물과 기계의 하이브리드의 방식을 통해 전투형 사이보그로 진화하는 맥락을 가진다. 처음에는 동물 인형의 머리와 같은 모습에서 점차 동물의 형상으로 진화하고 거기에 강력한 무기들을 점진적으로 더 장착하면서 전투형 사이보그로 변화한다. 이들의 진화단계에 따라 완전체, 궁극체, 절대완전체로 불리며 인간형 혹은 동물형 진화의 최종단계에 도달한다.

워그레이몬과 메탈가루몬 같은 절대완전체들이 결합하여 오메가몬과 같은 새로운 캐릭터를 만들어내기도 한다. 이런 원리를 이용해 최근에는 디지몬 게임을 하는 유저들은 자신들의 취향에 맞게 캐릭터들을 만들어내기도 한다. 다양성과 선악의 구분이 절대적이지 않은 포켓몬 세계와 달리,

깜몬	코로몬	아구몬	그레이몬	메탈그레이몬	워그레이몬
푸니몬	뿔몬	파피몬	가루몬	워가루몬	메탈가루몬

[그림7] 디지몬 진화과정

디지몬 세계는 뚜렷한 선악의 개념과 철저한 권선징악에 입각한 이항대립의 세계이다.

그런데 이런 캐릭터들의 진화를 보고 있자면 이 진화의 방향이 왠지 산뜻하지가 않다. 인간병기의 개념을 가지고 애니메이션을 만들어내는 것은 전 세계에서 일본밖에 없기 때문이다. 재무장을 하지 않겠다는 일본 헌법에도 불구하고 최근에 재무장을 위한 정치적 움직임이 가시화되고 있다. 일본 어른들이 만들고 전 세계 어린이가 보는 것이 일본 텔레비전 애니메이션이다. 더구나 아이들이 열광하는 그 재미있는 이야기 속에 일본의 국가주의 이데올로기 같은 것이 묻어 있다면 이는 분명히 경계해야할 부분일 것이다. 어린이들 사이에 인기를 끌고 있는 〈개구리 중사 케로로〉의 주인공 케로로는 발가벗은 개구리 모습에 몸에 걸친 것이라고는 유일하게 제2차 세계대전 시기 일본군 모자를 쓰고 있다. 왜 그 모자를 쓰고 있는 것일까? 케로로는 지구를 침략, 정복하고자 지구에 온 외계인이지만 한별이네 집에서 친구를 자처하며 얹혀살고 있는 처지다. 본색이 적이지만 평소에는 친구라며 일상을 공유한다. 그 개구리 외계인들은 어딘지 조금씩 모자라

보여 한별이와 친구들은 그들은 대하는데 전혀 경계를 갖지 않고 오히려 도와주고자 한다. 이런 이야기에 아이들이 몰입하며 즐거워하는 것을 어떻게 받아들여야할까? 나쁜 로봇과의 전투를 통해 가족과 나라, 지구를 지키는 로봇메커닉 애니메이션의 논리와 착한 섹시함으로 어필하며 악의 무리를 무찌르는 세일러 문과 같은 마법소녀 애니메이션의 관습들을 계승하며 만들어지는 것이 대부분의 텔레비전 애니메이션이다. 이런 애니메이션들은 신과 영웅의 이야기는 아니지만 강력한 아이들의 신화로 자리 잡은 지 오래다. 아이들의 자기 이미지(self-image) 형성에 지대한 영향을 미치는 일본 텔레비전 애니메이션의 조장하는 성과 폭력은 진지하게 바라보아야 할 문제임에 틀림없다.

이 장에서는 일본의 신화와 관련된 미야자키 하야오의 장편 애니메이션과 포켓몬, 디지몬과 같은 요괴 애니메이션의 캐릭터의 생성원리와 텔레비전 애니메이션의 이데올로기적 문제점까지 살펴보았다.

* Further Reading

- 『고사기』, 노성환 역주, 예진, 1987년

『일본서기』와 함께 일본 신화를 기록하고 있는 역사서이다. 일본 신화는 연대적인 기술의 앞뒤가 너무나 잘 들어맞는 특징이 있고 이 두 권의 책이 일본신화의 전부를 보여준다고 해도 과언이 아니다. 일본 신화를 공부하고자 하는 사람들이 읽어야할 필독서.

- 김윤아, 『미야자키 하야오』, 살림출판사, 2005년

미야자키 하야오의 후반기 3작품 〈원령공주〉, 〈센과 치히로의 행방불명〉, 〈하울의 움직이는 성〉을 신화분석의 관점에서 서술한 책으로 그의 작품 세계를 간단하고 빠르게 살

펴보고자 한다면 선택해야하는 문고판 책이다.

- 김윤아, 『포켓몬 마스터 되기』, 살림출판사, 2003년

이 장에서 다룬 포켓몬과 디지몬의 내용을 분석한 책으로 가끔 '포켓몬 도감'이냐는 오해를 받기도 한다. 뒷부분에는 로봇메커닉 애니메이션과 마법소녀 애니메이션의 간략한 역사적 전개에 대해 논하고 있다. 분량은 적지만 미디어바이러스로서 작용하는 일본 텔레비전 애니메이션에 대한 경각심을 환기시키고자 하였다.

- 고마쓰 가즈히코, 『일본의 요괴학 연구』, 박전열 역, 민속원, 2009년

일본 요괴학의 일인자가 요괴 현상을 통해 일본인의 정신세계를 밝혀내고자 한 역저. 요괴에 대해 깊이 이해하고자 하는 사람을 위한 훌륭한 가이드가 되어줄 책이다. 조금 더 폭넓게 요괴에 대해 알고자 한다면 『일본의 요괴문화 - 그 생성원리와 문화산업적 기능』(중앙대학교 한일문화연구원 편, 한누리미디어, 2005년)을 참고할 것.

- 박규태, 『애니메이션으로 보는 일본』, 살림출판사, 2005년

살림지식총서의 한 권으로 위의 김윤아의 책과는 조금 달리 일본 애니메이션에 대해 종교학적 접근을 하고 있는 책이다. 저자의 종교학적 박식함이 드러나는 책으로 인문학적 사유를 끌어내고 있다.

- 이외에도 김윤아의 논문 몇 편이 참고할 만하다. 「요괴 캐릭터 연구 : 요괴 이미지의 생성원리를 중심으로」(만화애니메이션연구 16호), 「애니메이션 이미지의 '진화'에 관한 연구 : 몬스터 애니메이션 〈포켓몬스터〉와 〈디지몬〉의 캐릭터를 중심으로」(만화애니메이션연구 18호), 「몸바꾸기 장르 애니메이션 연구 - 합체, 변신, 진화의 장르 관습을 중심으로」(영상문화 15호), 「요괴들의 퍼레이드, 죽음의 행진」(작가세계 통권20, 4호), 「일본적 바리데기와 진오귀굿 - 일본 애니메이션 〈원령공주〉, 〈센과 치히로의 행방불명〉을 중심으로」(비평 9호), 「애니메이션과 일본 판타지의 세계 - 일본 환상물의 폐소 공포와 백귀야행」(문학사상 통권33, 5호).

12장 한국 신화의 세계, 산 자와 죽은 자의 경계

　우리는 그리스·로마, 북유럽 신화에 등장하는 영웅의 이야기와 신들의 이름을 온갖 대중문화를 통해 소비하면서 정작 한국 신화에 대해서는 대부분 낯설고 어색하게 느낀다. 무언가 아쉬움이 남는 대목이다. 우리나라에도 신화가 있나? 아! 그래 중·고등학교 때 배웠던 단군 신화, 박혁거세 신화가 있지. 또 뭐가 있나? 그래! TV 연속극으로 해 주었던 주몽 신화. 다른 신화는 또 뭐가 있을까? 조금 과장했지만 이것이 한국 신화를 바라보는 우리의 솔직한 모습이다. 그렇다면 우리의 전통 문화 속에 '신화'라 부를 수 있는 화두는 없는 것인가? 절대 그렇지 않다! 곰곰이 생각해보면 우리에게는 서양의 그것을 능가할 수 있는, 무궁무진하게 상상의 나래를 펼치게 해 주는 신화의 보고가 삼천리 방방곡곡에 살아 숨 쉬고 있다. 때로는 할아버지, 할머니의 구수한 입담에서, 때로는 빛바랜 그림들과 먼지가 수북이 쌓인 오래된 책 속에서 꿈틀꿈틀 살아 움직이던 한국 신화의 세계. 이러한 신

[그림1] 유교주의 신화관

화 속에는 우리 민족의 역사, 사상, 관습, 세계관, 가치관, 이상 등이 용해 되어 있을 뿐만 아니라 한국의 종교, 민속, 문학, 교육, 심리 등 한국인의 근원 탐구에 필요한 무궁무진한 자료들이 내재되어있다. 그럼에도 불구하 고 도대체 왜 우리들은 한국 신화의 지류들을 스스로 단절시키고 서양의 신화를 오히려 친숙하게 받아들이는 정체성의 '역전화'를 경험하고 있는 것일까? 그 이유는 대략 2가지로 압축될 수 있다.

한국 신화연구의 문제점

첫 번째 요인은 유교주의 문화관의 영향을 꼽을 수 있다. 오랜 세월 유교 주의 문화관에 기초해 한반도를 통치한 지난 세기의 왕조 사회는 민족신화 가 뿌리내릴 비옥한 풍토를 끝내 마련할 수 없게 한 주범이었다고 할 수 있 다. 이런 이유로 오늘날 우리가 전대로부터 물려받은 신화 유산은『삼국유 사』를 비롯한, 극히 제한된 몇 가지 문헌에서 단편적인 기록으로만 남아있 게 된 것이다. 유교주의 관점에서 신화서술은 당연히 국조(國祖)나 왕통 의 신성화에 집중되었고 왕도정치 구현에 대한 사회적 의지를 기조에 깔고 있는 서술이 대부분이었다. 유교주의 문화관은 전 세계 신화의 공통 주제 인 우주 · 질서 · 인류의 시작이 어떻게 이루어져나갔는지에 대한 관심은 극히 적었다. 오로지 왕권과 국가가 어떻게 수립 · 발전되었는지에 대해서

[그림2] 일제강점기와 근대화의 영향에 따른 무속신화의 억압

만 온 신경을 집중했다. 이러한 유교주의 시각은 결국 신화의 많은 가능성을 스스로 제한하게 되었고 극히 편협하고 왜소한 신화 밖에 가질 수 없게한 주요 요인으로 작용하게 된다. 실제로 유교주의 세계관을 신봉하는 일부 진영에서는 우주창성(創成)과 인류발상(發祥)에 관한 신화가 우리에게 없다는 사실을 들어 한국은 신화적 불모지라고 공공연히 폄하하기도 했고 거꾸로 왕조발상신화나 건국신화에서 우주와 인류의 발상을 찾아야한다는 억지 주장을 자랑스럽게 떠벌리기도 했다. 결국 이와 같은 사례들은우리의 문헌신화 분야가 얼마나 열악한지를 극명하게 보여준다고 할 수 있다. 다행인 점은 우리 문헌신화의 영세성을 극복하고자 일부 연구자들이나서게 되었고 민속자료와 구비전승 등에서 한국신화를 재구성하는데 관심을 보이고 있다는 것이다. 비록 아직까지 만족할 만한 단계에는 이르지못하고 있지만, 분명 이들 연구진들의 한국 신화의 제고를 위해 보여주는결과물들은 매우 값지고 정당한 것이라고 할 수 있다.

두 번째 요인은 바로 일제강점기와 근대화의 영향을 들 수 있다. 앞서 보았던 유교를 국교로 삼은 조선시대는 물론 일제강점기와 근현대를 거치면서 한국신화 특히 무속(巫俗)신화는 계속해서 억압되어 왔다. 일제 강점기에는 식민통치를 위한 수단으로서 일본인들에 의해 무속이 집중 조사 정리되었고, 신화가 갖는 민중적 성격과 전통성을 염려한 일제에 의해 탄압을 받았다. 여기까지는 십분 이해가 가는 대목이다. 해당 신화의 탄압과 말살은 식민지 정책의 가장 중요한 지상과제이기 때문이다. 그러나 역설적이게도 막상 해방이 되고 국권을 회복한 이후에도 미신타파와 근대화 건설이라는 명분하에 우리 자신에 의해 무속신화가 오히려 더 많이 탄압과 박해를 받았다는 사실이다. 특히 1970년대 시작된 새마을운동은 오래 전부터 내려온 민간신앙의 근간을 흔들어 놓으며 장승, 솟대, 서낭당 등과 함께 무속이 사회에서 내몰림을 당하는 지경에까지 이르게 된 주된 요인으로 작용했다. 다행스럽게도 1980년대에 들어서면서 전통문화에 대한 관심이 고조되고 새로운 민족문화운동이 전개되는 과정에서 다시금 우리 무속에 대한 조사와 연구가 폭넓게 진행되게 되었다. 하지만 아직도 한국 무속 전반에 걸쳐 해명되고 규명되어야 할 숙제들이 너무나 많은 것도 사실이다.

한국신화의 분류

학자마다 그 의견이 조금씩 다르지만, 현존하는 자료들을 통해 볼 때, 한국신화는 크게 두 개의 범주로 분류될 수 있다. 한 국가의 시조의 비롯됨과 전기적 사실들이 신화적으로 기술된 건국(建國)신화와 주인공이 역경을 거쳐 무신(巫神)으로 좌정하기까지의 과정이 그려진 무속(巫俗) 신화가 그것이다. 두 신화 모두 한민족의 종교적 믿음이 바탕이 된 신화적 성격을 공유하고 있다.

고려시대 이후 여러 문헌들을 통해 우리에게 전해 내려오는 건국신화는 다시 북방계와 남방계로 분류된다. 북방계 신화는 주로 단군 신화 및 삼국

[그림3] 대표적인 건국신화

시대의 동명왕 개국 설화 및 비류 온조 신화와 같이 영웅·천손(天孫) 신화적 성격을 띤다. 남방계 신화에는 박혁거세 알영 신화, 석탈해, 김알지의 난생 신화 등이 대표적인 신화라고 할 수 있다. 북방계 신화와 남방계 신화의 차이점은 대개 두 지역의 문화적 차이에서 비롯되며, 두 집단이 상이한 민족이었다는 주장도 있다. 이밖에 대표적인 건국신화로는 고려 개국 신화와 조선 개국 신화를 들 수 있다.

무속신화는 건국 신화와 달리 제의(祭儀)에서 구송(口誦)되는 무가(巫歌)로서 주로 무당들 사이에서 전승되었으며, 민담과 불교의 요소가 섞여 있는 것이 보통이다. 건국 신화에서는 초자연적인 존재가 왕권에 눌려 피동적인 역할만을 수행하지만, 무속 신화에서의 초자연적인 존재는 신격(神格)을 부여받아 능동적인 역할을 수행한다. 또한 건국신화처럼 주로 영웅 신화만 그리는 것이 아니라 보다 다양한 신화적 모티프가 분포해 있다. 대표적인 무속신화인 '바리데기' 신화와 '당금애기' 신화를 통해 건국신화와 차별화되는 무속신화의 세계에 대해 알아보자

바리데기와 당금애기

바리데기 신화와 당금애기 신화는 모두 한국 무속을 대표하는 고유의 신이 탄생하는 과정을 풀어내고 있다. 두 신화는 공통적으로 가족과 헤어져

[그림4] 바리데기 신화와 당금애기 신화

온갖 시련과 역경을 극복하는 여주인공이 등장하며 결국 신이 되어 인간 세계를 보살피는 역할을 맡는다는 점이 특징이다.

일명 '오구풀이'라고도 불리는 바리데기 신화는 제주도를 제외한 전 지역에서 전승되는 가장 대표적인 한국의 무속신화로서 죽은 이의 영혼을 저승으로 천도하기 위하여 행하는 사령제(死靈祭)와 오구굿에서 반드시 불리는 핵심 서사무가다. 부모를 회생시키기 위해 갖은 고생을 겪은 후 무조신(巫祖神)으로 좌정되어 망자의 혼을 저승으로 인도하는 임무를 받게 된 바리공주의 일생을 담고 있다.

불라국을 다스리는 오구대왕은 세상만사 부러울 것 없었지만 왕위를 이을 세자가 없어 큰 낙심에 빠져 있었다. 오구대왕과의 사이에서 공주만 내리 여섯 명을 낳은 길대부인은 아들을 점지해 달라며 명산대천에 있는 큰 절을 찾아 백일 불공을 지극정성으로 드렸다. 오구대왕은 이번에는 분명 길대부인이 아들을 낳을 것이라고 믿었지만 공들이고 공들여서 낳은 자식이 또 딸이었다. 한참 동안 실의에 빠져 있던 오구대왕은 시녀상궁을 불러 일곱 번째 공주를 동해 용왕에게 바치라는 무서운 명령을 내렸다. 길대부인이 버리기 전 아기의 이름이나 지어 달라고 부탁하자 오구대왕은 "버려도 버릴 것이요, 던져도 던질 것이다"라며 바리데기라 이름을 지었다.

오구대왕의 명령을 받은 신하가 바리데기를 옥함에 넣어 강에 던지자 난데없이 금 거북이가 나타나 옥함을 짊어지고 동해 바다로 사라졌다. 인간을 바른 길로 인도하기 위해 세상에 나왔던 석가세존은 마침 옥함 안에 든 바리데기를 발견하고 타향산의 수호신인 비리공덕 할아비와 할미에게 아기를 데려가 기르라고 말했다. 그날부터 무럭무럭 자라 일곱 살이 된 바리데기는 세상 이치에 통달하고 풍수지리와 병법 등 모르는 것이 없었다.

한편 오구대왕과 길대부인은 바리데기를 버린 뒤로 병을 얻었고 차츰차츰 그 병세가 악화되었다. 용하다는 의원에게 치료도 받고 산삼과 녹용 등 좋다는 약을 다 써 보아도 아무 소용이 없었다. 왕실의 점쟁이는 하늘에서 내린 아기인 바리데기를 버린 죄로 병에 걸린 거라면서 서천서역국의 약수를 먹어야만 병이 나을 것이라고 예언했다. 오구대왕은 여섯 공주를 불러들여 약수를 구해 오라고 부탁했지만 여섯 공주 모두 아버지의 부탁을 거절했다. 서천서역국은 저승이라 살아 있는 육신은 가지 못하고 죽은 혼백만 갈 수 있는 곳이었기 때문이다. 마지막으로 오구대왕은 신하를 시켜 바리데기를 데려오라 명했고 바리데기는 그간의 사정을 들은 후 비록 자신을 버렸지만 세상에 태어나게 해 준 부모의 은혜를 갚기 위해 기꺼이 가겠다고 말했다.

바리데기는 수많은 역경을 극복하고 서천서역국에 도착했고 부부가 되어 아들 셋을 낳아주면 약수탕이 있는 곳을 알려주겠다는 문지기 동수자의 제안을 수락했다. 삼 년 만에 아들 셋을 낳은 바리데기는 동수자가 알려준 대로 칼산지옥, 불산지옥, 독사지옥, 구렁지옥, 배암지옥 등을 지나 마침내 서천서역 약수탕에 도착했다. 그곳에는 형형색색의 꽃들이 아름답게 피어 있고 큰 바위가 하늘에 닿도록 솟아 있었으며 거북의 입처럼 생긴 바위의 끝에서 약수가 한 방울씩 떨어지고 있었다. 바리데기는 신비의 약수를 받기 위해 삼백일을 기다리며 불공을 드렸다. 마침내 작은 병 가득 약수를 구한 바리데기는 뼈살이 꽃, 살살이 꽃, 숨살이 꽃도 품에 넣고 부모님을 구하기 위해 다시 길을 떠났다.

그동안 오구대왕과 길대부인은 한날한시에 죽어 북망산천으로 가고 있었다. 바리데기는 관을 뜯어 뚜껑을 열고 뼈가 제 몸에 붙게 해주는 뼈살이 꽃, 살이 구름 피어나듯 다시 생기게 해주는 살살이 꽃, 숨을 다시 쉬게 해주는 숨살이 꽃으로 부모님을 쓰다듬었다. 마지막으로 물병을 꺼내 약수 한 방울을 입에 떨어뜨리자 삼백육십 관절과 그 많은 핏줄에 약수가 사방으로 퍼지면서 다시 살아났다. 이후 바리데기의 세 아이들은 저승의 십대왕이 되었고 바리데기는 인도국의 보살이 되어 절에 가면 공양을 받고 들로 내려오면 무조신이 되어 영혼을 저승으로 인도하는 임무를 맡았다.

한편 '제석본풀이'라고도 하는 당금애기 신화는 한반도 전역에서 전승되는 또 하나의 대표적인 서사무가로서 집안에 재수가 형통하기를 비는 재수굿과 가정의 평안을 기원하는 안택굿에서 필수적으로 연행되고 있다.

조선국에 사는 이부 상서는 마음씨 좋은 부인과 아들 아홉 형제를 두어 세상만사 부러울 것이 없었지만 딸 하나를 얻기를 간절히 바라며 석 달 열흘 백일기도를 올렸고 마침내 꽃 같은 막내딸이 태어났다. 딸을 얼마나 예뻐했던지 아이의 이름을 지으려고 옥편을 꺼냈지만 어울릴만한 이름이 떠오르지 않았다. 이부 상서는 한참을 고민한 끝에 마땅히 딸을 낳았으니 '마땅 당(嘗)'자를 선택하고 이제야 원을 풀었으니 '이제 금(今)'자를 고르고 부모가 자식을 귀여워하는 것은 한 살을 먹으나 열 살을 먹으나 마찬가지이니 '애기'라는 말을 덧붙여 '당금애기'라고 지었다. 이부상서 내외는 막내딸을 금이야 옥이야 귀중히 길렀고 당금애기는 일곱 살이 되자 온갖 책을 읽어 학문에 능통할 정도로 훌륭히 성장했다.

그러나 행복만이 가득했던 이부 상서 집안에 큰 우환이 닥쳐왔다. 평소 이부 상서를 시기하던 이가 간사한 술책을 부려 천자(天子)에게 당금애기의 아버지와 아홉 오라버니가 역모를 꾸미고 있다고 밀고한 것이다. 천자는 노여움에 휩싸여 이부 상서와 그 아들들을 만리타국으로 귀양을 보내버렸다. 이후 당금애기의 어머니는 남편과 아들들의 무사귀환을 바라며 삼년 기도를 드리려 산으로 들어가고 올케들도 모두 친정으로 돌아가 여든 칸 대궐 같은 집에 당금애기와 두 하인만 남게 되었다.

당금애기가 눈물로 세월을 보내고 있을 때 인간 세상을 구경하던 석가여래(釋迦如來)가 조선 땅으로 건너왔고 우연히 당금애기가 자신의 신세를 한탄하며 쓴 편지를 읽게 되었다. 석가여래는 편지를 본 순간 당금애기가 군자에 견줄만한 여자임을 알아보고 직접 당금애기를 찾아 나섰다. 당금애기 집에 도착한 석가여래는 풍운둔갑술로 백여덟 살이 되어 보이는 늙은 스님으로 둔갑하며 당금애기에게 쌀 서 되 서 홉을 시주하라고 요구했다. 당금애기는 쌀을 시주하며 아버지와 오라버니를 위해 빌어 달라고 부탁했다. 그러나 석가여래는 일부러 밑 빠진 바랑에 쌀을 부어 모두 쏟아지게 만들었다. 당금애기가 당황하자 석가여래는 후원 동산에 나가 광대싸리 스물한 개를 꺾어 젓가락을 만들어 쌀을 한 톨 한 톨 주워 담으면 지극 정성이 될 거라고 말했다. 당금애기는 혼자 주저앉아 쏟아진 쌀을 한 톨 한 톨 주워 담았다. 시간이 흘러 해가 지고 달이 솟자 석가여래는 하룻밤 묵어가게 해달라고 떼를 썼다. 그것도 반드시 당금애기가 거주하고 있는 후원 별당에서 한방을 쓰겠다고 고집했다. 바리데기는 석가여래의 무리한 부탁을 모두 들어주며 석가여래와 병풍을 사이에 두고 그대로 잠이 들어 버렸다. 당금애기가 일어나 보니 석가여래의 장삼은 자기 몸을 덮고 있었고 자신이 덮었던 이불은 석가여래가 덮고 자고 있었다. 석가여래는 부끄러워하는 당금애기를 보며 앞으로 세쌍둥이를 얻을 것이고 칠년 뒤에 서천서역국 금불 암으로 자신을 찾아오라고 말하며 사라졌다.

시간이 흘러 당금애기의 어머니가 삼 년 기도를 마치고 집으로 돌아오고 귀양 갔던 아버지와 오라버니들도 풀려 나오게 되었다. 당금애기의 아버지 는 금지옥엽으로 키운 막내딸이 스님과 동침한 사실을 알고 불같이 화를 내며 후원 동산에 토굴을 만들어 당금애기를 가두어 버렸다. 한 줄기 빛도 들어오지 않는 캄캄한 토굴에 갇힌 당금애기는 슬픔과 서러움이 복받쳤지 만 어머니의 도움으로 목숨을 연명해나갔다. 세월이 흘러 음력 칠월 십사 일이 되어 당금애기는 하늘에서 내려온 선녀 두 명의 도움으로 세쌍둥이를 무사히 낳았고 아이들이 일곱 살이 되자 석가여래를 만나러 서천서역국을 찾아 나섰다. 온갖 고난을 극복하고 마침내 석가여래를 만난 당금애기는 그제야 세쌍둥이 이름을 각각 '형불', '재불', '삼불'로 지었다. 이후 세상에 서 도를 닦은 공으로 석가여래는 다시 하늘나라의 신선이 되었고 당금애기 는 아이 셋을 낳아 훌륭히 키운 공으로 집집마다 아이들을 점지해주는 삼 신(三神)이 되었다. 석가여래와 당금애기가 한날한시에 하늘로 올라간 뒤 세쌍둥이는 서천서역국 금불암에서 불경을 배웠고 조선 땅으로 돌아와 강 원도 금강산에 유점사를 세우고 불도를 닦았다. 이후 사람들은 당금애기의 세쌍둥이를 삼불제석(三佛帝釋)이라 칭하고 수명, 자손, 운명, 농경을 관 장하는 신으로써 모시게 되었다.

인간 죽음의 기원과 무속신화

위에서 알아본 한국신화의 두 개의 범주인 건국신화와 무속신화 중 우리 의 관심을 끄는 것은 무속신화다. 무속신화는 건국신화에 가려진 우리의 잃어버린 신화성을 되찾고 한국의 신화체계를 정립하는 데 크게 기여할 수 있기 때문이다. 한 가지 흥미로운 점은 한국 무속신화의 가장 두드러진 특징 중 하나가 바로 인간죽음의 기원에 집중한다는 것이다.

죽음은 우리 인간의 가장 근본적인 관심사 중 하나라고 할 수 있다. 죽음은 인간이라면 누구나 겪을 수밖에 없는 것이기에 어쩔 수 없는 숙명으로 받아들이면서도 한편으로는 어떻게든 지연시키고자 하는, 그래서 인간들이 가장 큰 두려움의 대상으로 삼는 것이 곧 죽음인 것이다. 이런 이유로 대부분의 종교에서는 항상 죽음을 사람들이 온전히 납득할 수 있도록 설명하고자 하며 같은 맥락에서 죽음은 중요한 신화적 사유가 된다. 한국의 무속신화에는 이런 죽음과 관련된 다양한 신화가 전승되고 있다. 이승과 저승의 분리에서부터 인간 죽음의 기원, 사자(死者)를 저승으로 인도하는 신, 죽음의 액을 막아 목숨을 연명하는 내용까지 죽음과 관련된 다양한 층위의 무속신화들이 존재하고 있다. 물론 한국의 무속신화만이 죽음을 다루는 것은 아니다. 유사한 양상을 보이는 죽음 기원 신화들이 세계적으로 널리 전승되고 있는 것도 사실이다. 그러나 다른 문화의 죽음을 다루는 신화와 비교했을 때, 한국의 무속신화는 뭔가 독특하고 인간적인 성격을 가지고 있다. 먼저 죽음과 관련된 무속신화의 분류부터 시작해보자. 한국의 무속신화에 등장하는 죽음과 관련된 다양한 형태의 신화들을 정리해보면 죽음을 대상으로 삼는 양상에 따라 대략 다섯 가지 정도로 분류할 수 있다.

첫째, 이승과 저승의 분리에 대해 기술하고 있는 신화들이 있다. 이 부류에 속하는 신화들을 '생사신화' 혹은 '죽음기원신화'라고 부른다. 이들 신화에서 인간 세계는 생(生)과 사(死)의 세계로 나눠진다. 이러한 신화들은 세상이 창조된 후 어떤 과정을 거쳐 인간들의 삶의 세계인 이승과 죽음의 세계인 저승으로 분화되는지를 주로 묘사하고 있다. 따라서 앞서 언급한 "우주창성(創成)과 인류발상(發祥)에 관한 신화가 우리에게 없다"라

[그림5] 차사본풀이 신화

는 유교주의적 발상이 얼마나 터무니없는 주장인지 알 수 있다.

둘째, 우리의 주 관심사라 할 수 있는, 인간 죽음의 기원을 담고 있는 신화가 있다. "인간이 어떻게 하여 죽게 되었는가?", "인간은 왜 나이 순서대로 죽지 않게 되었는가?"라는 의문을 담고 있는 성격의 신화라고 할 수 있다. 가장 대표적인 신화는 제주도에서 전승되고 있는 〈차사본풀이〉를 들수 있다. 신화에 따르면 저승 가는 차례가 무질서하게 된 이유는 바로 까마귀 때문이다. 도대체 까마귀가 무슨 큰 잘못을 저질렀던 것일까? 어느 날염라대왕은 저승사자로 활발히 활동 중인 자신의 수하 강님도령에게 이승에 사는 인간 중 여자는 70세, 남자는 80세가 되거든 저승으로 잡아오도록 명을 내린다. 염라대왕의 원래 계획대로라면 우리는 70세 혹은 80세 이전에 절대로 죽을 수가 없었던 것이다. 강님은 염라대왕의 분부대로 인간의 수명을 적은 적패지(赤牌旨), 쉽게 말해 데스노트를 가지고 이승으로 향한다. 아무리 무료하고 힘들다고 하더라도 일단 보스가 시킨 일이면 자신이 직접 완수해야 하는데 그만 강님은 도중에서 만난 까마귀에게 대신 적패지를 맡긴다. 꽤 믿음이 갔던 모양이다. 여기서부터 일이 틀어지기 시작한다. 적패지를 날개에 끼고 이승을 향해 날아가던 까마귀는 말 잡는 광경을 목격하고 말 피나 얻어먹으려고 기웃거리다가 그만 적패지를 잃어버리고 만다. "이를 어찌할 것인가? 인간 세상에 염라대왕의 교지를 전해 주어야 하는데. 적패지를 잃어버렸다는 사실을 염라대왕이 알면 뼈도 못추릴텐데. 그런데 적패지의 내용이 뭐였더라? 에라, 모르겠다. 그냥 아무렇게나 외쳐대자". "아이 갈 때 어른 가시오. 어른 갈 때 아이 가시오. 부모 갈 때 자식 가시오. 자식 갈 때 부모 가시오. 자손 갈 때 조상 가시오. 조상 갈 때 자손 가시오." 이런 까마귀가 전하는 염라대왕의 교지를 들은 인간들은 혼란스러웠지만 저승사자의 명령이라 그대로 받아들일 수밖에 없었다. 즉, 이때부터 인간 죽음의 순서가 뒤죽박죽 되어버린 것이다. 그렇다면 까마귀는 어떻게 되었을까? 이후 까마귀의 운명에 대해서는 직접적으로 신화에서 언급되고 있지 않지만 이 사건을 계기로 까마귀가 길조에서 흉조로 인식이 바뀐 것은 분명해 보인다. 오죽하면 건망증이 심한 사람을 빗대어 까마귀 고기를 먹었냐고 빈정대겠는가? 어떠한가? 그리스 · 로마, 북유럽 신화에서는 느끼지 못했던 사람 사는 냄새가 나지 않는가? 인간 근원에 대한 문제를 다루고 있지만 전혀 심각하지 않게, 마치 아무 일도 없었다는 식으로 천연덕스럽게 풀어내는 이야기. 이것이 바로 한국 무속신화가 가지고 있는 매력이다.

죽음과 관련된 다양한 형태의 신화들 중 세 번째 부류는 망자를 인도하는 신에 대해 주로 묘사하는 신화들로서 인간이 죽으면 저승이라는 낯선 세계를 찾아가야 한다는 운명적인 두려움에서 비롯된 신화라고 할 수 있다. 인간에게 있어 죽음은 그 자체로도 두려움의 대상이지만 어찌 보면 망자가 되어 죽음의 세계로 편입되는 과정이 오히려 더 큰 낯설음과 공포심을 준다고 할 수 있다. 자신이 지옥으로 떨어질지 극락왕생할지 모르는 상황에서 명부의 십대왕(十大王) 앞을 차례로 거쳐 가며 살아있을 때 잘하고 잘못한 선악의 심판을 받는 모습을 상상해보라. 생각만 해도 오금이 저

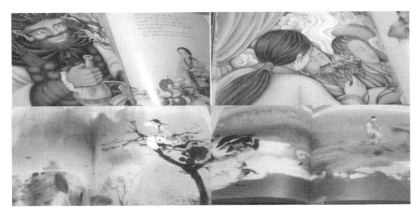

[그림6] 서천서역국의 약수와 서천꽃밭의 꽃

리지 않는가? 행여나 망자의 혼령을 죽음의 세계로 인도해주는 신에게 잘 보이면 십대왕 앞에서 자신을 잘 봐달라고 얘기라도 해 주지 않을까? 이렇게 낯선 세계에 진입하는 것에 대한 두려움을 완충시키고자 하는 의식이 반영된 신화가 바로 세 번째 부류라고 할 수 있다.

네 번째 부류의 무속신화는 죽음으로부터의 재생과 밀접한 관련이 있다. 주로 아이들이 죽어 극락에 가기 전 잠시 머문다는 서천꽃밭이나 죽은 사람들이 살고 있다는 나라인 서천서역국(西天西域國)을 공간적 배경으로 삼고 있다. 즉, 저승과 유사한 공간으로부터 꽃이나 약수를 얻어와 죽은 인간을 되살아나게 한다는 이야기가 펼쳐진다. 예를 들어 앞서 잠시 언급한 〈바리공주〉 신화에서는 바리공주가 서천서역국으로부터 약수를 구해 국왕 부모를 재생시키는 것으로 나타나고 제주도의 〈이공본풀이〉, 〈세경본풀이〉, 〈문전본풀이〉 등에서는 서천꽃밭에서 죽은 사람을 되살릴 수 있는 꽃을 구해와 재생시키는 모습을 찾아 볼 수 있다. 결국 이런 신화는 인간의 죽음이 어쩔 수 없다는 것을 인정하고 받아들이면서도 한편으로 죽은 인간이 되살아나기를 바라는 재생의 염원을 담아 신화로 형상화시키고 있는 것이라고 할 수 있다.

　다섯 번째 부류는 저승의 명부에 따라 죽을 수밖에 없는 운명의 인간이 죽음의 세계로 인도하는 저승차사를 대접으로써 죽음의 횡액(橫厄, 횡재의 반대)을 모면하는 형태의 신화다. 이들 신화의 주된 내용은 죽을 운명에 처한 인간이 백골 또는 지혜로운 며느리 등의 도움을 받아 저승차사를 대접하여 수명을 연장하는 모습을 이야기한다. 즉, 죽음의 정해진 규칙을 위반하는 성격을 보인다. 죽음에 대한 불가피함을 인정하면서도 한편으로 어떻게든 죽음을 모면해 보려고 하는 인간의 죽음 회피의식에서 비롯된 신화라고 할 수 있다.

　죽음의 모티프와 관련된 무속신화의 양상을 다섯 가지 부류로 정리해 보았는데, 때로는 동일한 이야기가 그 성격에 따라 복합적으로 포함되는 양상을 보이기도 한다. 물론 이러한 다섯 가지 부류를 벗어나는 무속신화도 얼마든지 존재하지만 대체로 죽음 관련 무속신화들은 이들 범주를 크게 벗어나지 않는다고 할 수 있다.

　이러한 죽음 관련 무속신화의 양상들은 모두 죽음에 대한 인간의 다양한 의식이 반영된 모습임을 알 수 있다. 먼저 세상이 창조되면서 이승과 저승이 어떻게 분리되었는지, 인간의 죽음이 왜 생겨났는지, 피할 수 없는 숙명으로 죽음을 받아들인 채 사후에 인간은 어떤 방식으로 저승의 세계에 도달할 수 있을지, 죽음에 대한 두려움과 안타까움을 담아 어떻게 하면 죽음을 피할 수 있을지에 대한 인식이 우리의 무속신화에 녹아있는 것이다. 그렇다면 이러한 무속신화에 나타나는 죽음에 관한 모티프를 한국영화는 어떤 방식으로 형상화하고 있을까? 2003년 개봉한 이윤택 감독의 〈오구〉를 통해 알아보자.

[그림7] 영화 〈오구〉와 연극 〈오구〉

<오구>: 포용과 조화와 신명의 굿

영화 〈오구〉는 이윤택씨가 연출을 한 연극 〈오구-죽음의 형식〉을 자신이 직접 영화로 옮긴 작품이다. 연극 〈오구〉는 1989년 초연된 뒤 국내와 해외무대에서 지금까지 약 270만 관객을 동원한 한국의 대표적인 창작 연극 중 한편이다. 영화 〈오구〉는 연극에서 영화로의 재창조과정을 통해 굿의 연극적인 속성과 영화적인 양식들을 모두 아우르는 미학적인 성과를 이루어내었다. 영화의 제목인 〈오구〉는 경상도 지역의 사령제인 '오구굿'을 일컫는 말이다. 오구굿은 서울 지방의 지노귀굿과 마찬가지로 죽은 이를 저승으로 보내는 무속의례를 말한다. 〈오구〉는 2000년대 등장한 무속을 다루는 영화 중 장르나 스타일 면에서 단연 돋보이는 영화다. 우선 무속 그 자체가 주인공인 영화라는 점에서 1970·80년대 등장했던 전통 무속영화의 연장선상에 있는 영화이고 특히 죽음이라는 비극적 소재를 굿이라는 매개를 통해 우리 고유의 포용과 조화와 신명을 보여준다는 점에서 무속을 소재주의적으로만 접근했던 기존 영화들과 차별된다.

먼저 본격적으로 영화 속으로 들어가기 전에 굿이란 무엇인가에 대해서 설명해야 할 것 같다. 우리는 알게 모르게 굿에 대한 거부감과 두려움을 가

[그림8] 종합예술 체계로서의 굿

지고 있기 때문이다. 굿하면 떠오르는 선입견들. 어딘가 모르게 음침하고 너무 시끄럽고 귀신을 부르고 때로는 공포영화의 한 장면처럼 피가 보이기도 하는 미신의 잔재라는 식으로 말이다. 그러나 굿은 신과 인간, 삶과 죽음, 이승과 저승, 불행과 행운이라는 상반된 구조를 조화시키고 갈등을 완화시키는 역할을 담당하고 있는 매우 중요한 한민족 고유의 문화유산이라고 할 수 있다. 이런 점에서 굿이란 신에게 바치는 일종의 예술이라고 볼수 있다. 굿의 목적은 신을 즐겁게 하는 것이기 때문에 본래부터 예술성을 내포하고 있다. 굿에는 음악과 춤, 주술과 드라마, 언어와 이미지들이 함께 어우러져 있는 종합적인 예술 체계가 들어있다. 이러한 굿이 가지고 있는 예술성은 연극적인 효과와 시각적인 효과로 나누어 볼 수 있다. 먼저 굿의 큰 중심을 잡아주는 일정한 내러티브 양식과 신과 인간이 나누는 극적인 대화의 예술은 다분히 연극적 체계라고 할 수 있다. 그러나 굿의 구성 요소는 꼭 연극적인 부분만 있는 것은 아니다. 굿의 예술성을 제대로 이해하기 위해서는 연극적인 속성 못지않게 이미지를 통한 시각적 표현과 상징들을 살펴보아야 한다. 굿이 가지고 있는 이러한 시각적 표현과 상징들은 영화 매체와 잘 어우러지는 지점이기도 하다.

특히 〈오구〉에서 황씨 할머니를 위해 열리는 '산오구굿'은 굿의 종류 중에서도 매우 특이한 굿이다. 보통 산오구굿은 죽어서 자신의 제사를 지내 줄 후손이 없는 이가, 죽기 전에 미리 자신의 제사를 자기 손으로 충분히 지내 결국 극락으로 가기위해 여는 굿을 말한다. 이는 전통적 유교식 제사에서는 불가능한 방식을 무속의 틀을 빌려 수행하는 일종의 마이너리티의 대변의 기능과 연관된다. 유교에서의 제사와 무속에서의 제사가 가지고 있는 가장 큰 차이점은 바로 '제사의 대상'이다. 단순하게 말하자면, 유교의 제례는 보통 노환이나 질병과 같은 '정상적'으로 생을 마감한 '조상'을 모시는 것이 기본이다. 하지만 무속의 제의는 오히려 '불행한' 죽음이나 사고로 죽은 '불특정다수'의 '원령(怨靈)'을 달래는 것에 초점이 맞추어져 있다. 어떻게 보면 지극히 미세한 차이점인데도 불구하고 그로 인해 유교와 무속은 전혀 상반된 사회적 기능을 담당하고 있는 것이다. 특히 제사의 대상을 여성이라고 놓고 보았을 때 유교와 무속의 차이점은 보다 극명하게 드러난다. 무속과 마찬가지로 유교 역시 여성을 제사의 대상으로 포함시킨다. 그러나 유교의 제의를 가만히 들여다보면 '일정한 자격요건'이 구비된 여성에게만 국한되고 있음을 알 수 있다. 여성이 남성과 결혼했다고 해서 모두 제사의 대상에 포함되지 않는다. 반드시 슬하에 자식이 있어야 한다. 왜냐하면 남편은 부인의 제사를 지낼 수 없고 자식만이 모친의 제사를 지낼 수 있기 때문이다. 그것도 딸이 아닌 아들일 경우에 가능성이 높아진다. 그것은 유교의 제사가 모녀관계보다 부자관계에 초점이 맞춰져 있는 데서 기인한다. 무속의 메커니즘이 작동하는 것이 바로 이 지점이다. 무속에서의 조상숭배는 유교에서처럼 좁은 의미의 조상숭배가 아니다. 즉, 무속에서는 원칙적으로 누구나 의례의 대상이 될 수 있다. 자식을 남기지 못한 여성은 물론이고 자신만 원한다면 산오구굿처럼 죽기 전 미리 자신의 제사를 자기 손으로 충분히 지낼 수도 있다. 또한 유교식 제사에서는 부모보다 미리 죽은 어린 자식의 제사를 지내는 것이 불가능하나, 무속에서는 의례의 대상이 된다. 물론 당연히 남녀의 성별 구분도 초월한다. 유교에서는 불행한 죽음에 대해서 처리할 방법이 없지만 무속은 이를 해결하는 것이다.

오구굿의 제상(祭床) 역시 다른 굿과 비교해서 매우 독특한 형태를 가지고 있다. 특히 오구굿의 제상에는 우리 선조들의 죽음에 대한 다양한 의식이 집약되어 있다. 한국 무속연구의 거두 최길성에 따르면 오구굿의 제상은 크게 두 가지로 구성되어 있다. 하나는 망자상(亡者床)이고 다른 하나는 사자상(使者床)이다. 망자상은 죽은 영혼을 위한 상이고 사자상은 죽은 이를 데리고 가는 저승사자를 위한 제상이다. 굿의 주인공이라고 할 수 있는 망자를 위한 망자상이 크고 제물이 많은데 비하여 사자상은 초라하게 꾸민다. 저승사자는 사람이 죽을 때 사망자의 집에 와서 데려가는 역할을 하는 신이다. 그러므로 사자는 이번에 처음 오는 것이 아니고 사람이 죽었을 때 이미 이 집에 왔던 적이 있고 이미 죽은 사람과는 아는 사람이라고 한다. 이 얼마나 인간적인 설정인가? 앞서 설명했듯이 저승이라는 낯선 세계를 찾아가야 하는 두려움에 떠는 망자에게 그나마 아는 사람이 함께 한다면 작은 위로가 되지 않을까? 이제 영화에서 이러한 굿의 양식을 통해 죽음의 신화적 모티프가 어떻게 구현되었는지를 살펴보자.

굿을 통한 용서와 화해

어느 날 마을에 난데없이 저승사자 3명이 나타난다. 이들의 목적은 저승으로 황씨 할머니(강부자 扮)를 데려가기 위한 것. 이들은 황씨 할머니의 죽은 남편으로 변신해 꿈속에 나타나 죽을 날이 가까웠음을 알린다. 이에 놀란 황씨 할머니는 무당인 친구 석출을 찾아가 이승에서의 한과 업을 풀고 편안하고 깨끗한 마음으로 저승에 가도록 '산오구굿'을 해 달라고 부탁한다. 황씨 할머니를 위한 굿은 비단 할머니 자신만을 위한 굿이 아니다. 적게는 할머니의 가족들을 위한 굿이고 크게는 마을에 팽배해있던 갈등과 반목을 해소해주는 역할을 담당한다.

굿을 통해 해결되는 첫 번째 갈등은 '전근대성과 근대성의 충돌'이다. 황씨 할머니가 굿을 한다는 소문이 퍼지자 마을에서는 갈등이 다시 생겨난다. 6년 전 마을 사람들 스스로 이제 더 이상 굿판을 벌이지 않겠다고 암묵적인 서약을 했기 때문이다. 황씨 할머니의 장남과 마을 대표 격인 병규 아버지는 이 문제로 갈등을 일으킨다. 하지만 그 갈등의 뒤편에는 전근대적인 계급성이 존재한다. 지주출신의 황씨 할머니 집안의 아들은 소작농 출신 병규 아버지를 여전히 아랫사람으로 하대하고 거꾸로 병규 아버지는 근대성을 내세워 전근대의 유물인 굿을 마을에서 열지 못하도록 한다.

두 번째 갈등은 황씨 할머니의 막내아들 용택(김경익 扮)의 죽음과 관련을 맺고 있다. 용택은 무당의 딸 미연(이재은 扮)과 사랑하는 사이였다. 그러나 용택에게는 미연이 무당의 딸로 살아가는 것이 안타깝게 느껴진다. 어느 날 무당 노릇을 그만 두라는 용택과 미연은 다투게 되고 홀로 산길을 가던 미연은 마을 청년 3명(이들 중 한 명은 황씨 할머니의 굿을 끝까지 반대하는 병규 아버지의 아들이다)에게 용택이 보는 앞에서 윤간을 당하게 되고 겁탈당하는 미연을 지켜주지 못한 죄책감에 사로잡힌 용택은 자살을 선택한다. 이 사건으로 말미암아 마을에는 불신과 증오심이 가득 차게 된다. 마을은 굿을 금지시켰으며 미연은 고향을 떠나 아버지가 누군지도 모르는 아이를 낳아 술집을 하며 연명하게 된다. 병규 아버지가 굿을 방해하는 진짜 이유는 굿을 통해 미연이를 강간한 사건이 다시 불거져 나오는 것을 두려워해서이다.

세 번째 갈등은 석출의 무당 집안과 관련이 있다. 미연과 용택의 사건으로 인해 석출은 6년 동안 굿을 못한 채 빈 신당을 돌보고 있으며 미연을 비롯한 석출의 자식들은 신딸의 역할을 하지 못하고 모두 뿔뿔이 고향을 등지게 된다. 석출이 황씨 할머니의 굿을 하기로 결심한데에는 굿을 계기로 흩어진 무당의 가계(家系)를 잇기 위함이다. 석출은 본격적으로 자식들을 불러 모은다. 하지만 근대화라는 허울 좋은 미명에 상처를 받아 무당의 길을 떠난 자식들을 다시 규합하는 일이 쉽지 만은 않다. 교직에 종사하는 큰딸은 학교에서 굿은 미신이라고 가르친다면서 선생은 굿을 할 수 없다고 하며, 횟집을 하는 둘째 딸은 굿 장단을 모두 까먹어서 굿을 할 수 없다고 한다. 무가(巫歌) 대신 락커의 길을 택한 신딸이 있는가 하면 용택의 상처로 인해 굿판을 떠난 미연 역시 다시 돌아가기를 거부한다. 그러나 무당은 자신이 싫다고 무당 일을 그만둘 수는 없다. 자식들은 하나 둘씩 마을로 모이고 드디어 굿을 통해 석출의 세습무는 다시 한 번 활짝 만개하게 된다.

서로 다른 갈등이지만 결국 하나의 인연으로 엮여있는 이러한 갈등은 황씨 할머니의 굿을 통해 모든 것이 승화된다. 미연은 굿을 통해 황씨 할머니에게 며느리로 인정받고, 미연의 아들은 이제 손자가 된다. 미연은 자신을 겁탈한 마을 청년들을 용서하고 병규 아버지는 진심으로 자신의 잘못을 뉘우친다. 궁극적인 갈등의 씨앗이 된 용택의 죽음은 황씨 할머니의 장례식을 계기로 미연이 저승사자로 세상에 나온 용택과 다시 재회함으로써 모든 것이 치유된다.

해학과 풍자 그리고 신명의 굿

〈오구〉는 죽음을 결코 슬프게 그리지 않는다. 오히려 황씨 할머니가 산오구굿을 할 때 결혼식 예복을 입고 나오듯이, 죽음을 결혼처럼 즐겁고 신명나는 일로 그린다. 굿에서 나타나는 삶과 죽음은 세상을 살아가며 벌이

[그림9] 포용과 조화와 신명의 오구굿

는 축제 그 자체인 것이다. 이러한 죽음을 바라보는 해학적인 시선은 영화에 등장하는 저승사자의 이미지와 신명나는 굿을 통해 관객에게 전달된다. 저수지에서 솟아올라 알몸으로 마을에 도착한 저승사자 셋은 큰 성기를 덜렁거리며 저잣거리를 돌아다니고 마을 사람들은 이들의 모습에 배꼽이 빠져라 웃어댄다. 영화는 시종일관 근엄하고 무시무시한 저승사자가 가지고 있는 기존의 이미지를 과감히 벗어 던진다. 앞서 설명한대로 무속의 관점에서 저승사자는 이미 이 집에 왔던 적이 있고 이미 죽은 사람과는 아는 사람이다. 〈오구〉에 등장하는 저승사자 역시 황씨 할머니 집안과 모두 관련을 맺고 있다. 황씨 할머니의 죽은 남편과 아들 용택은 아내이자 어머니를 저승으로 데려가는 저승사자가 되어 돌아온다. 하지만 이들은 전생의 기억이 모두 사라진 저승사자다. 또 한 명의 저승사자는 미래에 태어날 할머니의 손자다. 용택에게 있어 황씨 할머니의 굿과 죽음은 미연과 재회하기 위해 어머니가 남긴 마지막 선물이며 저승사자 가운데 한명은 할머니의 장례가 치러지는 동안 용택의 조카로 다시 태어난다. 죽음을 상징하는 저승사자의 등장으로 시작한 영화는 새로운 탄생으로 막을 내린다.

〈오구〉에는 총 4장면의 굿이 등장한다. 그 중 가장 두드러진 장면은 본격적인 굿을 하기 전에 무당과 신딸들이 이승계의 오욕칠정 때를 씻고 신께 청을 드리기 위해 여는 굿이다. 다분히 연극적인 세트에서 벌어지는 이 굿은 "모시자"라는 노래를 부르며 신딸들이 돌아가면서 목욕재계를 한다. 영화에서 가장 아름다운 미장센을 보여주고 있는 이 장면은 양식화된 굿의 흥겨움을 관객에게 제시한다. 굿이 끝난 후 이제 무당과 신딸들은 마을을 돌며 황씨 할머니의 굿을 알린다. 금지된 굿이 다시 마을에 울려 퍼지자 굿에 등을 돌린 마을 사람들은 서서히 마을굿에 동참하게 된다. 주변부로 내몰린 굿이 다시 마을 사람들의 가슴속에 신명과 조화와 해학을 불러일으키는 순간이다. 이제 조금씩 열리기 시작한 갈등과 반목의 장은 황씨 할머니의 산오구굿과 장례를 통해 완전히 치유된다.

한국영화에 나타난 무속의 패러다임

기왕 말이 나온 김에 우리의 여정을 한국영화에 나타난 무속의 패러다임이라는 화두로 끝맺음해보기로 하자. 한국영화에 등장하는 무속에 관한 대부분의 선입견은 무속을 지나치게 심령영화나 공포영화의 소재로만 한정시켜 단순하게 사고하는 것에서 비롯된다고 할 수 있다. 일단 한번 이런 함정에 빠지게 되면 무속을 소재주의적으로만 접근하게 된다. 그러나 한국영화 속에 내재되어 있는 무속의 모티프는 공포영화 이외에도 구체적으로 역사영화, 로맨티시즘 영화, 문예영화 등 다양한 장르의 틀을 빌려 나타나고 있다. 이를 다시 극 전체에 미치는 무속의 모티프를 기준으로 좀 더 세밀하게 분류하자면, 첫째, 무속의 모티프가 내러티브, 등장인물, 영화적 시간 및 공간 등을 통해 전면적으로 제시되는 작품과 둘째, 무속의 모티프가 전면적으로 제시되지는 않지만 영화의 중심 주제를 위해 사용되는 작품으로 분류할 수 있다. 개인적으로는 첫 번째 부류에 속하는 영화를 '무속영화'라

[그림10] 한국영화와 무속의 모티프

는 새로운 틀로 분류할 필요성이 있다고 본다. 즉, 공포영화, 역사영화, 로맨티시즘 영화, 문예영화에 나타나는 무속이 아니라 한국 영화의 장르구분 중 무속영화라는 새로운 틀이 필요하다는 말이다. 두 번째 부류에 속하는 작품들은 무속영화의 분류가 왜 필요한가를 역설적으로 뒷받침해주는 의미를 가지고 있다. 다시 말해 무속영화의 분류는 서구영화와 차별되는 한국영화만의 특징이 무엇인가를 설명해주는 단서를 쥐고 있다는 말이다.

한국영화와 무속의 모티프

임권택의 〈신궁〉(1979)은 그의 작품 세계 중 〈족보〉(1978), 〈서편제〉(1993), 〈축제〉(1996)와 같이 '한국인의 정체성'을 탐구한 작품의 연장선상에 있는 영화다. 〈신궁〉은 한국 무속이 가지고 있는 정신세계를 통해 한국사회의 부조리와 모순을 비판한다. 섬을 지배하는 선주의 계략으로 자신의 남편을 빼앗긴 무녀 왕년이는 더 이상 굿을 하지 않는다. 그러나 부도덕한 선주를 처벌할 수 있는 길은 만인에게 평등한 법의 힘이 아니라 오직 굿을 통해 가능하다. 〈신궁〉에서 보여주는 굿과 무당의 역할은 단순히 억울하게 죽어간 혼령을 위로하는 역할이나 마을의 풍어(豊漁)를 기원하는 굿의 의미를 넘어선다. 권력의 억압에서 숨죽이며 살아온 모든 이를 해방시키는 정의의 힘, 그것이 바로 〈신궁〉에서 보여주는 무속의 역할이다.

하명중의 〈태〉(1985) 역시 독특한 한국 무속의 세계를 잘 보여준다. 이 영화는 포스터에서 보이는 선입견과는 달리 에로티시즘이 전면으로 부각된 작품이 아니다. 그럼에도 불구하고 이 영화가 에로티시즘 영화 내지 통속물로 분류되고 있다는 점은 안타까운 일이다. 〈태〉의 무대는 일제 식민지 시절 외부와의 교류가 단절된 낙월도를 주된 공간으로 삼는다. 섬은 〈신궁〉에서와 같이 악덕 지주가 모든 경제권과 사법권을 독점하는 곳이다. 주민들이 잡은 고기는 일본인에게 팔아넘기고 대신 섬에 역마살이 끼었기 때문에 흉어(凶漁)가 들었다고 사람들을 속인다. 흥미로운 점은 〈태〉에서 등장하는 무당이 다른 영화에서 나타나는 무녀의 이미지와 상반된다는 점이다. 낙월도의 무당은 일본에 빌붙어 섬을 팔아먹는 선주에 기생한다. 무당은 그 권력이 두려워 헛가락과 헛춤을 추며 목숨을 부지하고 사람들을 기만한다. 또한 〈신궁〉에서 사용된 무당의 활은 〈태〉에서는 정의를 가로막는 권력의 무기로 둔갑한다. 따라서 자신의 역할을 하지 못하는 무당이 있는 섬은 서서히 죽어간다. 결국 신벌을 받는 무당을 대신해 태를 입으로 끊고 나온 아기가 새로운 섬의 탄생을 알리며 동시에 새로운 무당의 출현을 알린다.

두 작품이 암울한 현실에 대한 은유로 공간 면에서 주로 바다와 섬을 강조한 것에 반해 하길종의 〈한네의 승천〉(1977)은 토속적인 산간마을을 배경으로 삼고 있다. 또한 제의를 주관하는 무당이 여성이 아닌 남성이라는 점도 이채롭다. 특히 〈한네의 승천〉에서 벌어지는 산신제의 형태는 무속과 불교가 융합된 독특한 이미지로 나타난다. 이러한 이미지의 융합은 곧 불교의 윤회설과 무속적 내세관의 결합을 의미한다. 이 영화는 한네를 숭배하는 만명의 근친상간적인 애정과 마을의 제주(祭主)가 저지르는 욕정을 통해, 한국 사회의 부조리와 추악한 인간의 욕망을 고발하고 있다.

한편, 무속의 모티프가 전면적으로 제시되지는 않지만 영화의 중심 주제로 사용되는 작품의 예를 이장호의 〈나그네는 길에서도 쉬지 않는다〉(1987)와 임권택의 〈태백산맥〉(1994)으로 설명해보자. 언뜻 보면 무속과는 전혀 무관한 영화들로 보이지만 사실 두 영화의 중심에는 무속의 모티프가 깊게 각인되어 있다. 〈나그네는 길에서도 쉬지 않는다〉에서 사용된 무속의 모티프는 영화의 결말부에서 그 절정을 이룬다. 죽기 전에 고향으로 가려는 노인을 돌보던 간호사와 아내의 유골을 그녀의 고향인 북으로 보내려는 순석은 선착장에서 잠시 이별한다. 바로 그때, 간호사는 선착장에서 울리는 굿판 가락에 신이 들리고 덩실덩실 춤을 춘다. 한편, 〈태백산맥〉에서도 무속은 중요한 역할을 담당하고 있다. 영화에는 무신론자들이어야 할 빨치산이 죽은 아내의 영혼을 위로해 달라고 무당에게 부탁하는 장면이 나온다. 무당 역시 당 간부와 사랑하는 사이지만 굿을 결행한다. 그것도 처절한 전투 사이에서 말이다. 이 두 영화는 남북으로 갈라진 이념적 대립과 그에 따른 갈등을 담고 있다는 점에서 유사점을 가지고 있다. 하지만 그보다 더 중요한 공통점은 모두 무속을 통해 분단의 트라우마(정신적 외상)를 치유하고 민족 통일의 염원을 묘사하고 있다는 점이다. 이렇게 남북한을 통합하는 민중의 정신적 기반으로서 무당의 존재와 역할은 결코 전근대적인 유물이나 퇴행의 징후가 아니다. 오히려 무속의 모티프는 '전근대와 근대를 연결시켜주는 가교의 역할'을 담당하고 있으며 이는 근대성 내부에서 발생된 부조리를 승화시키는 전근대의 작동으로 파악해야 한다.

이상의 예를 통해 알 수 있듯이, 한국영화에 나타난 무속의 모티프는 일정한 사회적 기능을 담당하고 있다. 그것은 바로 '일상적인 구조와 질서를 해체 및 전복하는 기능'이다. 때로는 유교적 질서를 전복하며, 때로는 부조리한 권력 구조와 이념구조를 해체한다. 즉, 무속에는 일정한 구조와 엄격한 질서가 승화된 포용과 신명이 녹아 있는 것이다.

한국영화에 나타나는 무속의 모티프는 비단 극영화에만 국한되지 않고 다큐멘터리 영역에서도 활발하게 나타난다. 특히 2000년대 이후 무속을 소재로 만들어진 일련의 다큐멘터리는 극영화와는 차별화되는 방식으로 한국사회에서 차지하는 무속의 사회적 의미를 고찰하고 있다.

박기복 감독의 〈영매: 산 자와 죽은 자의 화해〉(2002)는 진도의 씻김굿에서부터 황해도의 진오귀굿에 이르기까지 세습무(世襲巫)와 강신무(降神巫)로 나누어진 한국 무속의 특징을 비교함으로써 무당과 굿에 대한 총체적인 접근을 시도한 최초의 작품이다. 이창재 감독의 〈사이에서〉(2006)는 무당 이해경(강신무)과 내림굿에 중심을 두고 무당의 길을 걸어야만 하는 사람들의 처절한 고통을 그려내고 있는 수작이다. 두 작품 모두 화려한 형식미보다는 인터뷰, 자막, 내레이션 등 전통적인 다큐멘터리 언어로 한국 무속에 대해 고찰하고 있다.

현존하는 한국 최고의 무당인 김금화의 인생을 다룬 박찬경 감독의 〈만신〉(2013)은 다큐멘터리 형식면에서 앞서 소개한 작품들과는 확연히 차별화된다. 〈만신〉은 국내 장편 다큐멘터리로서는 드물게 사실과 픽션의 경계를 허무는 포스트다큐멘터리 양식을 제시했다는 점에서 이정표가 될 만한 작품이다. 그러나 평단에서 언급하는 "판타지와 다큐멘터리의 경계가 무너지는 순간을 인상적으로 포착한다", "다큐와 극 영화적 요소를 리드미컬하게 이어나간 것이 주효했다"라는 찬사에는 선뜻 동의하기 힘들다.

〈만신〉은 박찬경 감독의 연출력이 돋보이는 영화임에는 분명하지만, 동시에 감독의 지나친 시적(詩的) 양식으로 인해 다큐멘터리 본연의 미학이

퇴색된 영화이기도 하다. 〈만신〉의 실재 주인공인 '무당' 김금화가 빚어내는 한국 무속의 전통과 굿의 아름다움이 '감독' 박찬경이 창조해 낸 영화의 형식미에 잠식되고 있기 때문이다. 물론 이러한 의견은 무속을 바라보는 지극히 개인적인 시각과 취향에서 비롯된다. 박찬경 감독만큼이나 무속과 굿에 대한 애착이 있는 필자는 '재연'이 아닌 '실재' 김금화의 굿을 통해 무속의 아름다움과 숨겨진 가치가 관객에게 전달되기를 기대했다. 그러나 감독은 정반대의 선택을 한 것으로 보인다. 이러한 괴리감은 극영화(드라마)와 다큐멘터리가 융합된 '다큐멘터리 드라마'라는 형식에서 비롯된다.

김정욱 감독의 〈비단꽃길〉(2013)은 〈만신〉보다 한발 앞서 무당 김금화를 다루었다는 점에서 직접적으로 비교되는 작품이다. 영화는 김금화의 일거수일투족을 쫓아가며 그녀의 파란만장한 인생과 굿을 보여주는데 집중한다. 그러나 최초로 장편 다큐멘터리에서 김금화를 다룬다는 것에 대해 부담감과 사명감을 느껴서인지 정작 감독이 바라보는 김금화의 굿과 인생에 대한 미학적 성찰이 보이지 않는다. 그래서인지 '김금화'가 굿을 하는데도 지루하게 느껴진다. 특히 해외에서 인정받는 김금화 굿의 우수성을 보여주기 위해 프랑스에서 촬영된 공연 장면은 지나치게 아마추어적이기까지 하다. 음식으로 비유하자면 김금화라는 최고의 식재료를 가지고 만들어진 요리 치고는 너무 밋밋했다. 음식을 만든 사람 고유의 손맛은 온데간데 없고 재료의 맛만 덩그러니 남았기 때문이다. 〈만신〉은 이와는 정반대로 음식을 만든 사람의 손맛과 첨가된 향신료가 너무 강해 원재료의 고유의 맛이 묻힌 경우라 할 수 있다.

〈만신〉에서 박찬경 감독이 구사하는 디테일이 살아있는 형식미는 그 어느 한국영화 못지않게 화려하고 아름답다. 부감과 앙각이 어우러진 다양한 앵글, 다큐멘터리의 현장미를 살리기 위한 핸드헬드, 무속의 판타지를 강조하기 위해 사용된 저속촬영과 몽환적인 사운드, 유영하듯 자연스럽게 미끄러지는 크레인 샷과 헬리캠, CG와 애니메이션 그리고 화려한 무신도(巫神圖)가 어우러진 다채로운 시각효과 등 심혈을 기울여 한 땀 한 땀 수놓은 미장센은 관객의 눈을 호사롭게 한다. 특히 서낭당을 연상케 하는 오색천이 둘러진 신목(神木)을 차량에 부착한 채 촬영한 장면은 아티스트로서의 박찬경 감독의 재능을 엿볼 수 있는 순간이다. 또한 김금화의 인생을 재연한 김새론, 류현경, 문소리 세 명 모두의 연기도 흠잡을 곳이 별로 없을만큼 각자에게 부여된 김금화의 일생의 무게를 나누어 짊어진다. 어디 이들뿐인가. 내림굿을 내려주는 외할머니 김천일 역을 맡은 백수련, 첩보대대장 역의 김중기, 강둑 여인 역을 소화한 이용녀 등 단역들 모두 등장한씬의 길이에 관계없이 나름의 존재감을 발휘한다.

그러나 유감스럽게도 화려한 영상미와 배우들의 원숙한 연기력이 결합된 재연의 드라마는 아무리 봐도 '과잉'으로 밖에 보이지 않는다. 멜로드라마에서는 과잉이 하나의 중요한 미학일지 몰라도 다큐멘터리 드라마에서의 과잉은 독이 든 성배와 같기 때문이다. 다큐멘터리에서 굳이 허구의 드라마를 사용하는 가장 큰 이유는 전통적인 다큐멘터리 방법으로는 접근할수 없는 절대적 진실이나 역사적 인물에 대해 드라마 구조가 보다 통찰력있는 묘사를 제공할 수 있기 때문이다. 이때 중요한 점은 다큐멘터리의 진정성을 담보하기 위해 드라마의 재연은 최대한 '절제'되어야 한다는 점이다. 그래야만 관객은 픽션과 논픽션의 혼합을 의심 없이 받아들이고 그것이 함축하고 있는 진정한 의미를 스스로 통찰할 수 있게 된다. 그러나 재연이 실재를 넘어서는 영향력을 발휘하게 되는 순간, 관객은 드라마와 다큐멘터리를 혼돈하게 되고 어떤 것이 허구이고 어떤 것이 사실인지에 대한혼란에 빠지게 된다. 이러한 혼동을 방지하고자 일반적인 다큐멘터리 드라마에서는 드라마의 분량이 다큐멘터리를 보조하는 역할에 머물고 대부분 무명배우가 재연을 담당한다. 그러나 〈만신〉에서 사용된 드라마는 오히려 다큐멘터리를 압도하며 재연을 담당했던 배우들 역시 지나치게 강한 아우라를 뿜어낸다.

실재로 이러한 과잉의 미학으로 인해 임진각에서 김일성의 혼이 김금화에게 접신되어 통일에 대해 논의했다는 증언의 진정성이 흐려지며 파주 적군묘에서 북한군 영혼을 위로하는 진혼굿이 실재가 아닌 카메라를 위한 연기처럼 느껴질 정도로 본래의 의미가 훼손된다. 배우가 아닌 실재 소설가 황석영과 김금화의 제자임을 뻔히 알지만 자꾸 뭔가 연기를 한다고 느껴지기 때문이다. 그래서인지 배우와 제작진, 실제 인물이 함께 출연하며 드라마와 다큐멘터리의 경계가 무너지는 쇠걸립 엔딩 장면조차 감독 자신이 벌려놓은 픽션과 논픽션의 간극을 다소 작위적으로 봉합시키려는 기계적인 설정이 아닌가라는 인상마저 든다.

그렇다면 왜 박찬경 감독은 김금화의 삶과 굿을 다루는데 있어 드라마라는 구조를 꼭 써야만 했을까? 혹시 감독은 해학과 풍자 그리고 포용과 조화와 신명이 녹아있는 굿의 다양성 중 지나치게 판타스틱한 측면만을 고집하려 했던 것은 아닐까? 그래서 정작 김금화의 굿의 아름다움보다는 그녀의 굴곡진 인생을 보여주려 했던 것은 아닐까? 차라리 노년의 김금화를 실재 김금화가 직접 연기하는 100% 픽션으로 〈만신〉을 연출했다면 감독의 의도에 좀 더 부합하지 않았을까?

박찬경 감독은 〈만신〉을 본 대중들이 김금화의 삶과 굿을 통해 무속에 자긍심을 갖길 바랐는지 모르지만 솔직히 관객이 감독으로서의 박찬경의 재능만을 기억할까 두렵다. 필자도 박찬경 감독의 앞으로의 행보가 기대되고 기꺼이 그의 팬이 되고 싶은 한 사람이지만 현재 필자에게는 83세의 만신 김금화가 보다 더 대중들에게 기억되기를 바란다. '재연'된 굿과 '재현'된 인생이 아니더라도 김금화는 충분히 아름답기 때문이다.

무속신화를 통해 한국 신화의 세계와 인간 죽음의 기원이 한국영화에서 어떻게 나타나고 있는지에 대해 알아보았다. 한정된 지면관계상 보다 심도 있는 이야기보따리를 풀어내지 못했지만, "무속신화가 서구신화와 차별되는 한국신화의 새로운 지평을 여는 대안이 될 수 있는가?" 또한 "한국 무속 영화가 서구 영화와 차별되는 한국영화의 고유한 정체성의 일환이 될 수 있는가?"라는 물음은 다시 재정비되고 발전되어야 할 소중한 화두임에 분명하다. 한국인의 가슴 속에 다시 화려하게 부활할 무속의 아우라를 꿈꾸며, 이제 우리는 그 영적 에너지를 가슴으로 보듬어 한국적 환상과 리얼리티로 승화시킬 준비를 해야만 한다.

* Further Reading

[한국 신화와 무속신화]

- 김태곤, 최운식, 김진영 공저, 『한국의 신화』, 시인사, 1988.

- 김태곤 편저, 『한국의 무속신화』, 집문당, 1989.

무속신화를 중심으로 한국의 신화에 대해 논하고 있는 책들이다. 특히 김태곤 편저, 『한국의 무속신화』는 건국신화 중심의 한국 신화 연구의 문제점을 진단하고 한국의 신화체계를 정립하는 데 기여할 무속신화의 자료를 집대성한 훌륭한 저서다. 필자도 본 원고에서 많은 부분을 참조하였다.

[한국 무속의 세계]

- 김태곤 저, 『무속과 영의 세계』, 한울, 1993.

- 김태곤 외 공저, 『한국의 무속문화』, 박이정, 1998.

- 최길성 저, 『한국 무속의 이해』, 예전사, 1998.

한국 무속 연구의 두 거장인 최길성과 김태곤의 저서들 중 가장 도움이 될 만한 책들이다. 한국 무속을 다룬 책들 중 이들의 논의를 인용하지 않은 저서를 찾아보기 힘들 정도로 단지 머리가 아닌 가슴으로 한국 무속을 이해할 수 있게 해준다. 필자 역시 예외는 아니다. 영화와 무속의 관계에 관심을 가지게 된 결정적인 계기가 이들의 저서를 읽고 난 후였다. 너무 많이 읽어 종종 내가 한 말인지 두 거장이 한말을 인용한 것인지 헷갈릴 때가 많다.

[바리공주, 당금애기, 차사본풀이의 이해]

- 진연주 글, 김은희 그림, 『바리데기와 당금애기』, 김영사, 2013.

바리데기와 당금애기 신화를 처음 접하는 독자에게 유용하다. 누구나 알기 쉽게 읽을 수 있도록 흥미로운 구성과 삽화가 돋보인다. 특히 책 뒷부분에 제공되는 두 이야기에 대한 해설은 바리데기와 당금애기가 가지고 있는 숨은 의미에 대한 좋은 길잡이를 제공한다.

- 권태효, 「인간 죽음의 기원, 그 신화적 전개양상」, 『한국민속학』, 제43집, 2006.

- 송효섭, 「무속신화와 문화기호체계 : 〈바리공주〉, 〈시준굿〉 텍스트에 대한 기호학적 분석」, 『비교민속학』, 제8집, 1992.

무속신화의 대표작인 〈바리공주〉와 〈차사본풀이〉에 대한 연구논문이다. 권태효의 논문은 인간 죽음의 기원과 무속신화가 어떤 관계를 맺고 있는지에 대한 논의를 차사본풀이를 통해 설명하고 있다. 특히 한국 죽음 관련 신화의 다섯 가지 자료적 양상을 본 원고에서 인용 및 참조했다. 한편 송효섭의 논문은 바리공주 신화에 관심이 있는 독자에게 좋은 가이드라인을 제공해 주는 논문이다. 특히 신화맥락으로서의 문화체계를 국조신화와 무속신화를 통해 설명하고 있는 부분을 참조했다.

[한국 무속영화]

- 이종승 저, 『영화와 샤머니즘: 한국적 환상과 리얼리티를 찾아서』, 살림출판사, 2005.

영화와 샤머니즘이 맺고 있는 상상력의 세계를 통해, 서구 판타스틱 영화와 차별되는 한국적 판타지를 모색하고 있는 책이다. 또한 영화에 나타난 무속의 패러다임과 샤머니즘적 모티프를 차용하고 있는 서구 판타스틱 영화를 비교하고 있다. 본 원고에서 언급한 대부분의 무속영화에 대한 내용은 이 책에서 언급된 주장을 인용했다.

[한국 신화와 웹툰]

- 주호민, 『신과 함께』, 애니북스, 2012.

네이버 웹툰에서 2010년 1월부터 2012년 9월까지 연재된 [저승편], [이승편], [신화편] 3부작을 전8권으로 묶어 단행본으로 출간했다. 『신과 함께』는 한국 신화와 전통적인 가치관을 이용해 만들어진 문화콘텐츠가 얼만큼 강력한 보편성을 확보할 수 있는지를 잘 보여준다. 웹툰의 인기를 발판으로 출판된 단행본은 17만부가 넘는 판매부수를 기록했으며 일본에 수출되어 리메이크판이 연재되고 있다. 또한 국내에서는 저승편이 창작 가무극으로 공연되었고 2016년 영화로 개봉될 예정이다.

13장 동아시아 신화 속의 여성, 세계를 완성하다

　신화 속에는 신들의 이야기가 있고 영웅들의 이야기가 있다. 신화는 분명 신들의 이야기이지만, 대부분의 신화 속에서 우리의 눈길을 더욱 사로잡는 것은 영웅(英雄)이다. 영웅이란 무엇인가? 글자 그대로 풀면, '꽃부리 영(英)'과 '수컷 웅(雄)'이라는 두 글자의 결합으로 갓 피어난 꽃봉오리처럼 반짝이는 남성, 사나이 중의 사나이를 가리키는 말이 곧 영웅이다. 주몽, 예, 스사노오, 에르히 메르겡, 만투 머르컨, 헤라클레스, 지그프리드……. 그래서인지 동서양을 막론하고 널리 알려진 영웅은 대개 남성이다. 조지프 캠벨은 영웅이 치르는 신화적 모험의 전형적인 단계들이 통과제의(rites of passage)의 도식과 일치하며 이러한 의례의 확장판이라고 설명한 바 있다. 다시 말해, 영웅 신화는 통과제의의 언어적 상관물인 셈이다.

　출생, 명명, 결혼, 장례 등 다양한 통과제의 가운데서도 우리에게 가장 널리 알려진 의례를 꼽으라면 역시 관례(冠禮), 즉 성인식일 것이다. 여러 사회의 성인식에서 소년들은 '분리-고립-통합'을 경험한다. 소년은 어머니와 가정으로부터 분리되어 고립된 장소에서 일정 시간 동안 특정한 경험을 강요받는다. 이 상징적인 죽음, 치명적인 위험이 도사리고 있는 시험을 거쳐야만 공동체의 일원으로 인정받을 수 있다. 공동체의 일원으로 인정받은 소년은 '영웅=어른 남성'으로서 원래의 세계에 통합된다. 이것이 통과제의의 가장 일반적인 도식이다.

  서양의 신화들 속에서, 소년들은 대부분 주어진 소명에 따르는 특별한 모험의 과정을 통해 영웅으로 거듭난다. 목숨을 내건 채 괴물과 싸워 이기거나 사나운 용의 피로 세례를 받음으로써 '새로운 나'로 거듭나는 것이다. 그러나 소녀들은 괴물이나 용과 싸워 이기는 모험을 경험하지 않는다. 소녀들에게 주어지는 것은 대부분 괴물이나 용에게 잡아먹히게 될 운명이고 그 위험으로부터 자신을 구해 줄 영웅에 대한 기다림이다. 페르세우스가 메두사의 목을 베고 바다 괴물 케토를 죽여 왕국의 영웅이 될 모험을 치르는 동안 안드로메다는 아름다운 미모로 인해 갯바위에 묶인 채 제물로 바쳐질 시간을 기다릴 뿐이다. 페르세우스가 처치했던 괴물이 모두 여성이었다는 사실 또한 기억할 필요가 있다. 이 신화 속에서 여성은 영웅이 물리쳐야 할 적이거나 성공적인 모험의 보상에 불과하다. 그러나 동아시아의 신화들 속에는 조금 다른 여성 영웅들이 존재한다. 이들은 자신의 운명을 앉아서 기다리지 않는다. 주어지는 소명을 받아들이고 운명을 거스르며 스스로의 길을 찾아 나선다. 이 여성 영웅들은 저마다의 모험을 통해 아직 부족하거나 훼손되었거나 파괴된 세계를 완전하게 하거나 채우거나 일으켜 세우는 역할을 수행한다. 여성만이 할 수 있는, 자기만의 방식으로.

하늘을 메우는 여신들

세상 사람들은 하늘과 땅이 열리고 나서는 아직 사람이 없었다고 말한다. 여와(女媧)가 누런 흙을 뭉쳐서 인간을 만들었는데, 너무 피곤하고 힘이 모자랐다. 그래서 굵은 노끈을 진흙에 담갔다가 들어 올리니 떨어진 진흙들이 사람이 되었다. 그러므로 부유하고 고귀한 사람은 손으로 빚은 누런 흙 사람이고, 가난하고 평범한 사람은 노끈에서 떨어진 진흙으로 절로 만들어진 사람이다.

중국 신화에서 맨 처음, 가장 강력한 인상을 남기는 것은 여신 여와가 흙으로 인간을 만들고 부서진 세계를 수리한 이야기이다. 중국의 창조 신화에는 하늘과 땅을 만든 조물주가 존재하지 않는다. 하늘과 땅이 시작되기 전부터 존재했던 신 반고(盤古)는 그저 오랜 세월을 통해 자라나기만 할 뿐 의식적이거나 의지적으로 세계를 창조하지 않으며, 그저 알을 깨고 나옴으로써 자신이 머물렀던 알이 하늘과 땅이 되도록 촉진할 뿐이다. 그러나 여와는 다르다. 여와는 아무도 존재하지 않았던 적막한 세상에서 인간을 창조한 조물주이자 모든 인류의 어머니이다. 물론 여신들도 가끔은 지쳐서 꾀를 쓴다. 중국의 신화는 공들여 빚는 방식과 꾀를 써서 정성이 부족한 방식이 바로 인간의 자질과 신분을 결정한다고 말한다. 비록 중간에 꾀를 부려 빈부, 귀천, 우열의 차이를 만들어내기는 했어도 여신 여와는 자신이 낳은 아이들 – 인간 – 을 위해 세상을 살 만 하게 고치는 데 최선을 다한다. 아이들이 짝을 지을 수 있도록 혼인의 의례를 제정한 것도, 아이들이 즐거운 생활을 할 수 있도록 생황과 같은 악기를 만들고 음악을 발전시킨 것도, 아이가 없는 부부들을 위해 다음 세대를 생산할 수 있도록 도와주는 것도 여와이다. 여신 여와는 자신의 아이들이 행복하게 살아갈 수 있도록 모든 것을 만들어냈다. 오늘날 모든 어머니들이 자신의 아이를 위해 모든 것을 해내는 것처럼 말이다.

[그림1] 여와가 하늘을 메꾼 신화를 그린 『산해경』의 삽화(좌)와 현대적인 회화(우)

그러기에 신들 사이의 의미 없는 전쟁이 일어났을 때 가장 참을 수 없었던 것도 바로 여신 여와였다. 신들에게 전쟁은 단순한 힘겨루기이거나 분풀이에 불과하지만 그 결과로 고통 받는 것은 망가진 세계에서 무참하게 죽어가는 인간들이었기 때문이다.

여와는 하늘이 무너져 구멍이 났는데 메우지 않으면 하늘의 물이 모두 끊임없이 땅으로 떨어져 내릴 터이니 어쩌나 걱정하였다. 그녀는 강과 바다와 호수에서 많은 오색석을 건져다가 불로 달구었다. 9일 밤낮을 계속 달구자 돌들은 다 녹아 끈적끈적해졌다. 여와는 손을 뻗어 이 잘 달구어진 돌로 쑨 풀을 한 덩어리씩 집어 하늘의 구멍을 메웠다. 하늘이 메워지자 큰물이 곧 멈추었다. 해가 나니 하늘에는 오색의 아름다운 노을이 나타났다. 오색의 아름다운 노을이 나타난 것은 여와가 하늘의 구멍을 오색석으로 메웠기 때문이다.

한족(漢族)의 신화에 따르면, 처음 하늘과 땅 사이를 떠받치고 있던 지축 부주산(不周山)이 무너진 것은 물의 신 공공이 신들의 싸움에서 진 분풀이로 이 산을 들이받았기 때문이라고 한다. 공공의 공격으로 지축이 부러졌기 때문에 세상은 더 이상 '완전하지 않은(不周)' 상태로 변했다. 이 '완전하지 않은' 상태를 보완하는 것은 남신들의 일이 아니라 여신 여와의 일이다. 남신들은 세상을 창조하거나 파괴할 줄은 알아도 그것을 온전한 상태로 유지하는 데는 그다지 관심이 없는 까닭이다. 상술한 신화에서 가장 눈에 띠는 여신 여와의 능력은 바로 '돌을 달구어 하늘을 메우는' 기술이다. 여신 여와는 흙을 빚어 인간을 만들고 생명을 불어넣었듯이 평범한 돌을 들어 하늘을 메우는 기적을 만들어낸다. 이 기술을 통해 단순한 물질적 재료였던 지상의 돌은 하늘을 수리하는 천상의 신성한 재료로 변화한다. 일종의 연금술인 셈이다. 위의 신화에서 여신이 사용한 것은 알록달록한 무지개처럼 빛나는 오색석이었다. 여신은 하늘을 위해 땅 위의 평범한 돌들과는 구분되는 특별한 재료를 선택한 것이다. 그러나 만주족 신화의 여성 영웅 하이룬은 다르다. 이 평범한 소녀는 자신처럼 평범한 재료를 선택해 하늘을 메우는 비범한 물질로 승화시킨다. 나중에 그녀가 누리게 되는 천상의 지위 또한 전적으로 자신의 노력으로 얻어진 것이다.

이것은 조상으로부터 전해오는 이야기이다. 얼마나 오래됐는지 누구도 분명히 말할 수 없을 정도로 오래 전, 그 때 하늘은 전혀 지금과 같은 이런 모습이 아니었다. 하늘은 사나운 이를 드러내고 입을 일그러뜨린 것처럼 흉한 몰골로 크고 작은 돌덩이들을 무섭게 떨어뜨리곤 했다. 사람들은 모두 돌덩이에 맞을까 두려워 깜깜하고 습한 땅 속 동굴에 숨어 감히 밖으로 나오지 못했다.

누가 하늘을 메꿀 수 있을 것인가? 또 어떻게 메꿀 수 있을까? 사람들은 그저 시름겨워 할 뿐 달리 좋은 방법을 찾지 못해 한숨지었다.

갑자기 어딘지 모르는 곳에서 14, 15세 정도 되는 어린 아가씨가 나타났다. 마르고 작았지만 영리하고 야무져 보이는 소녀는 모두에게 말했다.

"여러분은 모두 걱정하지 마십시오. 제가 서천에 가서 부처를 모셔 와 하늘을 메우겠습니다."

사람들은 말을 한 사람이 어린 아가씨인 것을 보고 무시하면서 이렇게 말했다.

"아이고, 저렇게 어린 소녀가? 저 사람이 서천 부처를 모셔 와 하늘을 메꿀 수 있다면 우리 중 누군들 가지 못하겠소!"

그들은 말했다. "저런 허튼 소리를 곧이 듣지 마시오. 하늘을 메우는 일이 어디 그리 쉬운 줄 알고!"

이때 무리 가운데 한 노인이 일어나더니 물었다.

"아가씨, 이름이 뭔가?"

어린 아가씨는 그에게 하이룬이라고 이름을 밝혔다. 노인은 말했다.

"마음씨 좋은 하이룬 아가씨, 당신이 가시오. 서천 부처도 정성이 갸륵한 사람을 모른 척 하지는 않을 것이외다!"

하이룬 아가씨는 간다는 말이 떨어지기 무섭게 곧 그 자리를 떠나 똑바로 서쪽으로 걸어갔다. 산을 만나고 고개를 넘었으며 물을 만나고 강을 건넜다. 하루, 이틀…… 며칠이 지났는지, 몇 달이 지났는지 알 수 없지만, 어쨌거나 그녀는 서천에 닿았고 여래불을 만났다.

하이룬 아가씨는 여래불에게 말했다.

"신령하고 영명하신 부처님이시여, 사람들이 고통 받고 있사옵니다. 부처께서는 부디 이들을 가엾게 여기시어 하늘을 가려 주십시오."

여래불이 말했다.

"길이 너무 멀구나! 나는 갈 수가 없다."

말을 마치자, 부처는 눈을 감고 잠이 들었다.

하이룬 아가씨는 여래불 곁에서 기다렸지만, 한참을 기다려도 그는 깨어나지 않았다. 기다리다 지쳐 조급한 마음에 소리까지 질렀는데도 여래불은 일어날 생각을 하지 않았다. 어찌 할 것인가? 하이룬은 결국 그를 업고 가기로 마음먹고 여래불을 등에 업었다. 그녀의 몸은 본디 매우 마르고 작은 편이었다. 여래불은 어마어마하게 크고 건장한데, 어린 소녀가 어찌 업고 움직일 수 있단 말인가? 그러나 할 수 없어도 해야만 했으므로, 그녀는 여래불을 업은 채 한 발 한 발 걸음을 옮겨 고향으로 돌아갔다. 가는 길에 걸을 수 없게 되자 이번에는 기었다. 발이 닳아 헤졌고 허리는 지쳐 굽었으며 무릎과 팔꿈치는 몇 겹이나 까졌는지 알 수 없지만, 그녀는 마침내 여래불을 업고 사람들이 사는 땅으로 돌아왔다.

여래불이 잠에서 깨어 눈을 뜨고 둘러보자니, 인간 세상은 참으로 고통스러운 모습이었다. 어떤 이는 굶어 죽고 어떤 이는 돌덩이에 깔려 다치고 어떤 이는 몹쓸 병에 걸려 있었다. 또 하이룬 아가씨의 마음과 노력을 생각하니 그 갸륵한 정성은 참으로 보기 드문 일이 아닐 수 없었다. 여래불은 드디어 "좋다. 내가 너를 돕겠다"라고 말했다. 여래불은 하이룬 아가씨에게 신의 화로를 주면서, 그녀에게 49개의 돌멩이를 이 화로 안에 넣고 49일 동안 달구면 한 덩어리의 오색신석이 될 것이며, 다시 그녀가 화로 안으로 뛰어들어 오색신석을 받쳐 들면 하늘을 메울 수 있게 될 것이라고 말했다.

하이룬 아가씨는 여래불의 가르침에 따라 49일을 밤낮으로 돌을 달군 끝에 드디어 한 덩어리의 네모난 오색의 얇은 돌 판자를 만들어냈다. 기쁨에 겨운 하이룬 아가씨가 화로로 뛰어들어 두 발로 화로를 밟고 두 손으로 돌 판자를 받쳐 들자, 화로는 갑자기 한 송이 황금 연꽃으로 변하더니 그녀와 돌 판자를 받쳐 올리며 높은 하늘로 날아갔다. 하늘로 날아간 황금 연꽃은 하늘에서 떨어지는 크고 작은 돌들을 가리면서 아직도 비어있는 하늘의 모자란 부분들을 메워갔다. 사람들은 지하 동굴에서 뛰쳐나와 잘 메워진 하늘을 바라보며 기뻐서 펄쩍펄쩍 뛰었다. 사람들은 함께 하늘을 바라보며 하이룬 아가씨가 돌아오기를 기다렸다.

하루, 이틀, 사흘…… 하염없는 시간이 흐르도록 그녀는 그림자조차 보이지 않았다. 하이룬 아가씨는 어디로 간 것일까? 전하는 말에 따르면, 하이룬 아가씨는 하늘에 남아 신선이 되었다고 한다.

만주족 신화 속의 하이룬 아가씨는 만들어지다 말고 아직도 하늘이 크고 작은 돌들을 뚝뚝 떨어뜨리는 모자란 세상에 살고 있다. 사람들은 떨어지는 돌을 피하느라 넓은 들판으로는 나가지도 못하고 어둡고 축축한 동굴에 들어앉아 돌비가 그치기만을 기다린다. 마르고 몸집이 작은 소녀, 하이룬 아가씨가 자리에서 일어난 것은 바로 그 순간이다. 그녀는 도저히 머리 위에 이고 살아갈 수 없는 하늘을 어떻게든 사람이 살 만한 상태로 만들기 위해, 다 큰 어른 남자들도 감히 나서지 못하는 길을 떠나 서천으로 여래불을 찾아간다. 그러나 하이룬 아가씨의 여정은 가는 길보다 오는 길이 더 험난

하다. 자기 몸의 몇 배가 되는 잠든 부처를 등으로 걸머지고 돌아오기 때문이다. 가시밭은 없지만 걸음걸음이 다 고통이다. 나중에 그녀는 발이 닳았고 허리가 굽었다. 걷다가 힘이 부쳐 온몸으로 기어가다가 무릎과 팔꿈치가 몇 겹이나 까지기도 했다. 영웅의 귀환이라고 하기는 그리 영광스럽지 않고 평안하지도 않으며 심지어 그럴싸하게 보이지도 않는다. 더욱이 그녀의 고난이 여기서 끝나는 것도 아니다.

여래불은 그녀 대신 간단히 하늘을 메워주지 않고 메울 방법만을 가르쳐준다. 신의 화로를 내주는 대신 그녀에게 그 화로에 49개의 돌을 담아 49일 동안 꼬박 달구라고 한다. 그 화로 안으로 들어가 만들어진 오색신석을 머리 위로 쳐들면 하늘이 메워진다는 것이다. 사실 이 작업은 여신 여와의 작업과도 차이가 있다. 하이룬이 주워온 것은 그리 특별한 점이 없는 그냥 돌이었다. 이 돌을 특별하게 만드는 것은 전적으로 하이룬의 노력인 셈이다. 여신 여와는 9일 동안 돌을 달구었지만, 하이룬은 무려 49일이나 자리를 뜨지 못한다. 여신과 인간 소녀의 능력은 이처럼 차이가 난다. (사실 9라는 숫자는 한 자리 수 가운데 가장 큰 수로서 '많다'라는 의미가 있고, 49도 완전수인 7을 두 번 곱한 것으로 역시 '많다'라는 의미가 있다.) 다 만들어진 오색신석을 들고 하이룬이 직접 화로 안으로 들어가는 일은 더더욱 큰 결단을 필요로 하는 행위이다. 돌도 녹일 정도로 온도가 높은 화로 안으로 뛰어 들어간다는 것은 목숨까지 내던지는 용기가 필요한 일이 아니겠는가? 어쨌거나 신화의 마지막 대목에서 49일의 담금질을 거쳐 천상의 물질이 된 오색신석을 머리 위로 들어 올린 하이룬은 그대로 날아가 하늘을 메우고 신선이 된다.

위의 신화들에서 여신 여와와 만주족의 하이룬 아가씨는 불을 이용해 쇠를 다루는 대장장이의 역할을 수행한다. 불을 다스리는 힘 그리고 특히 쇠를 주무르는, 말하자면 금속에 대한 주술적 능력이 있는 것으로 믿어지기 때문에 대장장이는 어디에서건 주술사가 받는 것과 비슷한 평가를 받는다. 대장장이가 주술사와 같은 평가나 대우를 받는 것은 불을 피우고 쇠를 다룸으로써 자신을 적대하는 악령을 쫓아내기 때문이다. 다시 말해, 대장장이는 사악한 기운을 쫓아내는 주술의 힘을 지니고 있는 것이다. 실제의 역사를 통해 확인되는 것처럼, 불을 피우고 쇠를 다루는 일은 대개 남성 영웅의 몫이다. 그러나 동아시아 신화 속에서 이 일은 매우 자주 여성 영웅에게 속한다.

물론 이들은 여성만이 할 수 있는 다른 방식으로도 이 임무를 완수한다. 예를 들어, 쫭족(壯族)의 신화 속에서 하늘의 구멍을 메꾸기 위해 사용되는 것은 광석을 녹이는 야금의 방식이 아니라 바늘로 떨어진 천을 기우는 여성적인 방식이다. 여신은 우산이나 포장의 덮개를 씌우듯 잡아당기거나 주름을 잡아서 모자라거나 넘치는 하늘과 땅의 크기를 맞춘다. 바느질이라는 아무렇지도 않은 일상적인 행위는 하늘과 땅이라는 비일상적인 대상에 적용됨으로써 연금술에 가까운 주술적 신성성을 획득한다.

우리 신화 속의 여성 영웅들

이제 우리 신화 속의 여성 영웅들을 살펴보자. 문헌으로 기록된 우리 신화는 주로 역사서에 실려 있으며 기록된 역사 속의 주인공은 대개 남성 영웅들이다. 그러나 무속신화에서는 사정이 다르다. 대부분 무녀들의 구술로 전승되는 무속신화 속에서 이야기의 주인공은 거의 언제나 여성이다.

우리 무속신화 가운데 가장 널리 알려진 것은 아마 바리데기와 관련된 이야기일 것이다. 나중에 저승으로 가는 영혼들의 길라잡이 신이 되는 바리데기는 원래 오구대왕의 일곱째 딸로 태어난 공주님이었다. 오구대왕은

[그림2] 애니메이션 〈바리공주〉의 초기 캐릭터 디자인(좌)과 성백엽 애니메이션 〈바리공주〉의 캐릭터 디자인(우)

길대부인과 은애하여 내리 여섯이나 딸을 낳았다. 처음에는 딸이 태어나도 기쁘기만 했는데, 나이가 들수록 대를 이을 아들이 하나도 없는 것이 걱정이었다. 틀림없이 아들인 줄 알았던 일곱째마저 딸이고 보니 오구대왕은 그만 그동안 쌓였던 아쉬움과 시름, 걱정과 울분이 한 번에 폭발하고 만다. 그래서 바리데기는 태어나자마자 버려졌다. 공주의 신분으로 태어났음에도 태어나자마자 버림을 받은 아이, 그래서 버려진 아이라는 뜻의 이름을 가진 딸이 바로 바리데기다. 그런데 아이를 버린 부모의 마음이 편할 리 없다. 숨겨진 시름과 걱정으로 마음을 앓던 오구대왕은 급기야 덜컥 중병에 걸리고 만다. 문제는 이 병을 낫게 할 약이 서천서역국에 밖에 없다는 사실이었다. 그 먼 길을 자청해서 가겠다는 사람은 하나도 없었다. 왕궁 안의 금은보화도 사람들을 설득하지는 못했다. 궁중 안에서 금이야 옥이야 기른 여섯 딸은 모두 험한 길이 무서워 궁 밖에도 나가지 못한다고 엄살을 피웠다. 궁지에 몰린 오구대왕 부부는 염치 불구하고 그 옛날에 내다버린 딸 바

[그림3] 바리데기 신화를 소재로 한 일러스트. 거대한 세계와 마주한 소녀의 막막함.

리데기를 찾기에 이른다. 바리데기의 모험은 이렇게 시작된다. 자신을 버렸던 부모의 목숨을 구하기 위해 아무도 가본 적이 없다는 서천서역국까지 가서 병을 낫게 할 감로수를 떠오는 일이 바로 바리데기의 소명이다.

흥미로운 점은 이 여성영웅의 모험은 괴물이나 용을 물리치는 시험을 거치지 않는다는 것이다. 그 대신 바리데기는 부러진 호미로 밭을 매거나 흰 빨래를 검게 빨고 검은 빨래를 검게 빠는 극한의 육체노동, 그리고 어떤 구박에도 싹싹한 태도와 환한 미소를 잃지 않는 감정노동을 기꺼이 받아들인다. 또 괴물처럼 보이는 감로수지기를 만나서도 겁을 내며 물러서지 않고 진심으로 그의 요구를 들어주기 위해 노력한다. 그 부탁이 부모 허락도 없이 자신의 베필이 되어 아들 셋을 낳아달라는 황당무계한 요구일지라도. 바리데기는 어지간한 남성 영웅들처럼 걸핏하면 칼을 뽑아가며 자신의 힘을 과시하지 않는다. 그저 부탁하는 사람의 태도를 유지하며 자신이 원하는 바를 성취하기 위해 그에 합당한 대가를 치르며 노동할 뿐이다.

무속신화 속의 또 다른 주인공 자청비는 오매불망 떠나간 연인─문도령─을 기다리던 자신을 농락하려는 하인을 죽였다는 이유로 집안에서 쫓겨나게 되면서 모험을 시작한다. 좀 더 엄밀하게 말하자면, 이것은 그녀의 두 번째 모험이다. 그녀는 이미 사랑하는 문도령을 한눈에 알아보고 첫 번째 모험을 치른 바 있다. 과거 공부를 하러 떠나는 문도령과 더 많은 시간을 보내기 위해 남장을 하고 스스로 집을 떠나는 고생을 자청하였던 것이다. 젊어 고생은 사서도 한다지만 자청비의 고생은 그야말로 스스로 사서 하는 고생들인 셈이다. 억울한 이유로 집에서 쫓겨난 자청비는 이제 제 손으로 죽인 하인을 되살리기 위해 남장을 하고 숨살이꽃, 피살이꽃, 살살이꽃이 있는 서천꽃밭을 찾아간다. 서천꽃밭 꽃 감관의 딸과 결혼하는 어려움까지 감수하며 생명을 구하는 꽃들을 찾아들고 돌아와 죽은 하인을 살려놓으니 이번에는 사람을 죽이기도 하고 살리기도 하는 요망한 재주를 지녔다는 이유로 쫓겨난다. 어찌 보면 자청비의 운명은 끊임없이 '쫓겨나는 것'이라는 생각이 들 정도이다. 나중에 자신을 수양딸로 삼아준 할머니는 오랜만에 만나게 된 문도령을 화나게 했다는 이유로 또 그녀를 쫓아낸다. 끊임없이 쫓겨나면서 주어진 소명을 다한 자청비는 마침내 자신이 쫓겨나는 이유가 되었던 그 재주로 신랑인 문도령을 살리고 서천꽃밭의 멸망꽃으로 악귀들을 물리쳐 농사를 관장하는 세경신이 된다. 뿐만 아니라, 오랫동안 자신을 잊어버리고 있었으면서도 그 마음을 시험했던 무정한 문도령이나 연인을 기다리는 소녀를 농락하려 했던 정수남이까지 함께 신으로 승격시킨다. 오구대왕이 딸 덕택에 죽은 자의 넋을 인도하는 오구대왕이 된 것처럼, 자청비를 사랑한 남자들은 그녀 덕택에 농경신이 되고 목축신이 되는 것이다. 그러나 자청비는 이러한 공로를 뽐내지도 않고 내 덕택으로 신이 되었으니 무엇이든 자기 명에 따르라고 강변하지도 않는다. 오히려 그 모든 것은 스스로 바라고 청한 것이었다고(自請) 자기 정체성을 분명히 한다. '자청비'라는 이름은 그래서 더욱 새삼스럽다.

또 다른 무속신화 속의 주인공 당금애기는 부모, 형제도 몰래 외간남자와 정을 통해 아이를 임신했다는 이유로 쫓겨난다. 처녀가 애를 뱄으니 다른 신화의 주인공과 비교하면 할 말이 없다고도 할 수 있을 것이다. 그러나 열다섯이 되도록 바깥세상의 일은 전혀 알지 못하게 과보호를 하더니, 어느 날 갑자기 세상물정 모르는 사춘기 소녀만 덜렁 혼자 두고 집을 비운 부모와 형제들도 참 무책임하다. 바리데기, 자청비, 당금애기가 제각기 나름의 이유로 집안에서 쫓겨난 것에 비하면, 가믄장아기가 쫓겨난 이유는 한층 더 야속하다. 가믄장아기를 쫓겨나게 한 것은 다음과 같은 한 마디 말이었다. "내 배꼽 아래 선그믓(음부, 자궁) 덕으로 먹고 산다."

버려진 딸, 모험을 떠나다

가믄장아기의 아버지는 딸들이 태어나면서 불어난 재산이 자랑스러웠던지, 어느 날 문득 사랑하는 세 딸을 불러모아놓고 이렇게 묻는다. "너희는 누구 덕으로 먹고 사느냐?" 언니인 은장아기, 놋장아기는 모두 아버지 덕으로 먹고 산다고 그 뜻을 헤아려 답을 하지만, 가장 기대를 모았던 가믄장아기는 "하늘님 덕으로 먹고 살고, 땅 님 덕으로 먹고 살고, 부모님 덕으로도 먹고 살지만," 결국은 제가 타고난 복으로 먹고 산다고 대답한다. 어쩌면 가믄장아기의 부모는 어린 소녀가, 시집도 안 간 처녀가, 자기 아랫도리 덕으로 먹고 산다고 하는 발칙한 대답을 차마 듣고 넘길 수 없었을는지 모른다.

이처럼 우리 무속신화를 보면 여성 영웅들이 버려지는 이유는 참 각양각색이다. 아들이 아니어서 버려지고, 자신을 지키려 했다고 버려지고, 아이를 임신했다고 버려지고, 내 복에 먹고 산다고 말을 했다고 버려지고……버려지는 사정은 제각각이지만, 이들에게는 한 가지 공통점이 있다. '아버지의 명령'을 거역한 딸이라는 사실이다. 영웅 신화 속의 아들들은 대개

[그림4] 단편 애니메이션 〈오늘이〉의 오늘이 캐릭터

'아버지를 찾아 나서기 위해' 모험을 한다. 우리 신화 속의 유리가 그랬고, 그리스 신화 속의 파에톤이나 테세우스도 그랬다. 그러나 딸들은 '아버지에게 버려져서' 스스로 살 길을 찾아 떠난다. 부모에게 버려지지 않았어도 길을 떠나는 딸들이 있기는 하다. 들판에서 자란 오늘이처럼, 어떤 딸들에게는 아예 처음부터 부모가 없다.

옥처럼 하얗고 예쁜 소녀가 아무것도 없는 빈 벌판에서 외로이 살고 있었다. 사람들은 그녀를 만나면 어디서 왔는지, 부모가 누군지 물었다. 그러나 그녀는 대답할 수 없었다. 성도 이름도 나이도 몰랐다. 소녀는 자신이 살고 있는 곳이 강림들이라 불리는 벌판이라는 사실만 알았다. 사람들이 소녀에게 말했다. "너는 어디서 왔는지도 모르고 부모님이 누군지도 모르고 언제 태어났는지 이름이 무엇인지도 모르니 그냥 오늘을 생일로 삼고 '오늘이'라고 부르자꾸나." 그래서 그녀는 오늘이가 되었다. 어느 날, 오늘이는 자신의 부모님이 원천강 부모궁에 계신다는 것을 알게 되었다. 그래서 그녀는 모험을 떠난다. 버려진 줄도 모르는 버려진 딸의 모험은 또 이렇게 시작된다.

아무도 모르는 길을 가면서 오늘이는 사람들에게 끊임없이 길을 묻고 많은 이들을 만난다. 그런데 그녀에게 길을 가르쳐 줄 사람들은 모든 것을 알고 있는 사람들이 아니라 바로 앞 한 걸음만을 가르쳐 주는 사람들이다. 게다가 이들은 모두 해결하지 못한 '문제'들 가지고 있다. 그들은 오늘이에게 길을 가르쳐주기는커녕 되레 자기 문제들을 하소연한다. 장상 동자는 글을 읽기만 할 뿐 언제까지 글을 읽어야 하는지는 모른다, 연꽃은 왜 맨 윗가지에만 꽃이 피고 다른 가지에는 꽃이 피지 않는지 몰라서 걱정이다. 큰 뱀은 용이 될 때가 되었는데도 하늘로 올라가지 못하는 이유를 알고 싶어 한다. 매일 처자는 매일 글만 읽고 있는 자신의 처지를 비관한다. 울고 있는 선녀들은 바닥이 뚫린 바가지로 물을 퍼 올리며 한도 끝도 없이 눈물을 흘린다. 오늘이가 송진으로 선녀들의 뚫린 바가지 밑을 메꿔주자 그제야 선녀들은 활짝 웃으며 물동이에 물을 채운 뒤 오늘이를 원천강으로 인도한다. 원천강에서 부모를 만나고 자신의 운명을 알게 된 오늘이는 해답을 가지고 왔던 길을 되돌아간다. 사람들을 만나 그들의 '문제'를 해결해주기 위해서이다. 원래 오늘이의 모험은 '원천강 부모궁의 부모님을 만나는 것'을 목적으로 했다. 그러나 그녀는 길을 가는 동안 자신이 아닌 다른 사람들의 문제를 떠맡게 된다. 그들의 문제를 해결하고 부족한 점을 메꿔주어야만 그녀의 진정한 소명이 완수되는 것이다. 이 소명을 완수하기 전까지는 부모님과 함께 영원히 행복하게 살고 싶은 오늘이의 소망도 성취될 수 없다. 자청비에게 두 번째 모험이 첫 번째 모험보다 더 중요했던 것처럼, 오늘이에게도 원천강으로 가는 모험보다 원천강에서 강림들로 돌아가는 모험이 더 중요하다.

오늘이는 선녀들의 바가지를 메꿔 그들에게 웃음을 주고, 자신의 처지를 비관하는 매일 처자와 글을 그만 읽을 방법을 알고자 하는 장상 동자를

[그림5] 단편 애니메이션 〈오늘이〉. 장상 동자, 매일 처자, 연꽃, 큰 뱀은 모두 오늘이 덕분에 자신들의 문제를 해결하고 부족함을 메운다.

한 쌍의 부부로 맺어준다. 큰 뱀에게 가서는 욕심내지 말고 여의주를 한 개만 물라고 전해주고, 연꽃에게 가서는 맨 윗가지의 꽃을 처음 보는 사람에게 주면 다른 가지에도 꽃이 핀다고 전해준다. 큰 뱀에게 남는 두 개의 여의주와 맨 윗가지의 연꽃을 선물로 받은 오늘이는 그제야 선녀의 신분을 회복해 마음대로 원천강 부모궁으로 날아간다. 부모도 없고 이름도 없었던 소녀는 이렇게 세상 모두의 고민을 들어주고 풀어주는 영웅이 된다.

바리데기, 자청비, 당금애기, 가믄장아기, 오늘이…… 우리 신화에서 기억하는 여성 영웅들의 또 다른 특징은 그들이 자신보다는 타인을 위해 끊임없는 모험을 지속한다는 사실이다. 서양 신화 속의 남성 영웅들은 대부분 모험을 자기 일생의 '빛나던 한 때'로 기억한다. 아르고 호의 영웅 이아손이 결국 '빛나던 한 때'를 그리워하다가 이제는 삭아버린 배의 돛대에 맞아 비참한 최후를 마친 이야기는 흔한 영웅의 결말 가운데 하나일 뿐이다. 그러나 동아시아의 여성 영웅들은 다른 이들의 문제를 해결하고 부족하거나 훼손된 세계를 메꾸는 일에 거의 일생을 다 바친다.

바리데기는 아버지의 생명을 구하기 위해 종신대사를 결정한 그녀는 자신의 부모가 아무리 바라도 얻을 수 없었던 세 아들을 낳아 양 손으로 끌고 등에 업은 채 아득한 서천으로부터 버선발목 바쁘게 돌아온다. 그녀의 모험은 아버지의 생명을 구하기 위한 소명으로 시작되어 아버지의 평생 소망을 완성하는 소명으로 이어지는 것이다. 그리고 그것은 한 여인의 일생(一生)을 바치는 여정이기도 하다. 딸로부터 어머니까지, 바리데기는 그 모험의 여정에서 여자의 삶을 고스란히 살아낸다. 한 걸음 더 나아가 아버지의 생명을 구한다는 소명을 무사히 완수한 그녀는 죽은 뒤 길을 잃고 헤매는 영혼들을 인도하는 데 나머지 생을 다 바치기를 자청한다. 자청비의 일생은 그야말로 쫓겨나고 또 쫓겨나는 수난의 연속이었다. 그런데도 그녀는 무정한 연인과 폭력적인 가해자를 용서하고 그들과 함께 세상에 풍요를 가져오는 농경신의 역할을 자청한다. 당금애기는 아들 셋을 데리고 그들에게 이름을 지어주겠다는 일념으로 자신이 속했던 가족을 뒤로 한 채 자신에게 속하는 가족을 버리고 떠난 지아비를 찾아 나선다. 당금애기의 지아비인 제석의 소명은 배우자인 당금애기의 수난과 시련의 극복을 통해서만 성취되는 것이다. 바리데기의 부모가 딸로 인해 소망을 성취하듯이, 자청비의 연인들이 그녀로 인해 신령한 지위를 획득하듯이, 제석 또한 그 아들들의 어머니인 당금애기를 통해 비로소 신성을 회복한다. 당금애기의 아들들이 이름을 얻고 존재를 인정받아 삼신(三神)이 되는 것 또한 같은 방식을 통해서다. 이처럼 우리 신화 속 여성 영웅들의 소명은 스스로를 위한 이기심의 발로가 아니다. 그리고 이 사실을 증명하는 것은 바로 그녀들의 삶, 그 자체다.

여성만이 할 수 있는 일

"인류 역사의 가장 이른 시기에 여성의 주술적 힘이 우주 자체만큼이나 경이적이었다는 것은 분명하다. 이러한 이유로 인하여 여성에게 거대한 힘

[그림6] 〈삼공본풀이〉 속 가믄장아기의 이야기를 무대극으로 풀어낸 〈가믄장아기〉

이 부여되었고, 그러한 여성의 힘을 부수고 통제하고 자신의 목적에 맞게 이용하려는 것이 남성의 주요 관심 가운데 하나였다."[2] 특히 임신한 여성의 주술적인 힘은 생산과 관련되었으며, 이로 인해 여성은 그 자체로 풍요와 다산의 상징이 되었다. 다시 제주의 무속신화 〈삼공본풀이〉에 등장하는 가믄장아기의 이야기로 돌아가 보자.

가믄장아기는 거지였다가 부자가 된 부모 사이에서 은장아기, 놋장아기의 뒤를 이어 태어난 부잣집 셋째 딸이다. 가믄장아기의 부모는 원래 아랫마을, 윗마을에 사는 거지 중의 상거지였는데, 서로에 대한 소문을 듣고 만나보러 가던 길에서 만나 부부가 되었다. 이 부부는 신기하게도 첫째 딸을 낳고 나서 살림이 피기 시작했고, 둘째 딸을 낳고 나서 조금 살만 해졌으며, 셋째 딸을 낳았을 때는 마을에서 떵떵거리며 사는 부자가 되었다. 우리 속담에 "큰 딸은 살림 밑천"이라는 말이 있다. 꼭 그 말대로 가믄장아기의 부모는 나날이 살림이 늘어 남부럽지 않은 부자가 된 것이다. 여기서 부의 축적과 딸의 출생이 비례한다는 사실이 중요하다. 일반적으로 식구의 수가 느는 것은 부의 축적과 직결되지 않는다. 오히려 가난의 원인이 될 수도 있

---

2) 조지프 캠벨, 『신의 가면 1: 원시신화』, 이진구 옮김, 까치, 2003, pp.360~361.

다. 그러나 가믄장아기네 집안은 딸이 늘어날수록 재산도 늘었다. 딸이 곧 풍요와 다산의 상징임을 알 수 있는 대목이다. "내 배꼽 아래 선그믓(음부, 자궁) 덕으로 먹고 산다"라는 가믄장아기의 호언장담이 허튼 소리만은 아니었던 셈이다.

그 말을 증명이라도 하듯이, 가믄장아기가 집을 떠난 뒤 그녀의 부모는 점점 가난해져 두 사람이 결혼하기 전보다도 가난해진다. 설상가상으로 멀쩡했던 눈까지 멀고 만다. 반면에 집에서 쫓겨난 가믄장아기가 찾아간 집은 그 전까지 먹어보지 못했던 '쌀'을 먹을 줄 알게 되고 '황금'을 알아보는 안목을 얻게 된다. 의식적인 것은 아니지만 누구보다 먼저 가믄장아기를 알아 본 셋째 아들은 효성스럽고 다정다감한 태도 덕분에 가믄장아기의 시험을 통과해 쌀밥을 먹을 기회를 얻고 곱고 야무진 아내를 얻으며 황금을 주무르는 소문난 부자가 된다.

풍요와 다산의 주술적 힘 외에 가믄장아기라는 여성이 지닌 또 다른 능력은 바로 뚜렷한 자기인식이다. 가믄장아기는 처음부터 자신이 지닌 능력을 잘 알고 있는 인물이었다. 그래서 그녀는 다른 신화 속의 여성들에 비해 좀 더 수월하게 자신의 지위를 확립한다. 진정한 힘은 스스로를 아는 데서 나온다. 스스로를 아는 인물만이 주어진 환경을 개척하고 억압적인 질서를 전복할 수 있는 것이다.

미야자키 하야오의 애니메이션 〈바람 계곡의 나우시카〉(1984)는 바로 이러한 여성 영웅의 이야기이다. 수퍼맨, 배트맨, 스파이더맨, …… 널리 알려진 애니메이션에서 문제를 해결하는 영웅은 거의 언제나 남성이었다. 여성은 이 영웅들에게 전적인 도움을 받거나 아주 사소한 도움만을 주는 존재였다. 나우시카 이전까지 인류를 구원하는 여성 영웅은 거의 존재하지 않았다고 해도 과언이 아니다.

[그림7] 〈바람 계곡의 나우시카〉 포스터(좌). 나우시카는 기계에 의존하지 않고 바람의 흐름을 읽는다(우).

〈바람 계곡의 나우시카〉는 인간의 욕망으로 인해 황폐해진 미래의 지구를 배경으로 한다. 거대한 산업 문명이 붕괴하고 나서 황폐해진 대지 위에는 유독 물질을 뿜어내는 '썩은 바다(腐海)'라 불리는 균류의 숲이 퍼져나가고 있었다. 사람들은 방독면 없이 이 '썩은 바다' 가까이 다가가 살아남을 수도 없었다. 그래도 바람 계곡 사람들은 자연과 공존하기 위해 기계에 의존하지 않고 물과 바람을 이용해 이처럼 불리한 환경을 견디며 살아갔다. "푸른 옷을 입고 황금벌판에 내려선 자 잃어버린 대지와의 인연을 다시 맺어 우리를 푸른 대지로 인도할 지어다." 그들에게는 언젠가 예언의 사람이 찾아와 이 지긋지긋한 위험 속에서 구해주리라는 믿음이 있었기 때문이다. 그럼에도 불구하고 '썩은 바다'는 너무나도 치명적인 위험이었고 사람들은 언제 중독되는지 모르는 공포와 시시각각 싸워야 했다. 나우시카는 '썩은 바다'에 사는 식물들도 오염되지 않은 물과 흙에서는 독성을 내뿜지 않는다는 사실을 알고 남몰래 이 식물들을 키워가며 '썩은 바다'의 독을 해소할 수 있는 방법을 찾는다. 하지만 이미 공포에 떨고 있는 사람들은 그녀

[그림 8] 나우시카는 '썩은 바다'의 식물이 깨끗한 물과 땅에서는 독을 내뿜지 않는다는 사실을 깨닫는다.

의 이러한 시도를 위험한 행동으로 파악하고 경계할 뿐이었다. 바람 계곡을 지켜 낸 그녀의 아버지나 경험 많은 전사이자 현자로 존경받는 유파조차도 '썩은 바다'가 독성을 내뿜는 이유에 대해 주의를 기울이지 않는다. 남성 영웅들은 다가오는 적과 맞서 싸울 뿐 상대가 나를 적대시하게 된 이면의 이유를 알기 위해 노력하지 않는 것이다.

나우시카는 '썩은 바다' 속에 살고 있는 곤충들에 대해서도 마찬가지로 객관적이고 관용적인 태도를 유지한다. 인간에게 가장 위협이 되는 '오오무시'는 사실 황폐해진 지구를 정화시키는 '썩은 바다'를 수호하는 이로운 곤충일 뿐 아니라 생명을 살리는 치유 능력을 가진 온순한 생명체였다. 인간들이 폭력적인 방법을 동원하기 때문에 그에 대응해 난폭해져 폭주를 하게 되었을 뿐이다. 나우시카는 상처를 입고 이성을 잃은 채 염산 호수로 들어가는 새끼 오오무시를 몸으로 막는다. 나우시카가 자기 때문에 염산 호수에 화상을 입고 쓰러진 뒤에야 새끼 오오무시는 공포와 분노의 감정을 떨쳐내고 안정을 되찾아 그녀의 상처를 치유한다. 이 사실을 모르는 어미

[그림9] 예언(좌)과 예언의 성취(우). 사람들이 기대한 것은 멀리서 찾아오는 남성 영웅이었지만, 실제 성취된 예언의 인물은 언제나 그들 곁에 있던 나우시카-여성 영웅이다.

오오무시와 그 무리는 인간들의 총격에 계속해서 자극받고 결국 바람 계곡을 향해 물밀 듯 밀려온다. 오오무시의 공격으로 바람 계곡이 모래 먼지로 돌아가게 될 위험 앞에서 나우시카는 자신의 몸을 내던져 그들을 진정시키려 한다. 결국 나우시카는 흥분한 오오무시들에게 치받혀 정신을 잃고 만다. 다음 순간, 폭주를 멈춘 오오무시들은 쓰러진 나우시카를 에워싸고 모두 촉수를 내밀어 그녀를 치유하기 시작한다. 아침햇살을 등진 채 황금빛으로 빛나는 오오무시의 촉수들 사이에 우뚝 선 나우시카를 보고 사람들은 신화 속의 예언이 성취되었다는 사실을 깨닫는다. 신화 속의 '영웅'은 남성이 아니라 여성이었다. 영웅이 될 사람은 소년이 아니라 소녀였던 것이다.

〈바람 계곡의 나우시카〉의 내러티브는 전형적인 영웅 신화 구조에 따른다. 고귀한 출신, 특별한 능력, 자신을 희생하는 영웅적인 면모, 거듭되는 시련과 죽음을 통한 재생, …… 나우시카는 실로 전형적인 구원자의 거의 모든 특징을 지니고 있다. 그럼에도 불구하고, 나우시카는 전형적인 영웅 인물이 아니다. 애니메이션의 내러티브가 결말에 이르기까지 대부분의 관객은 나우시카가 신화가 이야기하고 있는 그 예언의 주인공이라는 사실을 인지하지 못한다. 예언의 주인공은 성인 남성이고 나우시카는 어린 소녀라는 선입견이 뻔할 수도 있는 영웅 신화의 구조를 도무지 인지하지 못하게 방해하는 것이다. 나우시카의 '영웅'적인 면모 또한 결말에 이르기까지 완전히 드러나지 않는다. 오오무시의 피로 붉은 옷을 푸르게 물들이고 진격하는 오오무시들에게 치받혀 숨이 끊어지는 순간을 경험한 후에야, 비로소 나우시카는 예언의 성취자에 가까워진다. 상징적인 죽음 이후에 찾아오는 재생의 순간에 이르러서야 나우시카는 진정한 '영웅'이 된다.

자청비가 하인이었던 정수남을 죽였다가 서천꽃밭의 꽃으로 되살렸던 것처럼, 가믄장아기가 부모님들을 부자로도 만들고 거지로도 만들었던 것처럼, 죽음과 재생은 동전의 앞뒷면과도 같은 여신의 두 얼굴이다.

죽음과 재생, 여신의 두 얼굴

우리가 지었고, 우리가 그 속에 살고 있고, 우리가 내적으로 지니고 있는 세계의 파멸…… 그러나 파멸이 끝난 다음에는 보다 대담하고, 깨끗하고, 보다 푸짐한 인간적인 삶으로의 눈부신 재건 ─ 이것이 바로 우리 속에 내재하는 신화적 영역에서 오는 이 심란한 밤손님의 유혹이며, 약속이며, 공포인 것이다.

여신이 가져오는 죽음은 사실 재창조를 위한 파괴라고도 할 수 있다. 예를 들어, 자청비의 정수남 살해는 자신의 수동성을 타파하는 상징적인 죽음의 의미를 지닌다. 그때까지 문도령이 소식을 전해지기만을 기다리고 또 기다렸던 자청비는 정수남 살해로 인해 집을 쫓겨나고 비로소 자기만의 길을 걸어가게 된다. 나중에 죽은 자들의 영혼을 인도하는 신이 된 바리데기의 경우, 그녀는 아들 셋을 낳음으로써 아버지의 병을 고칠 수 있는 감로수를 얻지만, 또 그 때문에 시간이 너무 지체되어 집으로 돌아왔을 때는 부모님이 모두 돌아가시고 만다. 다행히 숨과 뼈와 살을 되돌리는 꽃의 도움으로 그들을 되살린다. 또 감로수로 아버지의 오래된 지병도 고쳐준다. 건강을 되찾은 아버지가 딸에게 무엇이든 소원을 들어줄 테니 말해 보라고 하자 바리데기는 도리어 저승의 신이 되겠다는 소망을 밝힌다. 이처럼 죽은 이를 살리는 능력을 지녔으면서 오히려 죽은 이들의 신이 되는 것이야말로 동아시아 여신의 양가성을 잘 보여주는 사례이다.

일본 신화의 아마테라스는 태양의 화신이면서 하늘 세계인 다카마노하라를 주관하고 정결한 처녀로서 신들의 제사를 주관하는 제사장의 직책을 맡고 있다. 아마테라스의 아우인 스사노오는 하늘 세계의 질서를 파괴하는 얄궂은 행동들을 헤아릴 수 없이 많이 저질렀다. 그 중에서도 아마테라스가 가장 치욕스럽게 여겼던 것이 바로 '벗긴 말머리 사건'이다.

아마테라스가 이미하타야(忌服屋)라는 건물로 들어가 신에게 바칠 옷을 짜도록 시키고 있을 때, 스사노오는 그 건물의 용마루에 구멍을 낸 뒤 얼룩말 머리의 가죽을 거꾸로 벗겨 이것을 그곳에 떨어뜨렸다. 그때 베 짜는 여인이 이를 보고 놀라는 바람에 베틀의 북에 음부가 찔려 그만 죽고 말았다…… 그리하여 여러 신들은 서로 의논하여 하야스사노오노미고토에게 속죄의 물건을 많이 내도록 하고, 수염과 손발톱을 모두 잘라 죄를 씻게 한 뒤에 다카마노하라에서 추방하고 말았다.

고대 일본의 신화가 가장 많이 실려 있다는 『고사기(古事記)』의 기록은 알쏭달쏭한 데가 많다. 하지만 여신이 신들의 제사를 위해 신에게 바칠 옷을 짜는 방에 들어가 재계를 하고 있을 때 스사노오가 그 방의 용마루에 구멍을 내고 가죽 벗긴 말머리를 떨어뜨린 행위는 그냥 보아도 명백한 신성 모독이다. 또한 재계를 하는 방의 순결함과 가죽 벗긴 말머리의 부정함은 극적인 대비를 이룬다. 더욱이 그것을 보고 놀란 여인이 베틀의 북으로 음부를 찔려 죽었다는 기록은 이 극적으로 대비되는 두 상징이 남녀의 결합

[그림10] 동굴에서 나온 아마테라스.

을 의미한다는 사실을 보다 구체적으로 증명한다. 이어지는 신화에 따르면, 아마테라스는 이 사건 이후에 '부끄럽고 화가 난 나머지' 동굴 속으로 숨어버린다.

태양이 동굴 안으로 숨어버리자 세상은 온통 암흑으로 가득 차 악귀들이 떠돌게 되었다. 사람들이 살 수 없을 정도로 불편을 겪을 뿐 아니라 신들조차 괴로운 나날을 보낼 수 밖에 없었다. 하늘 세계의 신들은 아마테라스를 동굴 밖으로 끌어내기 위해 한바탕 연극을 준비한다. 동굴 밖에서 소란을 피우며 그녀보다 더 위대한 신을 맞이하는 잔치를 벌인 것이다. 동굴 밖에는 커다란 거울과 힘센 신병들까지 배치해 두었다. 부끄러움과 분노로 어둠의 나날을 보내던 아마테라스는 잔치를 벌이는 신들의 소란에 소외감과 궁금증을 느끼게 된다. '어떤 신이 나보다 더 위대한 걸까?' 궁금증을 이기지 못한 그녀가 동굴 밖으로 얼굴을 내밀었을 때, 하늘 세계의 신들은 그녀의 키 만큼이나 큰 거울을 내밀며 말한다. "그 거울 속의 신이 바로 우리가 맞이하려는 당신보다 더 위대한 신입니다." 아마테라스보다 더 위대한 신은 바로 동굴 밖으로 나온 아마테라스였던 것이다. 동굴 안으로 들어가기 전에 아마테라스는 신들의 제사를 담당하는 무녀·순결한 처녀신이었다. 그러나 그녀는 '가죽 벗긴 말머리'를 통해 갑작스럽게 상징적인 첫 날 밤을 치르고 부끄러움과 분노를 참지 못해 동굴 속으로 숨어버린다. 동굴은 신화 속에서 종종 죽음을 상징한다. 처녀신인 아마테라스는 죽었지만 세상에 충만한 생명력과 풍요를 가져오는 신부인 아마테라스는 죽지 않았다. 아마테라스 신화 속의 거듭나는 태양의 신화는 이처럼 여신의 죽음과 재생이라는 모티프로 이어진다.

김기덕의 영화 〈활〉(2005)에는 한 소녀가 등장한다. 이 소녀는 6살 때 할아버지 손에 이끌려 배로 들어왔고 10년 동안 배에서만 살다가 16살이 되어간다. 그리고 할아버지는 소녀가 16살이 되는 날 그녀와 혼례를 올리기 위해 뭍에 나갈 때마다 이 제의를 위한 준비물을 사들인다. 모든 신화 속의 신부들처럼 이 16살의 소녀 또한 영원한 신부를 상징한다. 처음 등장할 때부터 걸치고 있는 빨간 원피스에 초록 가디건 또한 전통적인 신부의 복장인 '녹의홍상(綠衣紅裳)'을 연상시킨다. 다른 한편으로, 이 소녀는 화살이 배의 벽에 박힌 모양을 보고 점괘를 읽어내는 무녀다운 신통력도 지니고 있다. 이처럼 활 점을 칠 때의 소녀가 입고 있는 옷은 신비함을 상징하는 보랏빛이다. 활 점을 위한 화살은 그네를 타고 있는 소녀를 위험천만하게 스쳐서 배 벽에 박힌다. 소녀와 할아버지와 활과 화살은 이 순간 완벽한 일체감을 보여준다. 이 완벽한 일체감은 가히 신화적이다. 영화 내내 소녀는 관객을 향해 한 마디 말도 하지 않는다. 그러나 화살이 만드는 점괘를 읽고 나서는 반드시 할아버지에게 귓속말로 이를 전해준다. 소녀의 입에서 나오는 말은 언제나 신탁이다. 그 외의 말은 하지 않는다.

그러나 할아버지와 소녀의 완벽한 신화적 일체감은 머지않아 산산조각 난다. 뭍에서 온 소년이 소녀에게 관심을 갖게 되면서 그녀가 10년 전에 실종된 미아라는 사실이 밝혀지는 것이다. 소년은 소녀를 배에서 데리고 나가 세상에 복귀시키려 한다. 소녀는 새로운 세상에 대한 호기심으로 소년의 제안을 받아들이고, 큰 배 위에 세워졌던 완벽한 신화적 세계에는 균열이 찾아온다. 균열이 시작된 세계는 더 이상 완전할 수 없다. 여기서 중요한 사실은 소녀가 신부가 되기 전까지 그녀는 배를 떠날 수가 없다는 점이다. 소녀는 배를 떠나서 세상으로 나아가려 하지만, 자신을 붙잡기 위해 목숨을 내건 할아버지의 방해로 결국 다시 돌아오게 된다. 그녀가 배를 떠나 세상으로 돌아가게 되는 것은 할아버지의 신부가 되어 화살에 맞고 '죽었다가 다시 살아난' 이후의 일이다. 이 상징적 죽음은 그녀가 세상으로 돌아가기 위해 반드시 치러야만 하는 일종의 통과제의이다. 혼례를 치른 뒤 할아버지는 '물'로 뛰어들고 그가 '물'로 뛰어들기 전에 하늘을 향해 쏘아올린 화살은 잠에서 막 깨어나기 시작한 신부의 '다리 사이'에 박힌다. 붉게 물든 속치마는 '소녀의 죽음'을 의미한다. 소녀는 사라지고 남은 것은 쪽을 진 신부뿐이다. 쪽을 지어서 '어른'이 된 신부는 비로소 뭍으로 향하는 작은 배에 몸을 싣고, '소녀' 시절의 완벽한 신화적 세계가 존재했던 큰 배는 서서히 물속으로 가라앉는다. "새는 알을 깨고 나온다. 알은 새의 세계다. 태어나려는 자는 한 세계를 파괴해야만 한다. 새는 신에게로 날아간다. 신의 이름은 아브락사스다."

그노시스파의 신비주의에서 아브락사스는 새의 머리에 뱀의 발을 하고 있는 신의 모습이다. 이 신은 알에서 태어나 날개를 달고 하늘을 향해 날아간다. 알에서 깨어난 새처럼 그는 영원하고 신비한 진리의 각성을 상징한다. 인간의 지성은 주어진 정보로 구축된 기존 세계의 한계를 깨닫고 그것을 극복하면서 확장된다. 다음 세계로 넘어가기 위해서 이전의 세계는 반드시 균열과 파괴의 과정을 겪어야만 하는 것이다. 그래야 새로운 세계의 창조가 이루어질 수 있다. 신화 속에서 자주 여성의 본질, 또는 여신의 상징으로 그려지는 '물'은 종종 이러한 창조적 파괴를 일으키는 원인이 된다. 물은 생명을 낳고 유지하게 하는 원천이기도 하지만, 모든 것을 쓸어버리고 사라지게 만드는 근원적인 파괴의 힘이기도 하다. 죽음과 재생의 두 얼굴을 가진 여신처럼, 상징적인 죽음을 통해 소녀에서 신부로 거듭나는 신화 속의 여성 영웅들처럼.

* Further Reading

- 진은진, 『여성탐색담의 서사적 전통 연구』, 보고사, 2008.
학위논문이지만 구전으로부터 문헌에 이르기까지 우리나라의 전래 여성탐색담을 한 자리에 놓아놓고 볼 수 있다는 점에서 매우 효율적인 책이다. 구전설화의 경우 대개 기나긴 무가(巫歌)의 형태라서 원전을 접하기가 쉽지 않은데, 여러 원전들을 구조적으로 분석해 놓고 풀어썼기 때문에 흥미롭게 접할 수 있다.
- 반 겐넵, 『통과의례』, 을유문화사, 2000.
조지프 캠벨의 영웅 신화 구조에 기본적인 아이디어를 제공한 인문사회학의 고전이다. 영웅 신화의 구조에 따르는 다양한 서사들을 분석하기 위해, 사회극(social drama)의 기능을 이해하기 위해 기본적으로 읽어보아야 할 필독서라 하겠다.
- 이경덕, 『한국신화 라이브러리』 01-08(e-book), 21세기북스, 2013.
문헌으로 기록된 역사적인 사실들 외에 제주 신화를 중심으로 한국 신화의 새로운 면모를 확인할 수 있는 책이다. 무속신화나 구술 신화의 줄거리들을 거의 총망라했다고 할 만한 내용들이어서 우리 신화의 새로운 모습에 관심이 가는 독자들에게 강력히 추천한다.

다만 원문에 대한 소개가 전혀 없기 때문에 판본이 미심쩍은 부분도 있고 신화학적 해독이 지나치게 편면적인 것은 아닌지 우려되는 부분이 적지 않다. 비판적인 관점을 유지하면서 읽을 필요가 있겠다.

- 조지프 캠벨, 『신의 가면 1: 원시신화』, 까치, 2003.
  조지프 캠벨, 『신의 가면 2: 동양신화』, 까치, 1999.

비교신화학의 고전이자 조지프 캠벨의 신화학적 성과를 총망라한 것으로 일컬어지는 『신의 가면』 가운데 특히 1권과 2권에 해당하는 내용은 원시사회의 신앙과 제의에 대해 여러 가지 다양한 관점들을 제시해주며, 동아시아의 샤머니즘 및 구술로 전승되는 무속신화를 재정위하고 재해석하는 데 지침을 제공한다.

- 이종욱, 『한국사의 1막 1장 건국신화』, 휴머니스트, 2004.

한국의 역사는 알고 싶지만, 교과서에 실린 역사는 너무 지겹고, 재야에서 전하는 낭설은 믿을 수 없는 독자들을 위한 좋은 처방으로 이종욱 교수의 이 책을 권한다. 거짓말처럼 여겨지기 쉬운 신화의 기록들을 최근의 고고학 연구 성과까지 반영해서 학술적 재해석의 방향을 제시한 이 책은 새로운 역사에 대한 지식에 목마른 독자 뿐 아니라, 역사허구물의 창작에 관심 있는 독자에게도 피해가지 못할 선택이 될 것이다.

- 로버트 존슨, 『신화로 읽는 남성성 He』, 동연, 2006.
  로버트 존슨, 『신화로 읽는 여성성 She』, 동연, 2006.

성배를 찾는 모험, 신랑을 찾는 모험이라는 신화 속에 숨어 있는 남성의 자아탐색, 여성의 자아탐색에 대한 상징들을 분석하는 모범 답안 가운데 하나를 제시해주는 책이다. 이러한 분석 사례를 통해 영웅 신화 구조가 우리에게 전하고자 하는 의미를 좀 더 심층적으로 분석하는 방법을 배울 수 있을 것이다.

14장 검은 대륙 아프리카의 신화적 상상력

아프리카 신화는 그리스·로마 신화와 같은 서구 신화에 비해 상대적으로 낯설게 느껴지는 신화이자 가장 덜 알려진 미지의 영역이다. 아니 어쩌면 아프리카라는 대륙 자체에 대해서 우리는 그리 많은 것을 알지 못한다. 이런 이유로 우리는 아프리카에 대해 몇 가지 부정적인 선입견을 가지고 있다. 아프리카는 미개 부족들이 모여 사는 후진지역이자 절망으로 가득 찬 검은 대륙이라는 고정관념. 그러나 이러한 아프리카에 대한 이미지는 말 그대로 선입견에 불과하다. 왜냐하면 아프리카는 지구상에서 가장 오래된 대륙이자 인류 문명의 발생지이기 때문이다. 이런 맥락에서 다른 모든 민족, 인종과 마찬가지로 아프리카인들도 풍부한 예술적 영감을 통해 수많은 신화, 전설, 민담 체계를 가지고 아프리카 문화의 역동성과 생명력을 유지해나가고 있다. 그럼에도 우리는 왜 아프리카 문화에 대해 낯설고 이질적이라고 느끼게 되는 것일까? 여기에는 두 가지 결정적인 이유가 있다.

아프리카 신앙을 바라보는 유럽인의 왜곡된 시각

첫 번째 이유는 유럽인들이 아프리카 토착 신앙을 바라보는 왜곡된 시각에서부터 출발한다. 식민지 건설을 위해 아프리카에 도착한 유럽인들은 아프리카 신앙 형태를 부정적이거나 경멸적인 시선으로 바라보았다. 좀 더 정확하게 말하자면, 식민지 건설의 정당성을 확보하기 위해 조작·왜곡되었다고 보는 것이 타당할 것이다. 서구열강들의 식민지 행정관들과 서양 종교학자들은 아프리카에는 체계적인 신앙 형태나 사고 체계가 없고 오로지 미신이나 주술로 가득 찬 비논리적인 감정적 신앙 행위만 있을 뿐이라고 폄하했다. 따라서 아프리카의 근대화를 위해서─서부 개척 시대의 미국인들이 아메리카 인디언들의 전통 신앙을 말살했듯이─전통 신앙 행위는 반드시 타파되어야 할 대상으로 간주하게 된다. 그들은 이를 위해서는 반드시 기독교가 도입되어야 하고 기독교 사상이 널리 퍼지게 되면 자연스럽게 아프리카 민간 신앙은 소멸할 것이라고 주장했다.

그러나 이들의 시각은 아프리카 민간신앙이 지니고 있는 역동성과 생명력을 간과한 것이라고 볼 수 있다. 실제로 아프리카 종교 발달사를 돌아보면 이들의 예측이 보기 좋게 틀렸음을 알 수 있다. 아프리카에 전파된 외래 종교인 이슬람교와 기독교는 아프리카 민간신앙을 밀어내기는커녕 오히려 민간신앙의 영역에 동화되어 발전한 것이다. 이는 아프리카 전역에 편재되어 있는 아프리카화된 이슬람과 기독교의 모습을 통해 잘 나타난다. 문제는 이렇게 무지와 편견과 오만으로 가득 차 있는 아프리카 전통신앙에 대한 서양 중심적 시각이 부지불식간에 우리의 머릿속에 까지 깊게 주입되었다는데 있다. 이런 이유로 우리는 여전히 아프리카에 대해 과장된 편견과 경멸적인 태도를 지닌 채 바라보게 된 것이다.

문자문명의 부재

또 하나의 주요한 이유는 이집트 지역을 제외한, 열대우림과 남부지역에 거주하는 대부분의 아프리카인들에게 글을 쓰는 능력이 없었다는데 있다. 이것은 아프리카인들이 무능하고 열등하기 때문이 아니라 지리적으로 고립되어 있는 아프리카의 지정학적 특성에 기인한다. 광활한 사하라 사막과 열대우림은 문자 문화가 아프리카에 유입·확산되지 못하게 한 가장 큰 요인이라 볼 수 있다. 이러한 문자 문화의 전파와 지정학적인 관계는 다른 대륙의 경우와 비교해보면 얼마나 중요한지 새삼 알게 된다. 예를 들어 남아메리카 대륙의 고대 문화를 대표하는 아즈텍, 잉카, 마야 문명 역시 거대한 궁전과 신전을 지었던 건축술에 비해 문자를 전혀 알지 못했다. 이런 점을 감안해보면 문자가 없다고 반드시 열등한 민족이라고 부를 수는 없다는 점을 알게 된다.

그러나 한 가지 분명한 것은 아프리카의 문자문명 부재로 인해 고대 아프리카의 신화를 모아 기록해 놓은 구체적인 서적이 남아 있지 않다는 점이다. 이런 이유로 아프리카의 고대 신화를 처음으로 기록한 주체는 아프리카인들 자신이 아닌 19세기 유럽인들과 미국인들이었다. 당연히 이 과정에서 아프리카 고유의 신화적 특성은 상당 부분 소실되거나 변형·왜곡되는 안타까운 상황에 놓이게 되었다. 이렇게 문자 매체보다는 구전으로 전승되어 온 아프리카 신화의 특징으로 인해 아프리카 신화의 원형을 탐구하는 작업은 다른 지역의 신화 연구보다 보다 많은 난관에 부딪힐 수밖에 없다. 그렇다면 우리는 아프리카 신화의 참모습을 경험할 기회를 영영 놓칠 수밖에 없는 것일까? 그건 아니다. 문자 매체의 부재로 인한 아프리카 신화의 한계점을 보완해 줄 수 있는 대안이 있으니 그게 바로 설화(說話)라는 개념이다. 개인적으로는 아프리카 고유의 문화는 신화라는 이름보다 설화라는 이름으로 접근할 때 훨씬 더 풍요로운 지점과 만날 수 있다고 본다.

설화의 정의와 분류

구비문학(口碑文學, oral literature)의 한 갈래인 설화는 "흥미롭고 교훈적이어서 시대를 거슬러 남녀노소에게 구전되어온 사실 아닌 사실적인 이야기다. 설화는 꾸며낸 이야기라는 점에서 서사무가, 서사민요, 판소리, 소설 등 모든 서사문학의 장르들과 일치하고 그 발생은 자연적이고 집단적이라 할 수 있으며 또한 내용은 민족적이고 평민적이어서 한 민족의 생활감정과 풍습을 암시하고 있다. 또한 설화는 상상적이고 공상적이며 그 형식은 서사적이어서 소설의 모태"[1]가 되기도 한다. 설화의 정의에서 알 수 있듯이, 설화는 구비문학의 전 분야를 아우르는 상당히 규모가 큰 개념이라할 수 있다. 설화는 유형별로 크게 '신화'(神話), '전설'(傳說), '민담'(民譚)의 삼분체계를 바탕으로 분류가 된다.

신화, 전설, 민담의 차이점을 요약해보면, 첫째, 신화와 전설은 서로 비슷한 구성을 가지고 있지만 전설은 신화에 비해 특정 사건이나 비범한 인물에 대한 이야기를 주로 다루고 있다. 둘째, 민담이 신화와 전설에 비해 가장 두드러진 점은 언제 어디서 발생한 것인지 그 기원이 확실하지 않아 구체적인 시공간이 불투명하다는 점을 들 수 있다. 셋째, 신화는 전설과 민담에 비해 이야기의 대상이 상당히 포괄적이고 민족적인 색채가 강하게 작용한다는 특징이 있다.

이렇게 입에서 입으로 주로 구전되는 설화를 매개로 아프리카 신화에 접근하게 되면 문자매체가 미처 다루지 못했던 아프리카의 원형에 대해서 보

---

1) 백재훈, 「문화콘텐츠개발에 있어 애니멘터리의 활용연구」, 『기초조형학연구』, 7권, 1호, 한국기초조형학회, 2006, 279쪽.

[표1] 설화의 구분

특징＼구분	신화(神話)	전설(傳說)	민담(民譚)
성격	신성성, 위엄성	신빙성, 진실성, 역사성	흥미성
시간과 장소	태초의 신성한 장소	구체적인 시간과 장소	구체적 시공간 불투명
증거물	포괄적 (우주, 국가 등)	개별적, 구체적 (바위, 개울 등)	보편적 대상 및 현상, 흥미위해 첨부
주인공과 행위	신적 존재, 초능력 발휘	비범한 인간, 비극적 결말	평범한 인간, 운명개척
전승범위	민족적	지역적	범민족적, 전세계적
종류	우주신화, 천체신화, 건국신화, 국왕신화	지명전설, 성명전설	동물담, 소화(笑話)

다 정치하게 파악할 수 있다는 장점이 있다. 그럼 이러한 설화 개념을 가지고 아프리카 설화의 특징에 대해서 알아보자.

아프리카 설화의 특징

광활한 지정학적 요소와 민족과 전통의 다양성으로 인해 아프리카 설화의 특징을 일목요연하게 정리하는 일은 쉽지 않은 작업이다. 그러나 아프리카의 전통 구전문학에 있어 신화, 전설, 민담 등으로 이루어진 아프리카 설화가 매우 중요한 부분을 차지하고 있다는 사실은 분명하다. 아프리카 설화는 다른 지역과 비교했을 때 눈에 띠는 몇 가지 특징을 가지고 있다. 첫째, 아프리카 설화는 '그리오'(griots)라 불리는 이야기꾼에 의해 주로 전파된다. 둘째, 문자매체가 없던 특수성으로 인해 아프리카 설화는 오락적, 교훈적, 교육적인 기능이 매우 강하다. 특히 교육적 목적으로 사용되는 설화는 종종 성인식에 필요한 '통과의례(une initiation)'로 사용되기도 한다. 셋째, 설화의 낭송은 낮에는 철저히 금지되며 반드시 밤에 이루어진다.

[그림1] 아프리카 설화의 전파자 그리오

지정학적 요인으로 인한 두 가지 얼굴의 아프리카

아프리카에는 아직도 문헌화되지 않은 진기한 삶을 반영하는 신앙 체계와 아프리카만의 고유문화가 녹아있는 이야기들이 무궁무진 하게 살아 있다. 이는 3천여 민족이 2백 85개의 다른 언어를 구사하며 10억의 인구가 살고 있는 아프리카의 다민족 · 다양성 문화에 기초한다고 볼 수 있다.

아프리카는 크게 이집트 지역과 사하라 사막 이남의 이른바 블랙 아프리카 지역으로 나눌 수 있다. 그중 이집트는 아프리카보다는 역사적으로나 문화적으로 동 지중해나 서남아시아 지역과 더욱 밀접한 연관을 맺으며 교류를 지속해왔기 때문에 이집트와 블랙 아프리카 사이의 문화적 교류나 유사성은 그리 크지 않다고 할 수 있다. 이러한 점은 앞서 살펴보았듯이 사하라 사막이라고 하는 어떻게 보면 천연 장벽과 같은 역할을 하는 지역이 중간에 위치함으로써 사막 지역을 중심으로 한 남북 아프리카 사이의 교류가 원활하지 못했다고 볼 수 있다. 이러한 지역적인 특성에 영향을 받아 이집트 신화와 아프리카 신화가 일견 전혀 다른 두 지역의 신화로 여겨지는 측면이 있는 것이다. 물론 그렇다고 해서 두 지역 간에 교류가 전혀 없었다는 뜻은 아니지만, 우리에게 일반적으로 알려져 있는 아프리카에 대한 이미지는 이집트보다는 사하라 사막 이남의 블랙 아프리카의 이미지라고 할 수

[그림2] 아프리카 신화의 지정학적 특징

있을 것이다. 그만큼 사하라 이북의 이집트 문명과 사하라 사막 이남의 블랙 아프리카의 문명은 상당히 이질적인 측면이 있다고 할 수 있다.

우리가 중점적으로 알아볼 아프리카 신화는 지역적으로는 이집트 지역을 제외한 사하라 사막 이남의 블랙 아프리카 신화를 대상으로 한다. 블랙 아프리카 지역은 광활하면서도 지형적 영향으로 인해 각 부족 집단 간에 교류가 활발히 이루어지지 않았으며 그로 인해 수없이 다양한 풍습과 문화, 언어가 혼재하고 있다는 특징이 있다.

아프리카 신화와 전설 그리고 신앙체계

아프리카의 원시 신앙과 종교는 민족마다 신의 이름도 다르고 신에게 바치는 의례도 각양각색이지만, 세계를 창조한 신이 있다는 믿음을 갖고 있다는 점과 대부분의 창조신은 세계를 만든 이후 그리스 신화의 제우스나 북유럽 신화의 오딘과는 다르게 인간 세상에 거의 관여하지 않는다는 공통점을 가지고 있다. 실제로 최고신을 부르는 이름이 지역에 따라 다양하게 나타나는 것은 아프리카 지역의 다양성을 보여주는 사례라고 할 수 있다. 예를 들면 물룽구Mulungu(동아프리카), 레자Leza(중앙 아프리카), 니암베Nyambè(적도 아프리카 서부), 니아메Nyamè(가나), 은게우Ngewo, 마

[그림3] 아프리카 신화 이미지

우Mawu, 암마Amma, 올로룬Olorun, 추크우Chukwu(서부아프리카) 등 지역에 따라 최고신을 부르는 명칭이 제각기 나타난다.

아프리카 신앙체계의 가장 큰 특징은 자연계의 모든 사물에 생명이 있다고 믿고 그 존재를 신앙과 제례의 대상으로 삼는 애니미즘(animism) 사상과 가족이나 죽은 조상이 사후 살아 있는 사람의 생활에 영향을 주고 있다고 믿는 조상숭배(祖上崇拜, ancestor worship) 사상이 강하다는 점이다.

먼저 애니미즘 사상은 아프리카인의 전통적인 다신교 믿음, 즉 자연계의 영혼, 초자연적인 위력, 주술적(呪術的) 능력을 신봉하는 것에서 찾아볼 수 있다. 아프리카 토속신앙은 이렇게 무수히 많은 신령이나 다양한 의례로 표현되는데, 이러한 다중적·다층적 신앙 체계에 질서와 통합을 가져다주는 것이 바로 신화와 전설이다. 실제로 서아프리카 요루바족과 같이 구전되어 오는 창세신화가 곧 그들의 신앙이 되는 경우가 많이 나타난다.

조령(祖靈) 신앙도 아프리카의 신화와 전설을 통해 중요한 역할을 수행한다. 아프리카인들은 조령의 존재를 믿음으로써 죽음에의 공포, 이승과 저승의 극단적 단절에서 오는 불안감을 극복한다. 결국 이 세상을 작별해도 현세와 별로 다르지 않은 생활이 저 세상에서 나를 기다리고 있다는 믿음을 제공함으로써 일종의 사회유지 기능을 수행하고 있는 것이다.

지금까지 살펴본 아프리카 사회의 신화, 전설, 민담 그리고 신앙체계의 특징을 가장 잘 보여주고 있는 영화를 꼽으라면 단연 미셸 오슬로(Michel Ocelot)감독의 〈키리쿠와 마녀Kirikou et la Sorcière〉(1998)를 들 수 있다. 이제부터 〈키리쿠와 마녀〉가 아프리카의 신화적 특징을 어떻게 재현하고 있는지 살펴보자.

미셸 오슬로의 작품세계와 설화와의 관계

어머니의 뱃속에서 스스로 태어난 꼬마 키리쿠가 마녀 카라바에게 걸린 저주를 풀어 주고 마을에 사랑과 평화를 가져온다는 내용의 〈키리쿠와 마녀〉는 아프리카 신화와 전설 그리고 신앙체계를 이해하는데 가장 이상적인 모델을 제시하고 있는 작품이다. 또한 〈키리쿠와 마녀〉는 유럽 작가주의 애니메이션의 선두주자인 미셸 오슬로의 작품세계를 이해하는데 있어 일종의 출발점이자 동시에 키워드이기도 하다. 오슬로의 작품세계를 논하는데 있어 가장 흥미로운 점은 작품의 주제 및 소재가 지역, 인종, 성의 장벽을 허물 수 있는 문화적 보편성을 가지고 있다는 점이다.

예를 들어 〈키리쿠〉 시리즈에서는 아프리카 문화를 통해, 〈프린스 앤 프린세스 Princes et Princesses〉(2000)에서는 유럽문화, 일본문화, 이집트 문화를 통해, 〈아주르와 아즈마르 Azur et Asmar〉(2006) 에서는 기독교 문화와 이슬람 문화의 융합을 통해 그 보편성을 확보하고 있다. 이러한 오슬로 작품의 문화적 보편성에는 한 가지 공통적인 요소가 존재하는데, 그 것이 바로 설화라는 모티프이다. 이렇게 동서양과 아프리카까지 넘나드는 다채로운 설화의 모티프는 오슬로의 작품세계에 꿈과 환상의 세계를 표현할 수 있는 판타지적 요소를 공급했다고 볼 수 있다. 흥미로운 점은 이러한 오슬로와 설화와의 친밀감은 어찌 보면 필연적이라고도 할 수 있다는 것이

[그림4] 오슬로 감독의 작품세계

다. 가장 감수성이 예민한 유소년기의 대부분을 아프리카에서 보냈고 자연
스럽게 체득한 타 문화·예술에 대한 체험은 고스란히 영화적 감수성으로
이어졌다고 볼 수 있기 때문이다.

〈키리쿠와 마녀〉와 아프리카 설화

미셸 오슬로가 여러 인터뷰 기사에서도 밝히고 있지만 〈키리쿠와 마녀〉
제작에 많은 영향을 준 것은 세 살부터 열두 살까지 체류한 서아프리카 기
니(Guinée)에서 직접 보고 들은 밤바라(bambara), 고우(gow), 티에울레
(tiéoulé), 망뎅그(mandingue), 소넹케(soninké) 설화와 같은 아프리카의
지방 설화들이다. 그러나 오슬로는 단순히 설화원형에 함몰되지 않고 캐릭
터와 이야기 창조에 필요한 상상력과 독창력을 동시에 발휘하는 선택과 집
중을 보여준다. 〈키리쿠와 마녀〉에 등장하는 아프리카 설화의 반영은 크
게 '아기 영웅' 설화와 '마녀' 설화를 들 수 있다.

[표2] 키리쿠와 유사한 아프리카 아기 영웅 설화

설화 이름	주요 특징
이제 가니 (Izé Gani)	- 자신의 탄생시기를 스스로 결정하고 혼자 태어남 - 검지 손가락 보다도 작은 주인공 '이제 가니' - 어머니의 뱃속에서 언어, 관습, 문화 등을 이미 숙지 - 어떤 미션을 수행하기 위해 탄생
플(Peul)	- 주인공 바구 마우엘'(Bâgou Mâwel)은 '키리쿠' 캐릭터와 유사 - 태어나면서부터 말을 하고 삼촌의 모자에 숨는다
므윈도 (Mwindo)	- 어머니의 검지 손가락을 통해 탄생 - 중무장을 한 채로 세상에 나와 날 때부터 걸었으며 말을 함
쿠두케세 (Kudukese)	- 주인공 오캉가테는 어머니의 자궁 속에서 이미 말을 함 - 완전한 어른의 모습으로 탄생
리안자 (Lianja)	- 어머니의 경골을 통해서 탄생
무빌라 (Mubila)	- 무빌라는 어머니의 자궁 속에서 이미 말을 했으며 마법의 주문 사용 - 태어날 때부터 각종 무기와 장신구, 자신의 추종자들을 소유
반투 (Bantu)	- 엄마의 자궁에서 홀로 출생한 아이는 순식간에 어른으로 자라남 - 아이는 강력한 영혼의 소유자이고 위대한 마법사

아기 영웅 설화

〈키리쿠와 마녀〉에서 가장 중요한 요소는 역시 꼬마 키리쿠의 영웅담과 사랑 이야기라고 볼 수 있다. 특히 키리쿠의 신비한 출생과 더불어 펼쳐지는 영웅의 조숙(早熟)함은 아프리카 설화를 특색 있게 만드는 요인으로서 광범위한 지역에서 관찰되고 있는 보편적인 모티프다.

[표2]에 나와 있는 아프리카 아기 영웅 설화 중 키리쿠와 가장 유사한 설화는 말리, 세네갈, 수단 지역에서 통용되는 '플(Peul)' 설화와 서아프리카에서 널리 알려진 '이제 가니(Izé Gani)' 설화를 들 수 있다.[2] 이들 설화

---

2) 장태상, 「아프리카의 구연 서사시에 나타난 영웅의 이미지」, 『외국문학연구』 제24호, 한국외국어대학교 외국문학연구소, 2006, 172쪽; 「아프리카의 구연 서사시: 정의, 분포, 영웅의 이미지」, 『비교민속학』 제9권 6호, 비교민속학회, 2000, 314~324쪽; 김윤진, 『아프리카의 신화와 전설』, 명지출판사, 2004, 24~27쪽; Henri Gougaud, *Contes d'Afrique*, Seuil, Paris, 1999; Kersti Chaplet, *3 contes d'Afrique*, Père

는 키리쿠와 비교했을 때 공통점과 차이점을 동시에 가지고 있다. 먼저 공통점은 설화의 주인공들인 '바구 마우엘'(플 설화)과 '이제 가니'의 탄생과 관계된 묘사가 〈키리쿠와 마녀〉에서의 키리쿠의 그것과 유사하다. 예를 들어, 자신의 탄생시기를 스스로 결정하고 혼자 태어난다는 점, 아주 작은 아기로 묘사되고 있다는 점, 이미 어머니의 뱃속에서 언어, 관습, 문화 등 거의 모든 것을 습득했다는 점, 특별한 능력을 통해 어떤 임무를 수행한다는 점 등을 들 수 있다. 반면 영화 속 키리쿠의 임무가 삼촌을 도와 마녀 카라바와 대항하고 마을의 물줄기를 다시 살리는 일인데 반해 '이제 가니'는 그의 아버지가 수행했던 가부장적 사회 질서를 수호하는 역할을 계승한다는 점이 차이점이다. 또한 원형설화에서는 일반적으로 아기 영웅이 점점 어른으로 성장하면서 임무를 수행하고 이를 위해 어떤 강력한 초자연적 힘을 부여받는 것에 비해, 키리쿠는 초자연적 힘의 도움 없이 태어나자마자 마녀 키리쿠와 싸우는 것으로 설정이 되고 계속 어린아이의 상태를 유지하다가 영화의 마지막 장면에서 청년으로 변신을 하는 점이 큰 차이점이라고 할 수 있다. 한편, 이러한 공통점과 차이점은 마녀 설화와의 비교에서도 찾아 볼 수 있다.

마녀 설화

〈키리쿠와 마녀〉에서 또 하나의 중요한 설화적 요소는 마녀 카라바의 캐릭터를 통해 나타난다. 마녀와 관계된 이미지 역시 아프리카 전역에서 찾아 볼 수 있는 보편적인 설화 모티프라고 할 수 있다. 왜냐하면 아프리카

Castor, Flammarion, Paris, 2002; Enjolric, Jeannine, "Quelques réflexions à partir de Kirikou", in *Réfractions*, N°16, 2006.05; Hama, Boubou, *Izé Gani*, Présence Africaine, Collection "Jeunesse", tome I, II, 2000. 참조.

에서 주술(呪術, incantation; sorcery, la sorcellerie)과 점술(占術, divine, la divination)은 "아프리카 사람들의 행동과 사고를 규제하는 의례(儀禮)로서 아프리카인들의 행동양식과 사고체계를 형성하는데 결정적인 고리 역할"[3]을 해왔기 때문이다. 오슬로는 아프리카 전통설화에 등장하는 다양한 주술-종교적 직업군(샤먼, 사제, 마녀, 마술사, 주의(呪醫), 점술사) 중 마녀 모티프를 영화에서 차용했다. 이는 마녀가 마법사와 더불어 서양문화에서 가장 친숙하고 오래된 주술적 캐릭터이기 때문이라고 여겨진다.

아프리카 설화에 등장하는 대부분의 주술-종교적 직업군이 주로 아프리카 사회 내에서 순기능적인 역할을 담당하는 것에 비해 마녀는 사회질서를 파괴하는 역기능을 수행한다. 예를 들어 남아프리카 줄루 족에게 있어 점술가는 산 자와 죽은 자의 영역을 이어주는 중재자의 역할을 하는 친 사회적인 존재인 반면, 마녀는 초자연적 존재로서 사회자체를 무차별 공격하고 재난과 파괴를 일삼는 반사회적인 존재로 인식된다. 또한 줄루 사회와 같이 대부분의 아프리카 설화에 등장하는 마녀는 주로 늙은 여성이 그 역할을 독점하고 있다는 특징을 가지고 있다.[4] 그러나 오슬로는 키리쿠의 캐릭터라이징과 마찬가지로 마녀 카라바의 캐릭터를 설화 속에 등장하는 전통적인 마녀 이미지로 재생산 해내지 않는다. 늙고 추하게만 그려지던 마녀 대신 젊고 관 능미가 넘치는 화려한 이미지로 변주해 낸다. 또한 사람들에게 일방적으로 해를 입히는 가해자로서의 마녀가 아닌 오히려 인간들에 의해 육체적·정신적 상처를 받은 일종의 '피해자'로서 카라바를 묘사하고

---

3) 장용규, 「줄루 점술에 나타난 의식」, 『아프리카학회지』 제15집, 한국외국어대학교 아프리카연구소, 2002, 123쪽.
4) 장용규, 「줄루 종교 현상의 사회학적 고찰 – 잉고지니 Ingozini 에서의 사례연구를 중심으로」, 『아프리카학회지』, 제12권, 한국외국어대학교 아프리카연구소, 2000, 139쪽, 148쪽; 장용규 2002, 앞의 글, 128쪽.

[그림5] 〈키리쿠와 마녀〉에 사용된 아기영웅 설화와 마녀 설화의 반영

있다. 또한 대부분의 전통설화에 등장하는 마녀는 비범한 힘을 가지게 된 (아기)영웅에 의해 죽음을 당하는 것으로 최후를 맞는 것으로 그려진다. 그러나 오슬로는 원작에는 존재하지 않는 "마녀가 왜 그렇게 나쁜 행동만을 저지르는가?"에 대한 질문을 던지면서 마녀를 이해하고 돌보고 사랑하는 것으로 종결한다.

아프리카 전통미의 반영

미셀 오슬로는 정교한 이미지와 독특한 사운드를 통해 아프리카 문화를 생동감 있게 재현 해내고 있는데 이러한 사실적인 묘사는 단순히 관련자료 몇 권을 참고해서 해당 문화를 표현하는 대부분의 영상물과는 차원이 다르다. 아프리카의 황토색 마을, 사바나, 초록빛 강물, 회색 원두막, 목각상 (페티쉬) 등 오슬로가 영화 속에서 재현한 아프리카 문화는 유년기 시절 기니에서 생활한 추억에 대한 오마주라고 볼 수 있다. 또한 오슬로는 아프리카에 대한 묘사를 보다 사실적으로 살리기 위해 프랑스 야수파 화가 앙

[그림6] 아프리카 전통미의 반영

리 루소(Henri Julien Félix Rousseau)가 그린 아프리카 열대림의 원시 이미지를 차용하고 이러한 강렬하고 원시적인 원색과 다양한 열대의 이미지들은 아프리카 전통 타악기가 빚어내는 선율과 세네갈 배우들의 아프리카 억양으로 발음되는 목소리를 통해 그 사실감이 더욱 증폭된다.

설화 모티프의 차용을 통한 성공 사례로서의 〈키리쿠와 마녀〉

서아프리카 설화에서 영감을 얻어 만든 오슬로의 첫 번째 장편 〈키리쿠와 마녀〉는 유년층부터 중·장년층 관객까지 폭넓은 공감을 얻으며 프랑스에서 약 150만 명의 관객을 동원하였고, 국제적으로도 전 세계 37개국에서 상영되며 유럽 지역에서만 약 500만 명 이상의 관객을 동원하는 큰 성공을 거두었다. 관객은 아프리카 설화에 바탕을 둔 완성도 높은 시각적인 풍요함, 주제의 고귀함, 친근감 있는 캐릭터 그리고 아프리카 전통음악의 매력에 흠뻑 빠져들었다. 〈키리쿠와 마녀〉처럼 세대간, 성별간, 인종간 경계를 넘어서 성공을 거둔 작품은 찾아보기 힘들다는 평가처럼, 〈키리쿠와 마녀〉는 유럽식 작가주의 애니메이션 제작의 상업적인 생존 가능성을 제시했다는 점에서 기념비적인 영화로 평가받고 있다. 결국 미셸 오슬로 감독은 우리에게 설화에 담긴 인간 근원에 관한 질문과 그것의 예술적 창조

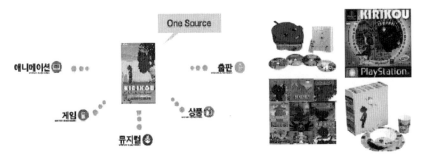

[그림7] 원 소스 멀티 유즈(OSMU) 마케팅과 〈키리쿠〉 시리즈

는 문화적 장벽을 넘어 전지구적 보편성을 획득할 수 있다는 사실을 여실히 보여준 것이다.

실제로 〈키리쿠〉 시리즈[5]는 원 소스 멀티 유즈(One Source Multi Use) 마케팅 전략 수립에 가장 이상적인 모델을 제시하고 있는 작품 중 하나이다. 1998년 〈키리쿠와 마녀〉의 성공 신화는 작품 자체 영상을 활용하는 영상 사업, 출판, 게임, 완구·팬시 용품, 음반, 공연예술, 교육시장 등 2차 문화상품으로 파급되었고 결국 원 소스의 흥행이 2차 상품에까지 영향을 미치게 되어 부가가치를 극대화하고 있다. 한 가지 특이한 사항은 대부분의 원 소스 멀티 유즈 마케팅을 구사하는 작품들이 기획 초기 단계에서부터 다양한 분야와 연계해 수익성을 높이려는 노력을 하는 반면 〈키리쿠〉는 원작의 예상치 못한 흥행 성공을 계기로 마케팅 전략이 수립되었다는 점이다. 이러한 〈키리쿠〉의 사례는 우리에게 원 소스 멀티 유즈 마케팅에서 가장 우선시 되어야 할 점은 뛰어난 기획력이 아닌 콘텐츠 그 자체 즉, 작품성이 가장 중요하다는 사실을 상기시켜 준다.

---

5) 〈키리쿠와 마녀 Kirikou et la Sorcière〉(1998), 〈키리쿠, 키리쿠 Kirikou et les bêtes sauvages〉(2005), 〈키리쿠앤더멘앤위민 Kirikou et les hommes et les femmes〉(2012).

* Further Reading

[아프리카 종교, 문화, 신화, 전설, 민담]

- 김윤진, 『아프리카의 신화와 전설』, 명지출판사, 2004.

- 유종현, 『아프리카 문화의 새로운 이해』, 화산문화, 2007.

- 유종현, 『아프리카의 부족과 문화』, 금광, 2000.

- 존 음비티, 장용규 역, 『아프리카 종교와 철학』, 지만지, 2008.

- 지오프레이 파린더, 심재훈 역, 『아프리카 신화』, 범우사, 2006.

유종현의 두 책은 실제 아프리카 생활을 바탕으로 쓴 책으로 아프리카 문화에 대한 다양한 시각을 경험하기 좋은 책이다.

존 음비티의 『아프리카 종교와 철학』은 아프리카인에 의한 아프리카의 아프리카 종교와 철학을 위한 몇 안 되는 명저다.

- 미셸 오슬로, 〈키리쿠와 마녀〉

- 이종승, 「애니메이션 콘텐츠 창작소재와 전통 민속문화와의 만남」, 『만화애니메이션 연구』, No.19, 한국만화애니메이션학회, 2010, 65~88쪽.

- 토리우미 진조, 조미라, 고재운 역, 『애니메이션 시나리오 작법』, 모색, 2004.

- 황선길, 『애니메이션 영화사』, 범우사, 1998.

위의 두 책은 애니메이션에 관심이 많은 독자라면 모두 꼭 읽어야 할 필독서들이다.

에필로그

신화가 영화 속으로 들어가고, 영화가 신화의 옷을 입고 나오는, 신화와 영화가 어울려 만들어낸 재미있고 신비한 세계에 대한 긴 여행을 마쳤다. 때로는 어렵고 딱딱한 원론적인 이야기를 하기도 했고, 가끔은 가볍게 서평을 하는 기분으로 쓰기도 했다. 독자들이 보았던 영화들도 있는 반면, 제목도 처음 들어보는 생소한 영화들도 있었을 것 같다. 그리스 신화에만 익숙했던 분들이라면 잘 모르던 신화 세계를 엿보기도 했으리라. 자, 이제는 이 여행을 마무리할 시간이다.

프롤로그에서도 밝혔지만, 신화의 방대한 세계와 빠르게 외연을 넓혀가는 영화들을 단 한 권의 책으로는 다 다루지 못할 것이라 고백한 바 있다. 이는 무한을 유한의 틀로 포획하려는 무모한 도전임을 알기 때문이다. 말하자면 이 책은, 신화와 영화라는 방대한 '은하수를 여행하는 히치하이커들을 위한 가이드북'이라고 할 수 있다. 여행을 떠나면서 배낭 속에 챙겨 넣고 필요할 때마다 꺼내보는 안내서, 사용설명서 혹은 여백이 있는 매뉴얼이라고나 할까. 이 책이 시험을 위해서 한 학기 책상머리를 차지하는 교과서라기보다는 손때 묻어나게 활용되고 낡아지도록 즐겨 읽혔으면 하는 것이 우리 저자들이 품어보는 소박한 바람이고 작은 희망이다.

간단히 우리의 여행을 정리해보는 것으로 마침표를 찍어야 할 것 같다. 우리는 함께 신화의 정의와 일반 모티프를 살펴보고, 영화란 무엇인지 그 방대한 두 분야가 만날 수밖에 없었던 이유를 첫 장에서 살펴보았다. 신화학자들의 신화분석의 패러다임이 무엇인지도 간단하게 정리하였다. 그리스 신화 부분에서는 기존의 시각과는 좀 달리 여신, 여성괴물, 여전사들을 중심으로 신화와 영화들을 읽어 보려했고, 널리 알려지지 않은 켈트 신화를 검토하고 신화 속 아더 왕 이야기와 성배탐색, 켈트 신화의 세계관이 고스란히 살아있는 해리 포터 시리즈를 다루었다. 매직판타지의 원전이 되는 북유럽 신화는 방대한 신화 세계를 살펴보고 〈반지의 제왕〉을 중심으로 엮었다. 이어지는 연금술 신화는 근대 화학의 기초가 되고 영적인 세계를 다루는 부분이었다. 국가 신화와 현대 신화론을 분석의 틀로 할리우드 영화의 패권주의 영화들과 SF영화를 다뤘다. 호러와 SF영화는 상상력의 산물이므로 당대 사회의 모습을 분석하기에 흥미로운 장르들이다. 그 다음으로 호러 영화들의 종류와 관련 신화들을 탐구했다. 근래 들어 관심도가 높아지고 표현의 한계가 사라져가는 애니메이션을 그 다음 장에서 다루었다. 디즈니 애니메이션이 지닌 성적, 계급적, 인종적 이데올로기들을 비판적 시선으로 검토해 보았고, 포스트 디즈니 시대를 보이고 있는 현재 상황도 정리하였다.

중국 신화의 세계와 일본 신도의 세계, 한국의 무속신화도 일별하였다. 중국 신화는 천하와 강호라는 두 주제어를 중심으로 진행했고, 일본 신도는 미야자키 하야오 감독의 애니메이션과 요괴 캐릭터들에 대해 설명해보았다. 우리가 잘 모르는 한국의 무속 신화와 그것을 다루는 영화들도 살펴보았다. 아직도 발전의 여지가 많아 보인다. 동아시아 신화 전체를 관통하는 여성 영웅 신화는 개정증보판에서 새로 추가된 장이다. 또한 신화에서도 변방으로 취급받는 아프리카의 신화적 상상력을 하나의 장으로 구성하였고, 1판의 에필로그 부분에 서술되었던 SF영화에 관한 내용은 할리우드 블록버스터와 관련하여 할리우드 장으로 편입하였다.

이 짧지 않은 여행을 통해 신화의 보편성과 영화의 다양성에 대한 인식의 지평이 넓어지셨기를 진심으로 희망한다. 영화와 신화를 공부의 대상으로 삼는 우리 세 명의 서생들이 미력하나마 도움이 되었다면, 가문의 영광이라 여기고 공부의 길로 나아가는 작은 꿈 하나를 이루었다고 감히 말씀드리고 싶다. 새로 책을 다시 멋지게 꾸며주신 아모르문디 김삼수 대표에게 감사드리고, 흔쾌히 새 작업을 하게 허락해주신 만남출판사 차상면 대표께도 이 자리를 빌려 고마움을 전한다. 여기까지 함께 동행해주신 독자 제위께도 고개 숙여 감사드린다.

2015년 뜨거웠던 여름의 끝자락에서
저자들을 대표하여 김윤아 씀.

신화, 영화와 만나다

초판 1쇄 펴낸 날 2015년 9월 4일
개정판 1쇄 펴낸 날 2023년 3월 30일

지은이 | 김윤아 · 이종승 · 문현선
펴낸이 | 김삼수
편 집 | 김소라 · 신중식

펴낸곳 | 아모르문디
등 록 | 제313-2005-00087호
주 소 | 서울시 마포구 월드컵북로 5길 56 401

전 화 | 070-4114-2665 팩스 | 0505-303-3334
이메일 | amormundi1@daum.net

ISBN 979-11-91040-27-2 03680

※ 본서는 2015년 출간된 동명의 책의 개정판입니다.
※ 이 도서의 국립중앙도서관 출판예정도서목록(CIP)은 서지정보유
통지원시스템 홈페이지(http://seoji.nl.go.kr)와 국가자료공동목록시
스템(http://www.nl.go.kr/kolisnet)에서 이용하실 수 있습니다.